D0953025

ALFREDO CORCHADO

Medianoche en México

Alfredo Corchado es un periodista graduado de la Universidad de Tejas en El Paso, especializado en temas de migración, narcotráfico y asuntos políticos entre Estados Unidos y México. Nació en Durango pero creció en California y Tejas. Hijo de braceros, trabajó desde muy joven ayudando a sus padres en las labores del campo en Estados Unidos.

Tras haber vivido mucho tiempo en Estados Unidos, llegó a México en 1994 como corresponsal del diario *The Dallas Morning News*. Ha trabajado en varios periódicos estadounidenses, como *El Paso Herald-Post* y *The Wall Street Journal*; actualmente es jefe de la oficina en México de *The Dallas Morning News*. Ha recibido los premios Maria Moors Cabot por la Universidad de Columbia, y el Elijah Parrish Lovejoy por la Universidad de Colby. *Medianoche en México* es su primer libro.

www.alfredocorchado.com

Medianoche en México

Medianoche en México

El descenso de un periodista a las tinieblas de su país

ALFREDO CORCHADO

Traducción de
Juan Elías Tovar Cross

VINTAGE ESPAÑOL
UNA DIVISIÓN DE RANDOM HOUSE LLC
NUEVA YORK

PRIMERA EDICIÓN VINTAGE ESPAÑOL, OCTUBRE 2013

Información de catalogación de publicaciones disponible en la Biblioteca del Congreso de los Estados Unidos.

Vintage ISBN: 978-0-8041-7106-9

Para venta exclusiva en EE.UU., Canadá, Puerto Rico y Filipinas.

www.vintageespanol.com

Impreso en los Estados Unidos de América
10 9 8 7 6 5 4 3

A Herlinda y Juan Pablo, mis padres,
por enseñarme el arte de creer
a pesar de todas las adversidades

Índice

TERCERA PARTE

Medianoche en México

Introducción

Antes de que yo escribiera las primeras palabras de este libro, John D. Feeley, un veterano diplomático estadounidense orgulloso de sus profundas raíces irlandesas e italianas y que tiene un gran amor por México, me preguntó de qué se iba a tratar. Yo me arranqué con la lista de temas que esperaba cubrir, desde la inmigración a Estados Unidos hasta la actual violencia y corrupción de un país que antes creía conocer, hasta el papel que Estados Unidos juega en el destino de México.

Feeley sonrió. Vas a hacer un mole, dijo, refiriéndose al sinnúmero de ingredientes y variedades de este platillo tradicional, que puede llevar desde almendras hasta chocolate hasta pipián, todo mezclado para crear un sabor único de México. Yo le dije a John que no tenía ni idea de cómo hacer mole, pero que iba a vaciar toda mi alma en estas páginas.

—Estupendo —dijo—. Las historias ayudan a sanar, a ti y a los demás.

Medianoche en México es un intento por investigar las complejas cuestiones que enfrentan a mi país. Estos retos me marcaron, primero como niño y luego como reportero. Éste no pretende ser un estudio exhaustivo o histórico de la que tal vez pueda considerarse la época de mayor transformación en México desde la Revolución de 1910. Pero en el medio siglo que tengo de vivir en territorio mexicano y estadounidense he tenido un asiento de primera fila para ver grandes cambios. Este libro ofrece un vistazo a algunos momentos en que el pueblo de México ha estado entre la esperanza y el miedo.

En mi carrera de periodista he sido muy afortunado. Cuando mi base de operaciones era Estados Unidos, reportaba lo más que podía de

México. Pero en 1994 me vine a vivir y trabajar a la Ciudad de México de manera permanente. Desde entonces, cinco presidentes —Carlos Salinas de Gortari, Ernesto Zedillo, Vicente Fox, Felipe Calderón y Enrique Peña Nieto— han gobernado el país. Los he conocido a todos, a unos mejor que a otros. Tres hitos marcaron la época y definieron mi trabajo: el Tratado de Libre Comercio en 1994, las elecciones del 2000 que dieron paso al primer cambio de poder en siete décadas, y la actual batalla contra los cárteles y la cultura de violencia que han engendrado. Esperanza y miedo. Miedo y esperanza.

Para cuando este libro se publique, alrededor de 100 000 personas habrán muerto o desaparecido desde que el presidente Calderón declaró la guerra a los cárteles. Al iniciar su sexenio en 2006, el nuevo presidente prometió que México, cada vez más violento, sería al fin un país de leyes. La situación era grave. Menos de 20% de los detenidos por cargos de narcotráfico eran condenados. La policía estaba mal pagada y mal entrenada, y tenía que recurrir a sobornos para poner comida en la mesa. La desigualdad dañaba el futuro del país y dejaba a demasiada gente viviendo con demasiado poco. Las bajas tasas de recaudación fiscal de México dejaban fondos limitados para infraestructura y programas sociales. El sistema educativo estaba en manos de un sindicato corrupto. Había millones de hombres y mujeres jóvenes listos para ser reclutados por narcotraficantes.

Medianoche en México se basa en mi trabajo de reportero de 1986 al presente, empezando con el ahora extinto *El Paso Herald-Post*; aún culpo al *Herald-Post* de haberme infectado con la enfermedad incurable del periodismo. También he recurrido a los reportajes que hice fuera de México —a menudo en mis vacaciones— para el *Wall Street Journal*. La mayor parte del trabajo representa los 19 años en que tenido el honor de reportar para los lectores del *Dallas Morning News*. En 1994 el diario me contrató para trabajar de lo que llamaron corresponsal extranjero. A la fecha, aún me parece un sueño hecho realidad. Pero el término "corresponsal extranjero" es un poco engañoso. Para mí, México nunca ha sido el extranjero. México siempre ha sido algo personal; no necesariamente una historia de dos países sino de un pueblo.

Yo soy hijo de México. Provengo de una familia mexicana típicamente numerosa: soy el mayor de nueve hermanos. La tradición de mi pueblo, San Luis de Cordero, Durango, dictaba que nuestros antepasados enterraran el ombligo de los recién nacidos para recordarnos —sobre todo a aquellos destinados a partir— el lugar de nuestros primeros amaneceres y atardeceres: por lejos que viajara, nunca lo olvidé. Más de la mitad de esa población de 2 000 habitantes trabajó en Estados Unidos en algún momento —entre ellos, mi padre, un bracero, parte de una generación de trabajadores temporales invitados cuyo sudor transformó lentamente el rostro de Estados Unidos—.

Yo llegué a Estados Unidos en 1966, dando gritos y sombrerazos, y les juré a mis padres —Juan Pablo y Herlinda— que algún día regresaría a México y les probaría lo mucho que se equivocaban sobre la promesa de Estados Unidos. Estaba repitiendo las palabras de mi tío Delfino, quien se negaba a irse para el norte. Él nos recordaba que la maldición de México no ha sido la historia, sino la traición. Mis padres me demostraron lo equivocado que estaba yo en desconfiar de Estados Unidos, al darnos la posibilidad de reinventarnos en una nueva tierra.

En el valle de San Joaquín en California, mi padre manejaba un tractor y mi madre andaba encorvada con un azadón corto desyerbando campos de betabel y lechuga. Mis hermanos y yo trabajamos con ella, pizcando todas las cosechas imaginables para ayudar a alimentar a Estados Unidos. Crecimos apretujados en un remolque en medio de campos de melones. Tiempo después, mis padres llevaron nuestros sueños a El Paso, una ciudad en la frontera de Estados Unidos y México, del otro lado de Ciudad Juárez.

La emoción de ese lugar fue un catalizador para un aspirante a periodista, la profesión que allanó mi camino a casa. Desde el pequeño restaurante de mis padres, Freddy's Café, a tres cuadras del puente internacional, empecé a tramar mi regreso a México. Como estudiante del El Paso Community College, seguido por la Universidad de Texas en El Paso, y luego como reportero del *Herald-Post*, cruzaba la frontera de ida y vuelta, y temblaba de emoción al ver lo que, a lo largo de los años 1980, parecía una revolución popular sucediendo a escasos metros del territorio estadounidense. Me inspiraban los hombres y las mujeres dispuestos a todo con tal de recuperar una nación sitiada por un gobierno de un solo partido, una poderosa oligarquía y monopolios inamovibles.

Incluso cuando me fui al norte de Estados Unidos para avanzar con mi carrera, México se mantuvo cerca. En Filadelfia, donde trabajaba en la oficina regional del *Wall Street Journal*, pasaba las largas noches de invierno con mis nuevos amigos Ken Trujillo, David Suro y Primitivo Rodríguez. En aquella época pensábamos que éramos los únicos cuatro mexicanos en la zona centro de la ciudad, donde hablábamos de las mismas ideas de grandeza de lo que podría ser México, mientras saboreábamos nuestros tequilas. Nos daba nostalgia pensar en nuestros "paisanos" en casa, en su aguante, sus saludos diarios de "Buenos días", "Buenas tardes", "Buen provecho"; el aroma inolvidable de una mazorca de maíz y los sonidos de Javier Solís.

Así como las esperanzas de México se desplomaron con la nueva devaluación del peso, las mías despegaron con mi nuevo trabajo en el *Dallas Morning News* en 1994. Por fin estaba en casa. Mamá estaba orgullosa de que su hijo, desertor de *high school*, finalmente hubiera logrado hacer algo de su vida, aunque ella hubiera preferido que fuera otra cosa —y desde luego en otro lugar—. Le había dado horror pensar en el día en que habrían de llevarme al Aeropuerto Internacional de El Paso, a tomar un avión con destino a mi nuevo hogar, la Ciudad de México. Cuando nos despedimos, me miró con los labios apretados y ojos que decían: "Ya perdí a una. No voy a perder a otro".

Mi llegada a ese hogar fue agridulce. Me encantaba la fuerza que veía en las calles, la exigencia de un cambio democrático; jóvenes y viejos, hombres y mujeres marchando por las calles de Ciudad Juárez, Guanajuato, San Luis Potosí, Monterrey y, desde luego, la Ciudad de México. Pero ya perdí la cuenta de cuántas veces me he regresado caminando del Zócalo o el Ángel de la Independencia, lleno de esperanza en el futuro de México, sólo para ver cómo el país se va sumiendo más en la oscuridad.

Yo llegué cuando el Partido Revolucionario Institucional —o PRI, como se conocía al régimen— iba en picada, igual que el peso. El partido se había creado en respuesta a la inestabilidad y los asesinatos políticos que siguieron a la Revolución mexicana. Funcionó tan bien que el PRI gobernaba México desde 1929, aplacando cualquier agitación, ya fuera aplastando o cooptando a sus rivales.

No obstante, a 12 años de la devaluación de 1982, el régimen no podía seguir ocultando los gravísimos problemas de la economía, la impunidad en el sistema judicial ni la desigualdad social generalizada. Vi el reloj marcar la medianoche el Año Nuevo de 1994, con la que entonces era mi mejor amiga, Ángela. La ansiedad se sentía en el aire. La Ciudad de México estaba como paralizada, con una quietud espeluznante, al igual que el resto del país.

Yo estaba convencido de que mi cobertura serviría de puente entre las dos naciones. Estados Unidos llevaba mucho tiempo presionando a México para que pusiera la casa en orden, que enfrentara la corrupción, fortaleciera sus endebles instituciones judiciales y frenara la marea de los cárteles. Pocos escucharon. Desde luego que yo no. No era la nota que me tocaba cubrir. Uno de nuestros mejores reporteros cubría el narcotráfico y todos sus males. Pero el periodismo impreso iba a la baja. El equipo de 12, encabezado por Tracey Eaton, nuestro reportero de la nota del narco, se estaba reduciendo. De pronto me vi arrojado a una historia más oscura de México, cuando empecé a reportar sobre los cárteles.

Como muchos en la sociedad mexicana, yo me había convencido de que el país iba por buen camino, pero ahora observábamos impotentes cómo un pequeño y poderoso grupo de hombres muy bien armados, protegidos por funcionarios corruptos, tomaba a la nación de rehén. Las condiciones —pobreza, impunidad, corrupción— estaban tan profundamente arraigadas, que cualquier región que enfrentara la amenaza de los traficantes era devorada por la violencia.

No me quedó de otra más que agarrarme lo mejor que pude. Este libro es un recuento de las historias que encontré y del país sobre el que traté de decir la verdad.

Fue doloroso hacer el trayecto desde mi casa en la Condesa hasta la sede nacional del PRI, el 1° de julio de 2012, día de las elecciones. El cielo estaba gris, amenazaba con más lluvia. El PRI había vuelto y Enrique Peña Nieto, ex gobernador del Estado de México, sería el nuevo presidente. Su rostro juvenil y su copete no daban indicios del pasado. Su enfoque estaba puesto en el futuro, insistía.

Unos días después, lo entrevisté. Le daba curiosidad saber si yo me consideraba mexicano o estadounidense, y también cómo podían ayudar los migrantes en el extranjero a transformar México. Depende de dónde me encuentre, le dije. Yo llegué a Estados Unidos cuando unos cinco millones de mexicanos llamaban a ese país su hogar. Hoy en día se calcula que esa cifra es de 35 millones —más de 10% de la población de Estados Unidos—, y que pronto serán 50 millones.

¿Su familia votó por mí?, me preguntó el presidente electo. Unos sí y unos no, le respondí. Algunos sí lo apoyaron, agregué, pero fue más por su esposa. Se rió; su esposa es Angélica Rivera, una actriz que el público quiere, conocida como *la Gaviota* por su papel en una telenovela sumamente popular. Peña Nieto juró no decepcionar a mi estado natal, Durango, ni a México. Prometió reducir la violencia, seguir fortaleciendo las instituciones judiciales, mejorar la economía, reformar el trabajo, privatizar segmentos de la industria petrolera y trabajar para mejorar la igualdad.

Me le quedé viendo, asentí con la cabeza y me di cuenta de que en realidad ya no importaba que éste fuera el nuevo y mejorado PRI. México había cambiado. No era sólo una nueva generación sino un nuevo país. Ese cambio, sin embargo, fue puesto a prueba como nunca antes.

En estas páginas espero responder una de las preguntas que me hacen amigos de ambos lados de la frontera, mi padre, mis hermanos y hermanas, pero sobre todo mi madre: ¿por qué rayos habría de escoger el título *Medianoche en México*, si lo único que hago todo el tiempo es hablar sobre el potencial de México?

Quizá resulte asombroso que un corresponsal veterano, entrenado para ser escéptico, pueda esperar tanto de su asediado país. A mí me ha admirado mi propia ingenuidad. Claro, a veces me enojo y juro que me voy y que nunca más volveré a poner un pie en México. Pero mientras más secretos descubro, más complicada se vuelve esta historia, y más curiosidad me da.

La verdad es que siempre he estado —y sigo estando— enamorado de México. Aun con las lecciones aprendidas, las fallas descubiertas, no he dejado de creer. Este libro, *Medianoche en México*, trata de la búsqueda de una luz parpadeante en la noche más oscura, y sobre todo de creer en la promesa de un nuevo día.

PRIMERA PARTE

Cuando las lluvias de verano caen sobre México, todo se perdona. Las gotas de agua limpian el cielo metropolitano del Distrito Federal, despejando el smog que atrapa a 20 millones de personas en su abrazo sofocante, y aclaran la vista hacia el oriente. Dos robustos volcanes montan guardia: según la antigua leyenda, son Popocatépetl, "Montaña que Humea", a un lado de su amada Iztaccíhuatl, "Mujer Blanca". Al despejar el smog, la lluvia los revela en raras ocasiones, igual que cubría el cielo desértico de mi Durango hace décadas.

Es una limpia, un antiguo ritual que sana a una tierra herida y malentendida, siempre al borde de la grandeza, un país que lucha por liberarse de la maldición de la historia y la geografía, metido para bien o para mal en la sombra indiferente de mi patria adoptiva, Estados Unidos. El momento de perdón es fugaz. El hueco en el cielo se cierra.

Uno

Quizá la medianoche es más luz de lo que creemos
Y en el delirio de sus horas se gesta el sueño de lo que siempre,
sin intuirlo, pudimos ver.

GEMA SANTAMARÍA

2007

Salí al balcón de mi departamento en un sexto piso en la Condesa y me quedé viendo la fina llovizna que caía en la tarde de verano. En el centro de una glorieta, abajo en la calle, estudiantes de teatro ensayaban sus papeles. Un joven valet que estaciona autos a cambio de propinas, vestido de sudadera gris con capucha y jeans color beige, batallaba para encender un cigarro. En medio, los actores se movían ágilmente alrededor de una fuente azul pálido que, normalmente seca, ahora se estaba llenando de agua de lluvia. A la distancia en alguna parte, el silbato de vapor del camotero atravesó el aire húmedo.

Dentro de mi departamento, los Eagles cantaban en las bocinas, dándome la bienvenida al Hotel California. Mi novia de más de una década, Ángela, y una amiga estaban platicando, tomando un Malbec y un tequila antes de irnos a cenar con unos colegas periodistas. Un florero alto de alcatraces en la mesa en medio de ellas me recordaba los frescos atemporales de Diego Rivera de las mujeres indígenas con los brazos cargados de flores.

Mi celular vibró en el bolsillo de mis jeans.

Titubeé. Seguro iba a ser de trabajo. Pero no quería perderme de algún pitazo. Dejé mi tequila y abrí el teléfono.

Era julio de 2007. La última vez que me sentí a salvo en México.

Reconocí la voz grave del otro lado: una fuente confiable de hacía mucho tiempo, un investigador de Estados Unidos con informantes metidos en algunos de los cárteles de narcotráfico más brutales de México. Agarré pluma y libreta, y me metí a mi recámara. Cerré la puerta. La silueta de los edificios aún se veía por las ventanas. Anochecía.

Dije su nombre clave secreto, bromeando:

—Hola… ¿Qué onda? ¿Qué hay?

Fue al grano:

—¿Dónde estás?

—En México.

—¿Exactamente en dónde?

—En mi departamento. ¿Por qué?

—Planean asesinar a un periodista estadounidense en las próximas 24 horas —dijo—. Salieron tres nombres. Creo que eres tú. Yo me iría de ahí.

—¿Qué? ¿Quiénes son?

—No puedo decirte más porque no sé más. Pero esto puede ser grave: es cosa de los Zetas.

Los Zetas, un grupo paramilitar de México que estaba en la nómina de un poderoso cártel, habían obtenido un control sin precedentes de las principales rutas de drogas a Estados Unidos, aterrorizando la ensangrentada región del noreste mexicano. Torturaban a sus enemigos, los cortaban en pedazos, echaban los cuerpos en barriles de ácido y captaban los horrores en video para mandarlos a las televisoras o subirlos a YouTube. Las matanzas se extendieron rápidamente. Eran terroristas sin fines políticos. Y ahora, al parecer, me estaban persiguiendo a mí.

—¿Quiénes son los otros dos reporteros? —pregunté, sin poder dar crédito.

—Puede ser cualquiera, pero yo apostaría a que eres tú. Sólo escóndete.

—*What?* ¿Dónde? ¿Por qué? —le dije en espanglish, mi idioma natural, mientras anotaba frenéticamente cada palabra que me había dicho.

—Hablemos mañana. Aún no sé suficiente.

—Espérate, espérate… mañana puede ser demasiado tarde.

—Carnal —me regañó—. Ya deja de hacerlos encabronar. Déjalos en paz.

Colgó. Como de costumbre, había sido una llamada muy corta; siempre tenía miedo de que su teléfono pudiera estar intervenido. Mi propio celular casi se me cae de las manos. Los ventanales de piso a techo que me daban una hermosa vista de la Ciudad de México, ahora me hacían sentir expuesto. Volteé a ver la nueva Torre Mayor, de 55 pisos, que resplandecía a la distancia. Abajo, seis calles angostas convergían en la glorieta Popocatépetl. Dos perros callejeros se habían unido a los actores cerca de la fuente y estaban chapoteando en la lluvia. Tuve un fugaz impulso de encerrarme en el clóset más cercano o esconderme en la tina. Pero mis pies no se movían.

¿Alguien me habría traicionado?

Siendo periodista en México, ya había sido amenazado anteriormente en tres ocasiones: una vez, una fuente tuvo que esconderme en la caja de su camioneta después de que recibí una llamada telefónica amenazante; otra vez, un hombre misterioso se me acercó en un bar y me dijo que los Zetas me iban a cortar la cabeza si seguía haciendo preguntas, y Ángela y yo en una ocasión tuvimos motivos para temer que un alto funcionario del gobierno o del ejército, o ambos, nos estaba persiguiendo por un reportaje que hicimos sobre el primer video que mostraba a criminales soltando confesiones para luego ser ejecutados. Cada ocasión me había dejado aterrado.

Pero había algo sobre el plazo definido —24 horas— que se sentía más real, más inminente. El reloj ya había empezado a correr.

Hojeé mi trabajo reciente, un altero de libretas rotuladas "Ciudad Juárez", "La Línea", "Nuevo Laredo" y "Zetas" con mis patas de araña, buscando el artículo que pudiera haberlos hecho enfurecer

—quienesquiera que fueran—. Algunos de mis artículos habían vislumbrado que la influencia de los Zetas se estaba extendiendo a ciudades del suroeste de Estados Unidos. Había artículos sobre la masacre de mujeres jóvenes en Ciudad Juárez, sobre un informante renegado, sobre estadounidenses desaparecidos en las ciudades fronterizas de Laredo y Nuevo Laredo.

En realidad podía ser cualquiera de ellos, o todos juntos.

Una cosa me daba vueltas en la cabeza. El pitazo para mi último artículo me lo había dado este mismo investigador de Estados Unidos.

El artículo exponía a grandes rasgos un pacto de paz entre funcionarios del gobierno mexicano y cárteles del narcotráfico. Hacía unos días, el investigador y yo nos habíamos visto en un bar de la frontera. En los últimos dos años habíamos desarrollado cierta afinidad. Yo tomaba un avión para reunirme con él en algún lugar de México o Estados Unidos, y él me daba información que se convertía en primicia. Era bien parecido, de nariz afilada y abundante cabellera peinada hacia atrás, y siempre vestía informalmente con pantalones de algodón y mocasines. Tenía una mirada penetrante, enmarcada por profundas ojeras. Sin importar la ocasión, siempre mantenía una expresión impasible.

Empezamos a comer nuestros jugosos filetes a la pimienta salpicados de chiles toreados, mientras un mesero impaciente nos servía más y más tequila. Sospechando que el mesero era un "halcón", un espía de los cárteles, el investigador dejaba de hablar cada vez que se acercaba, y se mantenía con la espalda a la pared, mirando todo y a todos. Finalmente se relajó, gracias al tequila.

—La violencia está a punto de parar —dijo, mirándome intensamente.

—Sí, cómo no —dije, y lo molesté—: Ni un tequila más para ti.

Hizo una pausa y empezó a tamborilear en la mesa. El mesero se fue.

—Sigue —dije.

Desde el 2000, la dinámica del narcotráfico había cambiado. Los dos cárteles más fuertes de México —el de Sinaloa y el del Golfo—

habían entrado en guerra. Existían algunas rencillas personales, pero aun así la pelea era cuestión de negocios. Los de Sinaloa querían una mayor participación del redituable comercio de cocaína, cuya ruta subía desde Colombia a los estados de la costa del Golfo, hasta la frontera sur de Texas. Para repeler la invasión sinaloense, el cártel del Golfo había enviado a su recién formado brazo paramilitar, los Zetas. Fuertemente equipados y bien entrenados para el combate urbano, los Zetas se crearon para defender los territorios o "plazas", al personal y las operaciones del narcotráfico.

Los Zetas a menudo eran personal militar que había sido entrenado por el ejército de Estados Unidos para combatir a los cárteles. Ninguno de los dos gobiernos sabía cuántos desertores del ejército —atraídos por los sueldos más altos que ofrecían los señores del narco— acabaron convertidos en Zetas. Pero la cifra en realidad no importaba, porque los conocimientos del entrenamiento estadounidense ya se habían transmitido. Se decía que los Zetas sabían 43 formas de matar a una persona en tres minutos o menos.

Para 2007, los Zetas daban señales de una creciente independencia del cártel del Golfo. Expandieron sus operaciones, apoyándose en bandas de Texas que servían de mercenarios pagados y operaban desde San Antonio, Houston y Dallas, puntos clave para el traslado de todo tipo de bienes, legales y no. Sus víctimas aparecían incluso del lado estadounidense de la frontera. Los titulares eran malos para el negocio, y los cárteles habían acordado reunirse en secreto.

El investigador de Estados Unidos bajó la voz. Tenía inteligencia profunda de esas reuniones, la primera llevada a cabo en casa del narcotraficante Arturo Beltrán Leyva en Cuernavaca, cerca de la Ciudad de México. Líderes de cárteles rivales y funcionarios corruptos se habían reunido para poner fin a la violencia desmedida y volver al negocio de traficar drogas y ganar dinero. El plan era dividir las rutas de distribución de drogas en partes iguales y realinearse, como lo habían hecho hacía décadas. Los hombres hablaron, bebieron y quedaron en volverse a ver. La tensión entre los cabecillas Édgar Valdez Villarreal, conocido como *la Barbie*, y Miguel Ángel Treviño Morales era profunda. Treviño Morales sospechaba que *la Barbie* había ordenado el asesinato de su hermano. En la reunión se insultaron y se retaron a una pelea a balazos. Sus jefes, sobre todo el anfitrión, se interpusieron y les advirtieron severamente que no estaban allí para arreglar diferencias personales sino para hablar de negocios. El gobierno de Estados Unidos tenía a un soplón allí metido, recabando información de quién asistió.

El zar antidrogas de México, los mandos militares de alto nivel, los agentes de inteligencia y los policías federales, todos sabían sobre el pacto, dijo el investigador. Los principales funcionarios no habían ido en persona, pero habían mandado representantes para proteger sus intereses y respaldar a uno u otro cártel. Todos esos intereses tenían que recibir su tajada para que los cargamentos llegaran al norte sin complicaciones. En las reuniones había tantos portavoces codeándose con los líderes de los cárteles que era difícil distinguir quiénes eran los buenos y quiénes los malos. En otras palabras, ¿quiénes eran del gobierno y quiénes pertenecían al crimen organizado?

La vieja guardia de los cárteles quería que las cosas volvieran a ser como antes de que México pasara por su llamado proceso de democratización. Durante décadas desde la Revolución, el régimen autoritario del PRI, el Partido Revolucionario Institucional, gobernó al país. En su apogeo, los miembros del PRI obligaban a los cárteles a compartir las ganancias, sobre todo con ellos.

Cuando había un solo partido político, una autoridad, era fácil negociar. Pero el poder político se había descentralizado cada vez más desde el cambio de guardia en el 2000, cuando el conservador Partido Acción Nacional, o PAN, finalmente llegó a la presidencia. Los políticos estatales y locales ya no recibían órdenes simplemente de una jerarquía unipartidista. Muchos políticos se aprovecharon de su nueva autoridad e independencia.

La descentralización política también creó un vacío de poder. Los cárteles estaban listos para depredar las frágiles instituciones nacientes que ahora quedaban expuestas en la nueva democracia. Los expedientes se perdían, los investigadores eran asesinados y los testigos desaparecían, con una impunidad casi total para los responsables. Casi de la noche a la mañana, el llamado Estado de derecho cayó ante los conquistadores del México actual: los cárteles de la droga.

Después de su elección en 2006, el presidente mexicano Felipe Calderón habló de construir un país de leyes, de recuperar el territorio perdido ante los grupos criminales. Mandó al ejército a controlar a los cárteles, pero no supo calcular plenamente las consecuencias, ni la capacidad de las instituciones existentes.

Algunas regiones enfrentaban un candente conflicto entre facciones de lealtades cambiantes, en ciudades y pueblos —muchos cerca de la frontera— con historias complicadas y dinámicas variables. Cada comandante, funcionario y comunidad local tenía que llegar a un arreglo con los cárteles y sus miembros. La corrupción por sí misma no explicaba la violencia. Tener la cabeza prensada en un torno de banco no te deja muchas opciones. El gobierno estaba indefenso o cooptado. Más de 430 000 agentes de la policía estatal y local, y una policía federal que pronto rebasó los 35 000 elementos, algunos más corruptos que otros, no podían hacerles frente a los billones del narco. Pero la creciente cobertura de la prensa ponía en riesgo un delicado balance.

Mientras bebíamos a sorbos nuestro tequila, no pude ocultar mi sorpresa por lo del pacto de paz. Aun para México, era algo muy descarado. Mi reacción sorprendió y molestó al investigador.

El gobierno tiene largos e históricos vínculos con los cárteles, sobre todo el de Sinaloa, dijo, y conoce bien a los cárteles, en especial a los Zetas. Después de todo, los Zetas eran del ejército antes de desertar. Los funcionarios tienen expedientes de ellos, conocen a sus familias, sus historias, sus direcciones y hasta sus apodos. Alguien tiene que estar protegiendo a los Zetas desde dentro a cambio de decenas de miles de dólares al mes. ¿Si no, cómo pueden traficar drogas y migrantes y secuestrar víctimas con tanta facilidad?

—Esta mierda nunca ha funcionado sin que al gobierno le toque su tajada —dijo, a la defensiva—. Los dos coexisten, paralelamente.

Tienen que hacerlo. Confía en mí: las matanzas van a parar cualquier día de éstos. Tú observa...

"Y otra vez van a empezar, así —agregó, tronando los dedos.

El investigador acabó de cenar, se limpió la boca, se puso de pie y echó su servilleta a la mesa.

—Ten cuidado allá —dijo—. Y recuerda mis consejos.

Asentí con la cabeza. Claro que los recordaba. La ciudadanía de Estados Unidos no bastaba para protegerme. No debía relajarme mucho. Para los cárteles, me veía igual de mexicano, y desechable, como cualquiera.

El investigador prefirió irse solo del oscuro bar. Lo vi cruzar la calle y meterse a un parque enfrente del bar; vestido de pantalón negro, mocasines y guayabera, volteaba para atrás cautelosa y constantemente. Topé su mirada por la ventana y rápidamente desvié la vista.

Le pedí la cuenta al mesero. Me la trajo con una sonrisa irónica. En la frontera todos se habían vuelto sospechosos. Pagué y me retiré rápidamente a mi cuarto de hotel del lado de Estados Unidos, tan cerca de México que se oían las sirenas.

Después de que publiqué la primicia de lo del pacto de paz, los medios de México la difundieron. La información comprometía tanto al gobierno como a los cárteles y ponía en riesgo millones de dólares en futuros sobornos. En un país donde los ricos y poderosos rara vez, si acaso, son objeto de escrutinio, el artículo debió molestar a más de unas cuantas personas, gente con "los güevos" —y la impunidad— para matar a un periodista estadounidense.

Respiré profundo y miré a través de las cortinas. Ángela y nuestra amiga Cecilia, una escritora, estaban platicando en la sala y venían hacia el balcón, donde ahora me parecía que llevaba horas parado. Yo tenía 47 años, era soltero, sin hijos. Había vivido para mi trabajo, que ahora tal vez me metería un balazo en la cabeza.

¿Habría sicarios abajo en el vestíbulo? ¿Vendrían subiendo por la escalera? ¿Debía salir corriendo al aeropuerto? Los sustos anteriores me habían hecho salir cuanto antes a Estados Unidos. Pero estaba cansado de huir sin saber por qué ni de quién. No había dónde esconderse... mucho menos en ese departamento.

Carajo. El investigador había jugado un papel en uno de mis artículos más importantes. Era la mejor fuente que tenía, y ahora también la más peligrosa.

Él andaba con tres —a veces hasta cinco— celulares, cada uno dedicado exclusivamente a contactos clave en las distintas organizaciones criminales. Cuando no podía responder alguna de mis preguntas, recurría a los números guardados en alguno de los celulares y llamaba a alguien muy adentro del cártel que pudiera responderla, proporcionando detalles cruciales mientras yo murmuraba las siguientes preguntas o las apuntaba en mi libreta. Las llamadas no duraban más de 30, 45 segundos.

Yo apenas lo conocía. Había confiado en él, compartido detalles de mi vida. Él sabía dónde vivía mi familia. Sabía nuestra historia, cómo habíamos llegado de México a Estados Unidos a trabajar en el campo. Sabía dónde había crecido yo, de mi lucha por pertenecer a uno u otro lado de la frontera. Hasta había conocido a Ángela.

Algunas de sus fuentes —todos traidores de los cárteles— habían sido asesinadas en el último año. Una tarde me había llamado para pasarme el dato de que dos policías habían sido acribillados por los Zetas en una ciudad fronteriza de México. Sabía que yo estaba allí, trabajando en un artículo.

—¿Sigues del lado mexicano? —preguntó.

—Sí. ¿Por?

—¿Puedes ir a este lugar en el centro y hablarme cuando estés allí?

—Claro —dije, y literalmente me fui corriendo por la calle, el ruido de las sirenas cada vez más alto al irme acercando.

Lo llamé. Dos policías caídos, le dije; una es una mujer con un balazo en la cabeza, chorreando sangre. Sus sesos regados en el piso del coche.

—Gracias —dijo muy serio y colgó.

Esa noche me contó que la mujer policía había sido uno de sus contactos. Su marido, motivado por el miedo de ver en lo que se estaba convirtiendo México, empezó a denunciar Zetas hasta que descubrieron su traición y lo mataron enfrente de ella. La esposa buscó al investigador de Estados Unidos, jurando venganza, y le dijo que ella acabaría el trabajo y le entregaría al máximo líder de los Zetas. También estaba enojada por las mujeres que violaban. Ella había sido una. Los Zetas, con ayuda de la policía local, la encontraron a ella primero.

Para los cárteles, yo no era más que otro contacto del investigador. Y no sería más que otro mexicano muerto. Según algunos cálculos, menos de 5% de todas las investigaciones de homicidio en México se llegan a resolver. La tasa de condenas es peor que la de Honduras. Si estás en la lista de los sicarios, prácticamente estás muerto. Sobre todo los periodistas… o mejor dicho, los periodistas mexicanos. Hasta entonces, la comunidad de corresponsales extranjeros en México había estado relativamente segura.

Recordé lo que el investigador de Estados Unidos me había dicho hacía un par de años:

—Mira, no te voy a mentir —dijo una noche en un restaurante de mariscos en el distrito de Georgetown en Washington cuando le pregunté qué tan probable era que un periodista estadounidense llegara a ser blanco de los cárteles mexicanos—. Primero la noticia buena: a los narcotraficantes no les gusta meterse con los corresponsales gringos. La atención pone en riesgo sus negocios.

—Qué bien —dije—. ¿Y cuál es la mala?

—Que tú no pareces gringo, compadre.

Saqué mi celular y nerviosamente marqué su número. Entró el buzón de voz. Le di al botón de remarcar. Otra vez no contestó. Volví a remarcar. Buzón de voz. ¡Carajo! Eché mi teléfono a la cama y dejé que mi libreta cayera al suelo de duela entre el tiradero de libros y revistas, incapaz de sacar fuerzas siquiera para aventarlos contra la pared. Me sentía indefenso.

Pensamientos de mi madre, mi padre, mi familia, Ángela, empezaron a atormentarme.

¡Puta madre!

Caminé de regreso a la sala y le subí el volumen a mi iPod. Ángela, con los hombros desnudos envueltos en un chal color salmón, seguía muy metida en la plática con Cecilia. Ángela venía de viaje cada varias semanas y ahora estaba aquí porque planeábamos ir a Baja California a reportar sobre estadounidenses que trabajaban ilegalmente en varias comunidades de playa. Pensábamos que iba a ser un reportaje fácil, sobre jubilados y jóvenes atraídos al lugar por la promesa de una nueva vida. Ángela y yo manteníamos una relación a distancia hacía años, así que siempre que podíamos planeábamos reportajes juntos, ella para la televisión y yo para el periódico.

Una amenaza contra mí también era una amenaza contra ella. Los cárteles la conocían y no conocían límite: con familiares y amantes se valía todo. Era mi mejor amiga, la mujer con la que me había querido casar. Y aunque nunca me dio el sí, le insistí que conservara el anillo, por si acaso. Todo mundo creía que era mi esposa, de tanto tiempo que llevábamos juntos. La amaba profundamente.

Ni Ángela ni Cecilia me vieron recargado en el marco de la puerta. "Lyin' Eyes" sonaba ahora a todo volumen. Me volví a meter a mi cuarto.

Planean matar a un periodista estadounidense en las próximas 24 horas.

Ya sabes, dirían mi madre y mi padre. Ya sabes los riesgos.

Empecé a dar pasos. Traté de distraerme pensando algo normal. ¿Qué iba a hacer con las ocho botellas de tequila Siembra Azul que un amigo me había mandado ese día de regalo, para celebrar un premio que acababa de ganar por mi trabajo? El tequila, de los altos de Jalisco, había sido cuidadosamente cultivado con la ayuda de música clásica de Vivaldi y Mozart, para infundirle pasión al aguamiel. De veras quería un trago.

Ángela me iba a hacer las preguntas difíciles que yo no sabría responder. ¿Qué iba a hacer? ¿Adónde iba a ir?

Así que mejor le marqué a mi editor en Dallas. El temperamento tranquilo de Tim Connolly y su acento neutro de Dakota del Norte siempre me tranquilizaban. Él había estado a mi lado en las otras amenazas. Pocas cosas lo alteraban.

—Hola, Alfredo —dijo—. Estaba a punto de llamarte.

Tim acababa de enterarse de la amenaza por los editores del *San Antonio Express-News*. Me imaginé los ojos pensativos de Tim y su canosa barba rojiza.

Despacio, midiendo sus palabras, dijo:

—A lo mejor deberías irte. Quizá debas seguir el consejo de tu fuente.

Le dije que lo llamaba después. Tenía que hablar con Ángela, ver qué decían las fuentes, averiguar por ahí, descubrir qué estaba pasando en realidad y si la información era "directa", o sea, sin confirmar. ¿Qué había pasado con el supuesto pacto de paz de los cárteles?

Si tenía que tomar el siguiente vuelo, repitió Tim, no debía dudarlo.

Colgué y otra vez me dirigí a la sala. Esta vez le bajé a la música y me acerqué a Ángela y Cecilia, paradas junto al balcón, donde el aire era fresco e invitante. La lluvia había dado paso a huecos de cielo vespertino despejado.

Haciendo a un lado su fleco rubio, Ángela me volteó a ver y sonrió.

—¿Ya por fin nos vas a acompañar? —bromeó.

Sus ojos verdes leyeron la preocupación en mi cara y su sonrisa desapareció.

—¿Estás bien? —preguntó Ángela, su rostro poniéndose serio—. ¿Llevas todo este tiempo hablando por teléfono? ¿Qué pasó?

Ángela y yo nos conocimos en El Paso en el restaurante de mi familia, Freddy's Café, en el verano de 1988. Vi a una güera despampanante sentada sola en una mesa que yo había reservado para mis amigos. Estaba a punto de moverla a otra mesa cuando entró un amigo, le dio un beso en el cachete y se sentó junto a ella. No había nada que hacer más que tomarle la orden y esperar que se fijara en mí.

Yo me presenté, le conté que había regresado a El Paso para hacer un artículo para el *Wall Street Journal*, donde estaba trabajando, en la oficina regional de Filadelfia. A mis 28 años, me sentía la gran cosa. Pero siempre que estaba en casa, mi madre me ponía a trabajar cuanto antes, sentando a los clientes, tomándoles la orden y recogiendo platos sucios.

Ángela siguió comiendo como si nada.

—¿Te gustaron los huevos rancheros? —le pregunté—. ¿O regaño a la cocinera, que es mi mamá? Tú nomás dime en qué te puedo servir, güerita.

Ella apenas me miró. Más tarde, cuando la conversación en la mesa se había acalorado en torno a los cambios en el panorama político de El Paso, me acerqué a ella y, tratando de hacerle un cumplido, le pregunté:

—¿Entonces tú eres rubia natural?

Me fulminó con una mirada de asco. Estábamos en El Paso; por lo menos 80% de la población de la ciudad era de origen mexicano, lo que significaba sobre todo piel morena y cabello oscuro. Su cabellera rubia llamaba la atención.

—¿Tú qué eres? —continué.

—Soy un ser humano. ¿Tú qué eres? —respondió.

Y ahí casi quedó la cosa excepto que sentí que algo poderoso había cruzado entre nosotros, aunque aún no podía ponerle nombre. Ella había nacido en la Ciudad de México, de madre estadounidense y padre ucraniano. Había crecido entre México y Estados Unidos, pero su español era impecable, nítido, más sofisticado y lírico que el mío.

Ella siguió viniendo al café de mis padres y yo seguí tratando de sacarle plática.

—Oye, ¿qué pasó? —repitió Ángela—. ¿Qué sucede?

No dije nada. Miré mi caballito con su chorrito de tequila. Deseé que fuera más.

—Te ves pálido —siguió ella—. ¿Qué tienes?

—Creo que hay que cancelar la cena.

Un grupo de amigos periodistas nos iban a acompañar para celebrar ese premio que había ganado por artículos que ahora empezaba a lamentar haber escrito.

Ángela se quedó desconcertada y cruzó los brazos.

—Dieron la orden de matar a un periodista estadounidense en las próximas 24 horas y mi fuente cree que soy yo —dije.

Ángela se me quedó viendo. Cecilia frunció el ceño. Bajaron sus vasos.

—Ay, Dios mío —dijo Ángela—. ¿Por qué?

Se lo podía imaginar. Otra vez, me había acercado demasiado a la noticia.

Cecilia murmuró:

—Uf, mierda, Alfredo. ¿Qué vas a hacer?

Negué con la cabeza. Todos tomamos un trago.

Los últimos vestigios de un sol rojo asomaron brevemente entre las nubes, luego cayeron tras lejanos rascacielos.

En mi iPod, Marco Antonio Solís cantaba sentidamente "Si no te hubieras ido": *El ritmo de la vida me parece mal...*

La lluvia volvería a empezar en cualquier momento.

Nos quedamos parados en silencio, sintiendo el viento húmedo azotar los árboles, abajo. Los cables eléctricos se agitaban suavemente. Una brisa más fuerte sacudió las ramas e hizo sisear las hojas. Un manto de nubes rodeaba a la Ciudad de México. Una tormenta se estaba formando en este valle de 20 millones de almas.

Nos quitamos de las ventanas.

Ángela rompió el silencio. Sugirió que le hablara a nuestro amigo y colega Dudley Althaus para contarle de la amenaza y cancelar la cena. Corresponsal del *Houston Chronicle*, Dudley siempre estaba relajado, la voz de la razón y la experiencia. Era de Ohio y tenía la pinta del prototípico gringo grandote y fornido. Pero era todo menos un estadounidense prepotente. Llevaba tanto tiempo en México que hacíamos bromas de que cuando mandó su primera nota, la Ciudad de México seguía siendo Tenochtitlan, la capital azteca antes de que los españoles pusieran un pie en Yucatán en 1517. Como Ángela y yo, Dudley había cubierto muchos artículos difíciles sobre los cárteles.

Una cosa me quedaba perfectamente clara en mis años de escribir sobre México: no había ninguna satisfacción en reportar sobre el crimen organizado, sólo penas, angustias, amenazas y muerte. Con mucha frecuencia los periodistas son los que salen perdiendo al reportar sobre los cárteles y sus incesantes peleas por controlar las rutas de distribución hacia el mercado de drogas más grande del mundo. Los personajes pueden cambiar pero el negocio continúa, escribamos lo que escribamos. El reportero observa y registra ese mundo de sombras donde todos son fantasmas, donde la vida no vale nada. Y luego, él o ella es silenciado.

Le marqué.

—Creo que no es buena idea reunirnos —dije.

Dudley se resistió. Él organizaba una reunión semanal de corresponsales en un bar de la ciudad. Los viernes eran noche de cantina. Hoy, jueves, era una noche especial: corresponsales de la Associated Press y del *Washington Post*, un fotógrafo del *Dallas Morning News* y el corresponsal estadounidense de *La Jornada* en Nueva York supuestamente vendrían con nosotros a celebrar. Él sentía que debíamos mantener la cena como habíamos planeado, alertar a las autoridades de Estados Unidos y mostrar solidaridad. Si no nos manteníamos unidos —como nuestros colegas mexicanos, propensos a los pleitos internos— podríamos estar sentando un precedente peligroso. Dudley también consideraba que debíamos compartir la noticia con el ministro consejero para asuntos públicos de la embajada de Estados Unidos, Jim Dickmeyer, que también iba a venir. Era alguien cercano al embajador de Estados Unidos, Tony Garza. Si podíamos llegar hasta Garza, él podría hacer circular la información sobre la amenaza y quizá hasta informar al presidente de México, o por lo menos conseguir su atención. Esto no era nada más sobre mí, dijo Dudley.

La cena seguía en pie.

El reto es llegar a la cena a salvo, pensé cuando colgaba el teléfono.

Erich Schlegel, un amigo y fotógrafo, acababa de llegar cuando todos tomamos nuestros paraguas y bajamos nerviosos los seis pisos en el elevador y luego salimos a la calle y subimos a un taxi que yo había llamado hacía unos minutos. Había insistido en irme por mi cuenta, pero los tres se opusieron rotundamente a la idea. Mientras más gente, más seguro, dijo Ángela con firmeza.

Afuera estaba lloviznando. El aire se sentía fresco. Los inviernos en la Ciudad de México parecían primavera, mientras que los veranos —a menudo fríos, nublados, oscuros— parecían invierno. En el camino, las calles se veían inusitadamente vacías. Mis ojos iban atentos a cada sombra. Sentía la ciudad, el país, turbulentos, frenéticos. Luces de neón iluminaban el restaurante de mariscos, pero de ahí en fuera la calle Atlixco estaba oscura. El reflejo de los faros de los coches viajaba de charco en charco, las llantas salpicaban a los gatos callejeros.

Dos

Sentados a la mesa, discutimos la credibilidad de la amenaza y qué pasos dar. Algunos tomaban notas mientras otros sólo escuchaban, atónitos. Las amenazas no les sucedían a los estadounidenses. Nuestros colegas mexicanos —amigos como Ramón Cantú Deándar en Nuevo Laredo— eran los que estaban en la línea de fuego.

Tan sólo en 2007, más de 2 000 mexicanos, entre ellos policías, políticos y periodistas, fueron asesinados. De los periodistas, todos excepto uno eran mexicanos —hasta ese momento, al menos—. A nadie en el gobierno parecía importarle lo suficiente para hacer algo, ni pensaba siquiera que algo se pudiera hacer. *Post mortem*, los muertos a menudo eran tachados de ser personajes turbios vinculados con el crimen organizado. En México te matan dos veces: primero con un balazo, un hachazo en la cabeza o un baño de ácido. Luego con rumores sobre ti.

Ángela estaba callada y apenas probó bocado. Yo comí nerviosamente algo de guacamole y callo de hacha, y bebí más tequila; dejé la mesa para tomar llamadas del editor del *Laredo Morning Times* y del reportero de fronteras del *San Antonio Express-News*, a quien le habían ordenado que saliera de Laredo y volviera a San Antonio de inmediato. Sus editores dudaban que aun del lado de Estados Unidos estuviera a salvo, y mucho menos en Laredo, que hace frontera con Nuevo Laredo, México, centro de operaciones de los Zetas. Intercambiamos impresiones. Pero le dije que yo no estaba listo para irme. Aún no. Necesitaba más información.

Encontré un rincón tranquilo y me puse a hacer llamadas. Tenía que hablar con Ramón, redactor y editor del diario *El Mañana* de Nuevo Laredo, que era un negocio familiar. *El Mañana* enfrentaba constantes amenazas y ataques de los dos cárteles en guerra que luchaban por el control de la plaza, así como de las noticias. No acatar sus exigencias ya había tenido consecuencias fatales.

Las oficinas de *El Mañana* habían sido atacadas con granadas y acribilladas a tiros. El reportero nocturno había quedado paralítico después de ser baleado. Tres años antes, Roberto Mora, el editor de ciudad, había sido apuñalado 28 veces. Los Zetas secuestraron al hermano de Ramón, Heriberto, poco tiempo después. La liberación de su hermano tuvo un precio: la autocensura. El periódico de Ramón se volvió un portavoz obligado a cubrir los intereses del cártel.

Debido a esta relación, él había logrado tener un acceso excepcional a los Zetas. Pero no estaba orgulloso de sus contactos. Los cárteles y los Zetas lo habían "invitado" más de una vez a sitios remotos o partes oscuras de la ciudad donde en la cabina de una camioneta blindada se había reunido con los criminales más buscados de México. Semejantes invitaciones no se podían rechazar. Había vidas en juego.

Contestó al primer timbrazo. Podía imaginarme su pelo rebelde, una mezcla entre Fher, el vocalista de Maná, y Jim Morrison, de The Doors. Ramón creció en México pero nació en Estados Unidos. Como yo, no lograba separar las dos nacionalidades, aunque si lo presionabas o lo hacías enojar lo suficiente, te decía: "¡Mexicano hasta las cachas, compadre!"

No había oído nada de la amenaza pero se ofreció a averiguar.

—No te preocupes, cabrón —dijo, usando uno de los muchos apelativos afectuosos que me tenía—. Voy a preguntar por ahí.

También llamé a fuentes policiales, incluyendo a un funcionario de inteligencia de México a quien conocía y en quien confiaba, para comparar notas. Nos conocíamos hacía ya algún tiempo. Unos días antes, yo había entrado a su oficina para corroborar la información del investigador de Estados Unidos sobre el pacto de paz. Cuando entré, me hizo señas de que cerrara la puerta a mis espaldas. Como siempre, teníamos pocos minutos. Él estaba ocupado y no le gustaba que lo vieran conmigo. En ese momento, el sistema de inteligencia de México estaba en plena reestructuración. Mucha gente de la corporación había sido despedida. La desconfianza entre los agentes era especialmente alta. Cuando nos reuníamos, siempre era breve. A sugerencia suya, yo le mentía a su secretaria diciéndole que necesitaba una reunión para discutir algún tema menor.

Cuando empecé a plantear la pregunta sobre el pacto de paz, basado en la información que tenía del investigador de Estados Unidos, el funcionario mexicano levantó la mano. Se quedó un momento sentado en su amplio sillón de cuero, tamborileando con los dedos en su escritorio desordenado, mirando hacia todos lados, buscando el control remoto de la televisión. Lo encontró, lo apuntó al televisor y dio con un canal de música, Telehit, que transmite pop latino cursilón. Le subió el volumen.

—Sí —dijo—. Puedo confirmarlo. Ha habido intentos continuos por alcanzar un pacto de paz. Pero aún es muy pronto para saber si éste va a ser distinto, si va a funcionar. Y sí, me temo que hay miembros del gobierno involucrados. Tienen que estarlo. De lo contrario el sistema no funciona: nada funciona.

—¿Quién del gobierno?

—Lo estamos investigando. Aún no puedo hablar —respondió—. Es todo lo que te puedo dar.

—La lucha en el norte y en la frontera es por el control de las principales plazas —los puntos críticos para cruzar hacia las lucrativas rutas del norte—, ¿y ahora el gobierno controla esas plazas? —le pregunté—. ¿Por eso pararon repentinamente las matanzas? ¿Así nada más?

—Hasta cierto punto —dijo él—. Es todo lo que te puedo dar ahorita.

Me miró, impaciente. Estreché su mano y me alejé rápido, evitando hacer contacto visual con los agentes e informantes apretujados en un deshilachado sofá de dos plazas en el pasillo, esperando su turno para ver al agente de inteligencia mexicano. Toqué mi bolsillo trasero para cerciorarme de que mi libreta estuviera bien guardada. Me sentía torpe.

Ahora estaba al teléfono con él. Sí, dijo, había oído de la amenaza por sus contactos internos, pero al igual que el investigador de Estados Unidos, no sabía más.

—¿Quién te dijo? —le pregunté. No me quiso decir. Yo quería saber si le había llegado de rebote: ¿se había enterado de la amenaza por el investigador de Estados Unidos? Se lo quería preguntar, pero sabía que una pregunta así rompía con el protocolo. No le pude sacar nada, pues colgó rápidamente. Llamé al investigador de Estados Unidos y me sentí aliviado cuando finalmente contestó. Seguía en su oficina, iba saliendo de una junta.

—Me estoy volviendo loco con esto —dije—. Sólo dime algo: ¿me tengo que ir? ¿Qué tan seria es la cosa? ¡Sólo dame una respuesta!

—En eso estoy —dijo. Y colgó.

—¡Oye, carajo! —grité al teléfono.

Pensé que estaba solo. Había estado tratando de mantener la calma enfrente de los amigos, enfrente de Ángela, pero David Brooks, el corresponsal de *La Jornada*, me había estado observando afuera del restaurante. Encendió un cigarro. Al igual que Ángela, David había ido a la escuela en México y su español era impecable. Cada vez que venía de visita desde su base de operaciones actual en Nueva York, se quedaba perplejo de ver lo que estaba pasando en su tierra. Políticamente era de izquierda, y no era nada tímido al respecto. No le convencía que México adoptara una democracia estilo Estados Unidos, ni tampoco la lucha contra el crimen organizado. Constantemente cuestionaba si la democracia traería un cambio positivo para México o no. Decía que los caros consultores de Nueva York y Austin contratados por el gobierno mexicano nos estaban timando a todos.

Nuestra patria seguía siendo un lugar de extremos. En los siete años desde la elección del primer gobierno de oposición, encabezado por el PAN, se habían multiplicado las señales de una creciente clase media mexicana, por lo menos en términos del acceso a televisores, autos, casas, teléfonos celulares. Pero México seguía siendo un país de contradicciones, donde 40 millones de personas vivían en la pobreza, 15% de ellas con menos de un dólar diario. El abismo de desigualdad siguió siendo enorme después de la firma del TLC en 1994. Pese a elecciones más limpias y a tener la segunda economía más grande de América Latina, México enfrentaba su futuro con una de las burocracias más corruptas del mundo. Anualmente, el país perdía una cifra calculada en 50 000 millones de dólares entre evasores fiscales, criminales y corrupción.

Una vida de humillaciones, traiciones y derrotas está incrustada en la psique del mexicano. Muchos de los padres fundadores de México surgieron justo cuando el imperio español se empezaba a derrumbar —hombres como Miguel Hidalgo y Costilla, José María Morelos e Ignacio Allende—. Todos murieron por la causa. Pero uno vivió lo suficiente para definir un siglo entero. El general Antonio López de Santa Anna pasó la mayor parte del siglo XIX en el ejército, en la presidencia o en el exilio. Fue presidente durante 11 periodos no consecutivos entre 1833 y 1876, años en los cuales perdió el territorio conformado por Texas, California, Arizona, Nevada y Nuevo México. Aunque sería difícil argumentar que a México le haya ido mucho mejor desde entonces, con la excepción de unos cuantos líderes valerosos. Los políticos y religiosos que han gobernado el país se han bebido los ríos y comido los bosques, han destruido las costas y se han robado el petróleo, dando gritos de nacionalismo cuando alguien se interpone en su camino. México ha sido burlado a cada paso por su propia historia.

Durante gran parte de mi vida había creído que México estaba al borde de la transformación, de crear una sociedad civil, convencido de que el Estado de derecho podía sanar una maldición autoimpuesta. Siempre estamos en el ya merito.

—Está cabrón, ¿no? —me encogí de hombros y volteé hacia David, evitando verlo a los ojos.

—¿Dónde está el cambio político tan esperado? —respondió, con un toque de sarcasmo en la voz—. ¿Qué pasó con la democracia estilo americano?

—A lo mejor ésta es —dije, recordándole que a nosotros, los mexicanos criados en Estados Unidos, supuestamente nos correspondía ayudar a introducir esa democracia.

David dio una última fumada, hizo una pausa y dijo:

—Entonces estamos de la chingada.

El humo persistió entre la lluvia.

Regresamos y tomamos nuestros lugares a la mesa. Dickmeyer preguntó qué tan directa era la información. Una amenaza con un plazo de 24 horas podía ser algo muy grave si la confirmaban distintas fuentes de inteligencia. Pero nadie parecía tener una confirmación, aún. "Directa" podía significar algo tan desestimable como un rumor.

—La fuente lo está corroborando —respondí—. Esperaba que tú me lo dijeras.

—Yo sólo soy un vocero —dijo él.

Tranquilamente anunció que a la mañana siguiente informaría al embajador, si nos parecía bien.

Asentimos, de acuerdo.

Bebimos demasiado.

—Si te van a matar, tenemos que ponernos una buena borrachera —dijo Dudley, bromeando a medias.

Luego hizo una pausa, me miró a los ojos y dijo:

—Una amenaza contra ti es una amenaza contra todos nosotros.

Ángela y yo llegamos a casa y nos fuimos directo a la recámara. No queríamos molestar a Cecilia, así que hicimos planes en voz baja. Baja California me sonaba bien, mejor que irme a esconder a algún hotel de Dallas o, peor aún, que irme a El Paso, con un blanco en la frente en la ciudad donde vivía mi familia y donde una banda trasnacional no necesariamente se iba a detener. Ángela quería cancelar el viaje a Baja California e irse conmigo inmediatamente a Estados Unidos.

Yo quería ir con ella a Baja California. No quería que estuviéramos solos y separados uno de otro. Y la idea de trabajar en un artículo que no era de narcos en una playa popular entre las estrellas de Hollywood sonaba segura. Lo que en realidad quería era ganar tiempo para poder hacer llamadas desde territorio mexicano, más cerca de las respuestas, si es que las había.

No estaba listo para irme, insistí.

—¿Hasta cuándo? —preguntó ella.

—Aún no —respondí.

Dijo que lo consultara con la almohada.

—Recuerda lo que dijo Dudley. No hay que ser impulsivos —razonó.

Mientras Ángela se metía a la cama, llamé a mi editor, Tim, y le conté el plan. Escribiría sobre campos de golf, hoteles de playa… cualquier cosa menos narcotráfico.

—Pero vas a seguir en México —dijo él, sonando escéptico.

Le recordé a Tim las amenazas pasadas y cómo había respondido el periódico: instalando ventanas a prueba de balas en nuestra oficina, soldando barrotes de hierro en las ventanas de mi departamento, mandando traer a un consultor de seguridad que se creía había sido de la CIA y contratando consultores de seguridad mexicanos que llegaron incluso a instalar un botón rojo de pánico que supuestamente nos conectaba con ellos de inmediato. Nunca lo oprimí, temiendo alborotar a la gente equivocada. Durante semanas, el equipo de seguridad nos había seguido a Ángela y a mí, hasta que Ángela se sintió menos segura con ellos que sin ellos. Le dije a Tim lo que creía: si un asesino de los cárteles te quiere matar, lo hará. Sólo es cuestión de tiempo. Y si el cártel no te puede matar, te manda un mensaje matando a un familiar, a un ser querido. Yo tenía familia en ambos lados de la frontera, le expliqué a Tim. Ningún lugar era seguro. Necesitaba más tiempo en tierra para encontrar la verdad.

Tim no sonaba muy convencido, pero confiaba en mi juicio.

Colgué y empecé a echar ropa y libretas en mi mochila de lona verde. Volteé a ver a Ángela, perdida en un sueño profundo. Se veía tan en paz. Había perdido a su madre hacía unos meses, de cáncer. Ahora tenía miedo de perderme a mí también. Finalmente me arrastré a la cama. Traté de conciliar el sueño fijando la vista en cada objeto de mi cuarto, cosa por cosa, como si quisiera memorizar la habitación.

El librero contra la pared estaba lleno de música: el gran cantautor Juan Gabriel de Ciudad Juárez, canciones de amor de Luis Miguel, Marco Antonio Solís, Shakira y, por supuesto, Miguel Bosé, cuyo ceceo y extravagante forma de vestir yo solía imitar. Pasé por una lamentable etapa de adolescente en la que andaba de mallones rojos y camiseta corta en honor a Bosé. Tenía 15 años. The Doors, los Eagles, Coldplay, R.E.M., David Gray, Bruce Springsteen, U2; una enorme colección navideña, blanco de las burlas de mis amigos; Miles Davis y John Coltrane; música ranchera de Alejandro Fernández y Pepe Aguilar y de sus padres, y Los Relámpagos del Norte. La música, mi primer amor, siempre me aterrizaba en el momento.

La luz de la barrera de vidrio de la Torre Mayor inundó mi recámara. Me quedé viendo el edificio más alto de México. Me levanté y le mandé un e-mail al investigador de Estados Unidos, esperando que estuviera despierto.

Me dirigí al baño, exhausto. Me dolía todo el cuerpo. A lo mejor era la edad, pensé, o los músculos tensos de tanto estrés. Me apoyé en el mueble del lavabo, inspeccionando mis ojos rojos en el espejo grande. Frente a mí, vi a un hombre que estaba envejeciendo rápido. Perdiendo pelo, cada vez más canoso; con ojeras bajo ojos tristes y oscuros; cachetes hundidos y cacarizos.

Mi madre, Herlinda, me quería a salvo en Estados Unidos con ella y mi padre, Juan Pablo, y mis cinco hermanos y dos hermanas. Había sacrificado todo lo que conocía para sacarnos, porque veía que México estaba atorado entre la esperanza y la desesperanza, dividido entre los ricos y los que vivían con nada más que una fe terca. Yo no tenía ni riquezas ni fe. Sólo mi piel morena, un acento y unas ideas blanqueados por la forma de ser estadounidense, y un profundo, profundo amor por México, mi tierra, que ya ni siquiera podía explicar.

México, 40 años después de que nos fuimos, seguía siendo impredecible, indómito, crudo. Pero yo había regresado hacía 13 años atraído por la nostalgia y la promesa de lo que México podía llegar a ser.

Mamá, mira, esta pura recámara es más grande que todo el remolque en que vivíamos de migrantes en California y del doble de tamaño que la sala de nuestra casa de adobe en Durango. Mamá, ¡ya mero, ya casi!

Elegí el periodismo como profesión después de que un consejero vocacional logró convencerme de que era una mejor carrera que trabajar en el campo o volverme estilista, ocupación por la que me había decidido tras ver a Warren Beatty perseguir chicas en la película *Shampoo*. Había trabajado para el *Ogden Standard-Examiner* en Utah, *El Paso Herald-Post*, el *Wall Street Journal* en Filadelfia y ahora el *Dallas Morning News*, que me había abierto las puertas para volver a México.

En una foto en el librero, mi madre y mis hermanos me devolvían la mirada en tonos sepia. Cuatro niños con camisa de cuadritos haciendo caras raras, con nuestra madre en medio, severa y sin sonreír, la tristeza aún en sus ojos, incómoda con un vestido negro prestado. Lupita, su amada hija, mi hermanita bebé, no está en la foto. Yo no podía ver esa fotografía sin ver también el oscuro vacío de esa ausencia. Fue la última foto que nos tomamos antes de cruzar la frontera para empezar una nueva vida. Y yo pagué el sacrificio de mis padres escribiendo exactamente la clase de artículos que les había prometido que no iba a tocar.

Mi celular de Estados Unidos empezó a vibrar. Era el investigador de Estados Unidos.

La información sobre la amenaza, dijo, estaba "definitivamente sin confirmar". La fuente iba a necesitar un día, quizá dos o tres, para obtener más información y corroborarla con otros contactos, informantes confidenciales, para poder verificar la amenaza. No bajes la guardia, mantente alerta hasta que sepamos más, dijo, y colgó.

Mis susurros al teléfono despertaron a Ángela. Me disculpé pero le expliqué que la información sobre el posible asesinato no estaba confirmada. Todo esto podría ser un gran error, dije. Ángela no estaba convencida.

—¿De veras importa si la información está confirmada o no? —preguntó en voz baja—. ¿De veras lo quieres averiguar? ¿Quieres que te lo confirmen? Vente a la cama. Necesitas descansar.

—Voy a ir contigo a Baja California —dije.

—Okey —respondió ella y cerró los ojos—. Vamos juntos —se volvió a dormir.

Me acosté junto a Ángela y deslicé los brazos alrededor de su cuerpo, tibio de la cama. Sentí enormes deseos de protegerla, de hacerla sentirse segura. Al lado de Ángela, yo me sentía seguro. Yo la *necesitaba*. El pensamiento me agarró la garganta. La abracé fuerte. Me quedé acostado, esperando que el sueño se apiadara de mí, ahí en mi cama, en mi departamento de la Condesa, en la ciudad que amaba y en el país que ahora sentía que me había traicionado.

Era medianoche en México.

Tres

Horas después, íbamos corriendo.

Samuel, nuestro chofer, manejaba cambiando de carril en el tráfico camino al aeropuerto, donde tomaríamos un avión a Baja California. En México, mucha gente de dinero tiene chofer. En mi caso, un sueldo en dólares significaba tener suficiente para pagar un chofer y una sirvienta. Samuel también era medio asistente y medio guardaespaldas. Era de la Ciudad de México y me salvaba de meterme en problemas con su conocimiento de la ciudad. Esa mañana yo estaba especialmente agradecido por su costumbre de manejar como loco. La radio del coche sonaba a todo volumen con la noticia de que la embajada de Estados Unidos había emitido una advertencia contra cualquier organización criminal que amenazara la vida de un corresponsal estadounidense. Yo no estaba seguro si la publicidad era buena o mala. Pero una cosa quedaba clara: ahora todo mundo lo sabía.

Ángela y yo encontramos nuestros lugares en el avión. Mientras ella se acomodaba en su asiento y yo metía mi mochila en el compartimiento superior, mi celular empezó a vibrar. Me quedé helado. El identificador de llamadas decía "Número desconocido". No contesté. Un minuto después, volvió a sonar. Esta vez vi en la pantalla: "MiguelM", de Miguel Monterrubio, un vocero del presidente Felipe Calderón. No éramos amigos cercanos, pero yo lo consideraba más que una fuente. Miguel y yo nos habíamos conocido en Washington, D. C., cuando yo estaba de corresponsal en la capital para el *Dallas Morning News*, y él y su familia se acababan de mudar para allá. Delgado y quedándose calvo, Miguel siempre andaba de prisa, con un celular pegado a cada oreja. Meses antes, él había regresado de Washington y nos fuimos a tomar un café a Polanco, cerca de Los Pinos, la residencia oficial y oficina del presidente, donde él estaba a cargo de las relaciones con la prensa extranjera. Ese día me sermoneó por reportar demasiado sobre la violencia del narco, insistiendo en que me estaba perdiendo de la grandeza de México. México estaba cambiando, y cambiando rápido. Caminamos unas cuadras alrededor del café, mientras yo lo oía pacientemente, sin decir mucho. Me gustaba oír la esperanza en su voz. No te embotes, me dijo.

—¿Güey, por qué no contestas tu teléfono? —preguntó.

—No lo oí, güey —mentí. Tenía miedo de quién pudiera ser.

Miguel había informado al director de comunicaciones del presidente sobre la amenaza. Me dijo que el presidente había expresado su preocupación y prometido castigar a cualquiera que amenazara a periodistas. Pensé en Ramón y en los incontables periodistas mexicanos más vulnerables que yo. Me pregunté si no serían más que promesas vacías.

Miguel dijo que el presidente Calderón le había pedido que llegara hasta el fondo de este asunto. Me pregunté por qué habría de importarle a Calderón una amenaza contra un periodista estadounidense. Tal vez porque el embajador Garza estaba haciendo mucho escándalo por la violencia que se extendía por el país. O tal vez creyera que una amenaza contra un estadounidense empezaba a acercarse demasiado a una amenaza contra funcionarios mexicanos, su círculo interno, o quizá incluso contra su familia, él mismo.

—¿Qué sabes? —le pregunté a Miguel.

—Nada, nomás lo que leí. A lo mejor fue tu último artículo. La verdad no sé.

La noticia sobre el pacto de paz había enfurecido tanto al presidente que Miguel me había llamado de inmediato para negar que el presidente estuviera involucrado en forma alguna. Yo nunca dije "el presidente", le recordé, y ofrecí escribir una aclaración, pero él la rechazó, diciendo que sólo quería dejar algo bien claro: el presidente no cree en los pactos de paz.

Eso había sido hacía apenas unos días. Ahora estaba al teléfono para expresar la preocupación del presidente.

—No sé si fue el artículo sobre el pacto de paz —dijo él—. Pero yo empezaría por ahí.

—¿Qué puede hacer el gobierno? —le pregunté a Miguel.

—¿Qué piensas hacer?

—Me mantendré en contacto —dije—. Te lo prometo.

Las sobrecargos nos pidieron que apagáramos los teléfonos.

—¿Adónde vas? —preguntó, al oír el anuncio.

Yo no confiaba en nadie, mucho menos por teléfono, mucho menos en un burócrata, amigo o no.

—No te puedo decir, pero me puedes llamar siempre.

—Entiendo. Estamos en contacto.

Cuando estaba a punto de apagar el teléfono, Miguel llamó otra vez con una solicitud urgente:

—No más llamadas. Mensajéame.

—¿Por qué? —pregunté.

Y luego su voz desapareció.

Mientras le relataba la conversación a Ángela, busqué su mano y la apreté. De pronto ella la quitó.

Ángela siempre decía que México era su refugio, un lugar de recuerdos felices de infancia en un mar de incertidumbre. Su madre, originaria de Chicago, había escapado a México cuando su primer matrimonio terminó en divorcio. Ahí fue donde conoció al padre de Ángela. El embarazo puso fin al romance: el padre no quería tenerla. La madre de Ángela se negó a interrumpir el embarazo. El padre se fue del país, justo antes de que Ángela naciera en el Hospital Inglés de la Ciudad de México, una semana antes de Navidad.

A veces su madre tenía suficiente dinero; otras veces no era muy claro si iba a lograr mantener un techo sobre sus cabezas. Fueron tiempos especialmente difíciles cuando se mudaron al sur de Texas para vivir cerca de la abuela de Ángela, quien tras casarse con un ranchero texano se había instalado en el fértil y húmedo valle del Río Grande, justo en la frontera de Texas y Tamaulipas, una región ahora tomada por narcotraficantes. En cierto punto, la incertidumbre económica obligó a Ángela a dejar la escuela. Cuando regresó al *high school*, rápidamente repuso el tiempo perdido. Sacó buenas calificaciones, se graduó entre los primeros lugares de su generación y fue elegida la "Más bella".

Cuando iba a la Universidad de Texas en Austin, Ángela empezó a buscar a su padre. Jamás lo había necesitado, pero su ausencia le daba curiosidad. Puso un anuncio en un periódico en inglés de la Ciudad de México, solicitando información. Se enteró de que vivía en San Diego con su familia. Finalmente lo localizó, aunque nunca esperó mucho de la relación. Inicialmente, él estaba a la defensiva y se negaba a reconocerla, aun cuando sus hijos guardaban un parecido asombroso con su recién encontrada media hermana. Años después, el padre acabó por aceptarla como hija. Ella estuvo con sus hermanos cuando él batallaba por tomar su último aliento. Para entonces, Ángela había aprendido a no contar con nadie más que consigo misma.

Ella me había dicho que yo era la primera persona en la que se podía apoyar, y ahora, sentados en la pista de despegue, temía que eso fuera a desaparecer. Apretó los labios. Hasta cuando estaba triste era adorable. Susurró que quería que me regresara a El Paso: a un lugar seguro. No sabía qué decirle.

—No estoy convencido de que yo sea el blanco —protesté. No soportaba la idea de irme—. Podría ser alguien más.

Le recordé que la amenaza no tenía sentido. El pacto de paz entre los cárteles estaba listo. Las matanzas estaban disminuyendo. Asesinar a un periodista estadounidense sería malo para el negocio.

—Deja de engañarte —dijo ella—. Tú sabes que yo amo a México, pero las cosas se están poniendo muy locas. La próxima vez no habrá advertencia.

Esperó una respuesta.

—Es hora de que te vayas de México —volvió a insistir—. Estás muy obsesionado, y esta historia se está poniendo demasiado peligrosa.

La tela azul del asiento de avión enfrente de mí se veía gastada.

—¿Qué, oíste algo de lo que te acabo de decir? —preguntó.

No sabía qué decir.

—Tienes que pensar más allá de ti mismo y empezar a pensar en tu familia, en tu mamá, en tu papá… en mí —dijo—. Vente a casa, al menos por un tiempo.

Vi mi reflejo en la ventana diminuta del avión.

Cuando el avión despegó, vi la ciudad abajo. Normalmente cierro los ojos cuando despegan los aviones. Pero esa mañana quería recordarlo todo. La ciudad estaba anticipando la lluvia de verano de la tarde. Sabía que ella tenía razón. Me apretó la mano.

Acompañados de un camarógrafo y un fotógrafo, Ángela y yo trabajamos en nuestros artículos. Estábamos a cientos de kilómetros de la Ciudad de México, en San José del Cabo. Viajamos de playa en playa y bebimos mucho. Las emociones a flor de piel. Con cada día que pasaba, me iba acostumbrando al ritmo lento de los rústicos pueblos de playa mexicanos. Ese México de playas prístinas y mercados y palmeras me cautivaba por completo, como siempre. Mis temores inmediatos amainaron, pero aún me cuidaba las espaldas, y quería saber por qué había llegado la amenaza y quién estaba detrás.

Le texteaba a Miguel incesantemente.

Paciencia, me respondía.

Mientras más manejábamos por Baja California, más añoraba los campos infinitos del valle de San Joaquín, donde crecí. Quería manejar los casi 1 600 kilómetros hasta la frontera y seguir manejando por la Highway 1 hasta Carmel, virar a la derecha en el valle de Salinas, pasar la Ruta de las Misiones, cruzar la Highway 101 hasta Pacheco Pass, la Ruta 152 y luego a casa, más allá de la presa de San Luis Obispo, sobre los cerros amarillos donde mis hermanos y yo nos pasábamos las tardes de Pascua buscando huevos pintados entre la hierba. Ansiaba visitar el valle donde mis padres y yo habíamos trabajado, empapados en sudor.

Alguna vez detesté esos campos. Ahora extrañaba el olor a ajo, el dulce sabor de las naranjas, y los tomates espolvoreados de sal y pimienta.

Esa noche pasé un rato en el balcón de nuestro cuarto de hotel en Todos Santos, un pueblo aislado de playa rocosa con galerías de arte, cafés, un bar y el Hotel California en el que supuestamente se inspiraron los Eagles. El océano negro como chapopote se veía invitante en la noche. Las estrellas parecían tan cerca. Me recargué en la puerta mientras bebía a sorbos mi tequila en copa de coñac y miraba la oscuridad, reconfortado por el sonido de las olas. La luna brillante de julio dibujaba un camino plateado sobre el agua. Las luces de Todos Santos moteaban las olas. Cruzando la calle había una misión, sus campanas en silencio.

Ángela me llamó a la cama, pero yo quería quedarme afuera otro ratito. Se estaba haciendo tarde. El tequila iba surtiendo efecto. Saqué mi teléfono del bolsillo: un intento más. Bajé por la lista de números hasta "Durango" y marqué. No me preocupaba llamar tan tarde: era nuestra hora habitual.

La voz de *la Paisana* se oyó en la línea.

—¿Eres tú, paisano?

Yo conocí a *la Paisana* en el restaurante de mis papás en la década de 1980, poco después de que nos mudáramos de California a El Paso para estar más cerca de México. La comida casera de mi mamá pronto fue un éxito, además de que mi papá vendía sus burritos en una camioneta de comida. Me encantaba trabajar en el Freddy's de mesero, siempre buscando nuevas formas de atraer clientes. Freddy's consistía en seis mesas y una cocina apretujadas en un pequeño local a sólo cuatro cuadras de la frontera en South El Paso Street, y siempre estaba a reventar. La gente venía de ambos lados de la frontera a saborear el caldo de res de mi mamá y sus famosas enchiladas.

Los domingos venían amigos del El Paso Community College y la Universidad de Texas en el Paso (UTEP), y yo organizaba el Desayuno-Foro de Freddy's, donde nos sentábamos con líderes políticos y debatíamos el futuro de El Paso, una ciudad de rápido crecimiento con un problema permanente de fuga de cerebros. Políticos de renombre se daban una vuelta los domingos, con las cámaras disparando, a la caza de votos. Hillary Clinton fue allí a hacer campaña para su marido en el otoño de 1992. Esa mañana le serví menudo y la vi comerse una buena cucharada. Cuando se dio cuenta de que estaba comiendo panza de vaca con maíz blanco machacado no probó otro bocado, pero no paró de sonreír.

En la semana, nuestros clientes favoritos se llamaban *Chano*, *Perica*, *Pilín*, *Neto*, *Memo*, *Botas*, *Chapulín* y *Chiquilín*. Nadie daba su nombre real. Nadie lo preguntaba. No nos daba curiosidad. Hombres y mujeres deambulaban por South El Paso Street, buscándose la vida en una calle que parecía una extensión de Juárez, atiborrada de vendedores de baratijas, camisetas, lápices labiales y otras chucherías. Nos encargaban sus paquetes por unas horas. En la frontera, lo mejor era quedarnos callados de lo que veíamos y oíamos.

Uno de nuestros clientes más leales era una mujer alta y atractiva de largo pelo negro. Muchos la conocían como *la Chola*. Yo le empecé a decir *Paisana*, porque era de mi natal Durango. Había iniciado su carrera como contrabandista entre El Paso y Juárez. Provenía de una familia de clase media pero había cambiado la estabilidad por la emoción de la frontera, donde le resultaba fácil ganar dinero rápido.

La Paisana era una de varias fayuqueras, contrabandistas a pequeña escala que atendían la demanda de ambos lados de la frontera. Yo sabía que *la Paisana* traficaba bienes prohibidos por el gobierno de Estados Unidos, ya fueran vinos argentinos, mangos, aguacates, guayabas, cigarros, puros cubanos, drogas ilegales... cualquier cosa que quisieran los clientes estadounidenses. En sus viajes de regreso a México, en los días antes del TLC, transportaba artículos electrónicos, incluyendo televisores y estéreos.

Un día llegó con varias botellas de Malbec en bolsas. Las paró en los cojines de plástico verde claro de nuestras sillas de metal blancas. Equilibrando un pesado tazón del caldo de res de mi mamá y un plato de enchiladas rojas de queso cubiertas de crema, me tropecé y rompí una de las botellas de *la Paisana*. El vino se regó. Entre las astillas había unos globitos del tamaño de un pulgar llenos de algo blanco.

Yo nunca había visto nada parecido a los globitos blancos de *la Paisana*. Tuve una corazonada, pero la discreción era obligada en el café de mis padres.

—Uy, perdón —dije—. ¿Qué es eso? ¿Azúcar, sal, harina?

—La verdad no sé, pero a los americanos les encanta —respondió irritada.

Para compensar mi torpeza, no le cobré la comida. Mi hermana menor, Mónica, que me seguía por todos lados limpiando las mesas y deleitando a los clientes con su sonrisa de niña chiquita, estaba azorada. Mónica era una máquina de propinas y siempre recogía el dinero que dejaban en las mesas; le decíamos *la Cling Cling*, por el sonido de la caja registradora. *La Paisana* ya nomás sonrió cuando salió caminando, agarrando sus otras botellas con cuidado.

Años después, *la Paisana* fue arrestada por tráfico de drogas y pasó un año en la cárcel antes de aceptar trabajar de informante para una corporación policial de Estados Unidos a cambio de su libertad anticipada y la promesa de una *green card*. Iba y venía entre Estados Unidos y México, y se infiltró en dos de los principales cárteles.

La volví a ver cuando un agente estadounidense de alto rango nos conectó. No la reconocí sino hasta mucho después; había subido más que unos cuantos kilos y usaba otro nombre. Pero un día me contó una anécdota de cuando traficaba Malbec argentino en la frontera de El Paso y algo hizo clic. Le pregunté si iba a comer al Freddy's; dijo que no se acordaba pero que comía mucho… y su risa me recordó aquella risa de hacía tantos años.

—Estoy segura de que si me hubieras conocido entonces, no me hubieras podido olvidar —dijo ella—. Así de buena estaba. Tenía un cuerpazo.

Después de eso, nunca hablamos del pasado. Pero otra vez empecé a decirle *Paisana*, y se volvió una fuente confiable.

* * *

Ahora yo necesitaba un favor. Le conté lo de la amenaza. No estaba seguro de si era contra mí o contra las fuentes que me daban información.

—Más te vale que la cosa no sea conmigo —dijo—. Recuerda: protégeme. O te veré en el infierno.

—No te apures, *Paisana* —dije—. Seguro que no es contigo. Necesito tu ayuda.

Me hizo preguntas que yo no podía, o no quería, contestar, como la identidad de mis fuentes.

—Ya sabes las reglas —le recordé.

—Sí, pero si quieres que te ayude necesito tener toda la información —argumentó.

—No puedo —respondí—. Es todo lo que te puedo decir.

Ofreció averiguar si la amenaza era real y por qué se había emitido. Dijo que, de ser necesario, encontraría la manera de mediar entre el cártel y yo. Por último, me dijo que me tomara la amenaza en serio.

—Estos güeyes no se miden —dijo con su voz grave, ronca, de fumadora—. No tienen madre.

Ella conocía bien a los hombres de los cárteles. Algunos habían sido sus amantes; siempre tuvo cuidado de no referirse a ellos más que por sus apodos. La información, advertía, podía hacer que te mataran. La corrupción era sistémica. ¿Acaso Moctezuma no había sobornado a Cortés?

—Están locos ustedes los gringos —decía, soltando una risotada, exhibiendo sus dientes separados, y se pasaba las manos por su larga cabellera.

—Sí, sí estamos —respondía yo.

—Y también son unos hipócritas —agregó ella.

—Sin duda.

A lo largo de los años de tomar café con *la Paisana* —ella no bebía alcohol porque decía que te lleva a hacer y decir idioteces—, aprendí la historia de los cárteles.

Los primeros grandes narcotraficantes de México provenían en su mayoría del mismo pueblo, o de cerca: Badiraguato, un pequeño enclave en las fértiles montañas de la Sierra Madre en Sinaloa, donde el tomate, la soya, el ajonjolí, el trigo, el algodón, la mariguana y la amapola crecen en abundancia. Pedro Avilés, el primer capo mexicano, un caballero de quien muchos dicen que calladamente promovía tratos con funcionarios del gobierno y evitaba los titulares escandalosos, nació allí en la década de 1930. Miguel Ángel Félix Gallardo, *el Padrino* de los cárteles mexicanos modernos, nació en 1946 a las afueras de la capital, Culiacán, no lejos de Badiraguato, al igual que Amado Carrillo Fuentes, *el Señor de los Cielos*, quien controlaría el bajo mundo de Juárez. Los Beltrán Leyva también nacieron ahí cerca. Joaquín Guzmán Loera —sobrino de Pedro Avilés, y el hombre destinado a encabezar lo que sería el poderoso cártel de Sinaloa— nació en 1957 en La Tuna, un pequeño pueblo a las afueras de Badiraguato. Su principal asociado, Ignacio Coronel Villarreal, nació por los mismos años muy cerca de la frontera con Sinaloa, en el diminuto Canelas, Durango.

Sinaloa está ubicado en la costa del Pacífico, una angosta extensión de playa, costa tropical y fértiles montañas. Colinda con cuatro estados: Sonora al norte, Nayarit al sur, y Chihuahua y Durango al este. No está lejos de mi pueblo. Tres estados forman una zona comúnmente conocida como el Triángulo Dorado, alguna vez famosa por sus amapolas, hoy notoria por su mariguana. Badiraguato está en la punta del triángulo, como a una hora en coche de la capital del estado, Culiacán, y a un día de la frontera con Estados Unidos, con fácil acceso a California y al resto del mercado estadounidense. Badiraguato está metido en la Sierra Madre y goza de un clima casi perfecto para el cultivo de amapola, la primera narcocosecha lucrativa.

La gente de la región dice que el cultivo de opio empezó con los inmigrantes chinos que llegaron en el siglo XIX a construir los ferrocarriles. En un principio, la distribución se llevaba a cabo de manera informal. La primera política de drogas de Estados Unidos que regulaba los opiáceos no apareció sino hasta 1914; México tenía leyes antidrogas desde la década de 1890. La mariguana preocupaba a los mexicanos desde hacía mucho, pues la asociaban con locura y violencia. La producción comercial de opio ganó impulso en los años 1940, cuando el ejército de Estados Unidos necesitaba morfina para sus soldados en la Segunda Guerra Mundial. Era un negocio tan importante que México, presionado por Estados Unidos, mandó soldados a las montañas a proteger las amapolas —aunque el cultivo de opio era ilegal en México—. Los políticos mexicanos se hicieron de la vista gorda mientras los contrabandistas se forraban de dinero.

Los primeros cargamentos de mota mexicana también empezaron en la década de 1940, pero la demanda estalló en los años 1960 y 1970. Las drogas eran más redituables que el tomate y ofrecían un lucrativo mercado negro libre de las molestias de las leyes internacionales de comercio. La demanda estadounidense de mariguana resultó tan fácil de satisfacer como la demanda de frutas y verduras.

Los cárteles se fueron haciendo cada vez más fuertes. Al paso de las décadas, la gente de la región quedó con dos opciones viables para ganarse la vida: trabajar en Estados Unidos, legalmente o no, o quedarse y trabajar para los cárteles, cultivando o transportando drogas. Los trabajadores migrantes en Estados Unidos se mataban para ganar un par de miles de dólares al mes con dos trabajos o más, mientras que los policías mexicanos ganaban algunos cientos de dólares mensuales. Los contrabandistas eran los reyes. *El Chapo*, como jefe del cártel de Sinaloa, llegaría más adelante a la lista de *Forbes* de los billonarios del mundo. *El Chapo* y otros lograron llegar a semejantes alturas en parte porque supieron explotar un modelo de negocios de orientación familiar. Como en la mafia, los hombres de los cárteles mexicanos se casaban con las hermanas unos de otros; los cuñados bautizaban a los hijos unos de otros; los primos se cuidaban las espaldas unos a otros. Miembros de la misma familia controlaban toda la cadena de producción y distribución de drogas. Las corporaciones policiales no pudieron hacer frente a semejantes lazos, y se unieron sin mayor titubeo. El dinero y el poder se concentraban en una economía clandestina controlada por los cárteles.

El flujo de drogas mexicanas a Estados Unidos parecía imparable, y los esfuerzos estadounidenses por detenerlo fueron completamente inútiles. En 1969, el presidente Richard Nixon desató un esfuerzo policial masivo de 21 días en la frontera Estados Unidos-México llamado Operation Intercept. Deliberó con el presidente Gustavo Díaz Ordaz y planeó el operativo para que coincidiera con la cosecha otoñal de mariguana, cuando el tráfico estaba al máximo. Díaz Ordaz sabía que eso dañaría a las comunidades fronterizas de México, pero Nixon podía hacer lo que quisiera en su territorio. El operativo no frenó el flujo de mariguana, pero sí desquició el comercio legal. El tráfico en los puentes internacionales, tanto personal como comercial, se extendía por kilómetros, haciendo que los comerciantes legítimos en ambos lados de la frontera perdieran clientes: hasta 80% de las ventas al menudeo, tan sólo en las ciudades fronterizas de Estados Unidos.

El siguiente gran operativo de guerra contra el narco atacaba la fuente. El presidente mexicano Luis Echeverría Álvarez, que cuando era secretario de Gobernación de Díaz Ordaz estaba en la nómina de la CIA, colaboró muy de cerca con los estadounidenses en la Operación Cóndor. Diez mil soldados mexicanos lanzaron un ataque contra los productores y transportistas de droga en el Triángulo Dorado, con financiamiento de Estados Unidos y ayuda de agentes de la DEA (Agencia Antidrogas de Estados Unidos). La violencia arrasó las montañas durante días. Un número desconocido de personas murieron; cientos fueron arrestadas, torturadas y encarceladas. Ni uno solo de los principales jefes fue capturado. La gente de la región se volvió permanentemente desconfiada del gobierno federal, sintiendo que los había traicionado sin la menor advertencia. Los jefes que escaparon se fueron de la sierra y montaron una nueva base de operaciones en Guadalajara, donde trabajaron con los militares —que tenían ahí uno de sus principales cuarteles— para evitar otra interrupción semejante de sus operaciones.

Las drogas seguían fluyendo hacia el norte. Guadalajara está cerca del Océano Pacífico, lo que significaba transporte y fácil acceso a puertos marítimos; tenía carreteras que iban y venían de las tierras de cultivo en Sinaloa y rutas a ciudades de Estados Unidos en la costa oeste, el medio oeste y el noreste. Estaba a sólo 45 minutos en avión de Culiacán, Sinaloa, pero culturalmente Guadalajara estaba del otro lado del mundo: conservadora, católica, pendiente de los apellidos y el dinero de abolengo. Era irritante para los tapatíos ver las casas ostentosas que brotaban al lado de las de la oligarquía conservadora. Los hijos de los narcotraficantes iban a las mismas escuelas privadas caras que los hijos de las familias de dinero; sus adolescentes frecuentaban los mismos salones de baile y jugaban futbol en los mismos equipos; sus esposas iban de compras a los mismos centros comerciales de lujo y bailaban en los mismos centros nocturnos —muchos de ellos propiedad de los traficantes—. Los narcos eran el dinero nuevo de la ciudad, y habrían de volverse más listos, más fuertes y más ricos.

Los oficiales de esa base militar podían brindar la protección necesaria a los líderes de los cárteles y a sus mercancías en ruta al norte, a cambio de grandes sumas de dinero. Todo mundo, desde los soldados mal pagados hasta el gobierno federal en la Ciudad de México, se volvió un socio entusiasta de los líderes de los cárteles. La infraestructura necesaria ya estaba bastante cimentada. Durante la sangrienta guerra de los cristeros contra el gobierno en los años 1920, los rebeldes católicos habían creado una red subterránea en la región para contrabandear armas y documentos secretos, y poner a salvo a curas perseguidos. Estos túneles serían explotados por los traficantes, que los usaron para transportar drogas hasta las carreteras que iban al norte.

Para cuando la organización se mudó a Guadalajara a fines de los años 1970, los muchachos de Sinaloa estaban generando millones de dólares al año bajo las órdenes del *Padrino*, que estaba conectado con las familias de muchos políticos locales. Él había empezado como policía federal y luego como guardaespaldas del gobernador de Sinaloa. Miembro de confianza del círculo interno de las principales familias de políticos, iba a sus fiestas de 15 años, bodas y bautizos. A partir de esta red, desarrolló una organización enorme que incluía la producción de mariguana en el Triángulo Dorado, su envío al norte y su distribución en Estados Unidos. Otros de Badiraguato se volvieron sus lugartenientes. Al igual que la mayoría de los capos que lo antecedieron, Félix Gallardo tenía poca educación formal —primaria, si acaso algo de secundaria—. Pero era un astuto hombre de negocios con ágiles instintos.

Uno de los cambios más importantes y lucrativos en el tráfico fue la cocaína. Para los años 1980, los estadounidenses habían desarrollado el gusto por la cocaína, y Colombia se había convertido en ávido proveedor. El cártel de Medellín de Pablo Escobar empezó a traficar toneladas de cocaína al año en ladrillos superconcentrados que mandaba en avión por el Caribe, en barco a Florida o por tierra y aire por México hasta la frontera con Estados Unidos. Félix Gallardo quería participar en el negocio. Y si bien México no producía coca, podía brindarles a los cárteles colombianos una alternativa a la riesgosa ruta del Caribe, donde los barcos y aviones estadounidenses interceptaban cada vez más cargamentos como parte de su continua "guerra contra las drogas". Era una oferta demasiado buena que los colombianos no pudieron rechazar.

A lo largo de la década de 1980 y principios de la de 1990, las operaciones de Estados Unidos en los estrechos de Florida consolidaron el control territorial de las organizaciones narcotraficantes mexicanas sobre las rutas de suministro de drogas. Los cárteles mexicanos fueron los beneficiarios del gobierno de Estados Unidos, al convertirse en el puente terrestre entre el principal mercado consumidor de drogas del mundo y el suministro andino de cocaína. Con el tiempo, México se convertiría más bien en víctima de Estados Unidos, conforme la demanda estadounidense de drogas seguía aumentando mientras que las débiles instituciones mexicanas se empezaban a desmoronar bajo la presión del poder creciente de los cárteles.

El poderoso vecino del norte de México facilitó la corrupción en algunas corporaciones. La CIA infiltró al ejército mexicano y a la Dirección Federal de Seguridad (DFS), la agencia mexicana de inteligencia, en complicidad con los narcos. A lo largo de su historia, la DFS siempre fue vista como influida por la CIA. La DFS fue responsable de la muerte de Manuel Buendía, uno de los primeros periodistas en escribir sobre los nexos entre los gobiernos de México y Estados Unidos, y los cárteles. El papel de la CIA en las actividades ilegales de la DFS sigue siendo un tema muy controvertido.

Como muchos narcotraficantes, Félix Gallardo gozaba de la protección de la DFS. Él y otros capos del narco portaban su "charola" de la DFS y trabajaban de cerca con el jefe de la corporación, Miguel Nazar Haro. *El Padrino* tenía en la nómina a muchos oficiales federales —incluyendo autoridades aduanales y portuarias, y soldados bajo órdenes de sus superiores—. La nieve colombiana pasaba por México rápidamente y sin contratiempos, tras viajar por un ducto humano entre Colombia y México.

El Padrino empleó al joven Guzmán Loera, a quien todos llamaban *el Chapo*, de "chaparro", como coordinador de logística. Sus hombres cavaron docenas de túneles entre la frontera de México y Estados Unidos ya desde los años 1980, a menudo usando a migrantes, algunos sin saberlo, para pasar paquetes hacia el mercado del norte. Los aviones de Colombia aterrizaban en pistas hechizas en Zacatecas, Chihuahua y Sinaloa; los barcos atracaban discretamente en los puertos de Acapulco, Puerto Vallarta y Lázaro Cárdenas. Y todo el tiempo, autoridades mexicanas corruptas permitían el paso de la mercancía a cambio de una tajada de las ganancias.

Durante ese periodo de relativa paz y prosperidad, los cárteles formaron alianzas. Félix Gallardo controlaba el corredor central de México, el norte y toda la costa occidental, desde los puertos del Pacífico en el sur hasta la frontera norte con California, Arizona, Nuevo México y el oeste de Texas. Pero el Golfo de México y la costa oriental eran de Juan Nepomuceno Guerra, quien había iniciado su carrera contrabandeando whisky a Estados Unidos en los años 1930. Su sobrino Juan García Ábrego habría de unírsele más adelante. Al igual que Félix Gallardo, Guerra había cultivado una profunda red de amigos y parientes en ambos lados de la frontera. Entre sus contactos clave contaba a poderosos miembros del PRI. Alto y fornido, con su Stetson blanco, Guerra era temido y respetado en los dos países.

Guerra no era productor —la mariguana no se da en la caliente y húmeda región del Golfo—, pero era un poderoso distribuidor que controlaba la entrada y salida de contrabando en su región. Guerra y Ábrego controlaban el puerto y el aeropuerto de Cancún, el puerto de Veracruz y las carreteras que subían por la costa mexicana del Golfo, pasando por Tamaulipas, hasta la frontera de Texas. Cualquier cosa que pasaba por ahí, tenía su visto bueno. *El Padrino* contactó a Guerra para que transportara mariguana sinaloense al otro lado de la frontera, a los mercados del este, incluyendo Nueva Orleans, Miami, Filadelfia y Nueva York. Guerra y Ábrego le cobraron una comisión de 15% sobre los cargamentos. Las facciones no pelearon; había suficiente demanda de mota mexicana y nieve colombiana para repartir.

El Padrino empezó a temer que un operativo de la DEA pudiera echar abajo su fortuna, así que concesionó su imperio —y el riesgo— repartiendo las plazas más valiosas entre sus lugartenientes de confianza, muchos de ellos de su natal Sinaloa. Él seguiría supervisando su imperio desde su base de operaciones en Guadalajara.

Dividió el país en cuatro rutas de distribución principales, que asignó a las familias de sus lugartenientes favoritos: el corredor de Tijuana, que hace frontera con California, fue para la familia Arellano Félix; Juárez, cruzando El Paso, fue para la familia de Ernesto Fonseca Carrillo, el clan Carrillo Fuentes; la región de Sonora, adyacente a Arizona, fue para la familia Quintero; la región del Pacífico sería compartida por los Guzmán y los Zambada. Esta nueva organización dividida se conocería después como la Federación, precursora del cártel de Sinaloa. Dejó la región del Golfo intacta, bajo el control de Guerra.

Lo que en esencia había sido un negocio familiar, se convirtió en un conglomerado global. Hoy, el cártel de Sinaloa puede comprar un kilo de cocaína colombiana o peruana por unos 2 000 dólares. El kilo se abre paso hasta El Dorado de los mercados de cocaína, Estados Unidos, arrollando a autoridades e instituciones judiciales débiles y corruptas, y dejando a su paso un rastro de muerte y destrucción. En México, ese kilo alcanza más de 10 000 dólares; cuando cruza a Estados Unidos, su valor se triplica a unos 30 000 dólares, dependiendo de la ciudad. Una vez que se corta para su venta al menudeo, ese mismo kilo se vende en más de 100 000 dólares. El tráfico de drogas genera por lo menos medio millón de empleos.

Estados Unidos siguió combatiendo el poderoso flujo de drogas del sur, pero rara vez lograba castigar a los cárteles sin perjudicar a negocios mexicanos legítimos. La DEA trató de afectar las operaciones de los cárteles, e incluso infiltró agentes entre sus filas. Pocos lograron adentrarse más que Enrique *Kiki* Camarena, nacido en la Ciudad de México y criado en California. Él se infiltró en el corazón de la Federación: el cártel de Guadalajara de Félix Gallardo. En 1985, con inteligencia recabada por Camarena, agentes de Estados Unidos presionaron a las autoridades mexicanas para destruir un plantío de mariguana en Chihuahua con un valor estimado de 2.5 mil millones de dólares. Camarena desapareció cuatro semanas. Cuando apareció su cadáver severamente torturado, las consecuencias fueron graves. Las relaciones México-Estados Unidos nunca volverían a ser las mismas. Las repercusiones políticas empezaron de inmediato.

El presidente mexicano Miguel de la Madrid, presionado por el gobierno de Estados Unidos, declaró las drogas ilegales un problema de seguridad nacional. Para apaciguar a sus vecinos del norte, desmanteló la DFS. El presidente Ronald Reagan firmó la Decisión Directiva de Seguridad Nacional 221, que vinculaba al narcotráfico con "grupos terroristas" y "células terroristas" en el extranjero. Declaró que el comercio de narcóticos era una "amenaza para la seguridad nacional de Estados Unidos", abriendo la puerta a un mayor intervencionismo de Estados Unidos en México y América Latina. El comercio de drogas militarizó la guerra contra las drogas, convirtiendo lo que antes había sido competencia de las corporaciones policiales locales en una cuestión de política exterior.

En la primera administración Bush, con las negociaciones del TLC en marcha, Estados Unidos presionó por el arresto de Félix Gallardo. Carlos Salinas de Gortari era ahora presidente de México, y debía tener contentos a los estadounidenses para que el TLC se hiciera realidad. En 1989, Félix Gallardo finalmente fue encarcelado. El negocio se reanudó rápidamente pues los capos que él había elegido anteriormente retomaron la misma operación entre sangrientas rencillas periódicas.

—Entre más trata de intimidar Estados Unidos a México, más cabrones se vuelven estos hombres —me dijo alguna vez *la Paisana*—. ¿Qué tienen que perder si vienen prácticamente de no tener nada? Son unos pinches desalmados. Tercos y además nacionalistas, son unos hijos de la chingada resentidos que matan por defender todo lo que han ganado matando a otros.

La investigación del asesinato de Camarena reafirmó lo fracturado que estaba el sistema, con alegatos de corrupción que llegaban hasta la cima de la administración de De la Madrid. Aun así, el consumo en Estados Unidos siguió creciendo y los cárteles mexicanos siguieron satisfaciendo la demanda. La complicidad entre los cárteles y el gobierno de México continuó.

El PRI tenía buenas razones para asociarse silenciosamente con los cárteles. Sus líderes, después de todo, eran pragmatistas, no ideólogos. Mientras existiera la demanda en el norte, habría una presión del mercado por satisfacerla. Entonces, ¿por qué no negociar con los cárteles, mantener el flujo comercial sin impedimentos, y embolsarse parte de las ganancias? El régimen del PRI era visto como una figura paternalista en la sociedad mexicana, y lo mismo ocurría en sus tratos con las organizaciones criminales. Si bien los cárteles recurrían a la violencia para resolver disputas internas, estas batallas rara vez se salían demasiado de control, no fuera a ser que el PRI metiera las manos y se pusiera a ejercer su autoridad.

Pero conforme el PRI se fue haciendo más viejo, más débil, más dividido y en bancarrota, su autoridad en tales cuestiones empezó a mermar. Para fines de los 1980, las primeras demandas de una reforma democrática empezaban a cobrar fuerza, justo cuando el negocio de la cocaína estaba llegando a la cúspide. Al no tener una autoridad central fuerte que los mantuviera a raya, los cárteles se empezaron a descontrolar.

Cuatro

Casi una semana después de que Ángela y yo llegáramos a Baja California, el mensaje de texto que había estado esperado con ansias finalmente llegó: Miguel quería hablar conmigo en persona. Ángela y yo tomamos un avión a la Ciudad de México a la mañana siguiente. Samuel dejó a Ángela en mi departamento y me llevó a toda velocidad a un restaurante no lejos de Los Pinos.

Miguel me había citado en El Lago, un lujoso restaurante que da al lago de Chapultepec. Llegó tarde, con sus anteojos redondos y su impecable traje y corbata. Sonrió al saludarme y trató de bromear como de costumbre sobre cómo su equipo favorito, los Steelers, iba a destrozar a mi equipo, los Cowboys. Yo no estaba de humor.

—Déjate de pendejadas, Miguel —dije mientras sacaba mi libreta para presionarlo.

—Esto es extraoficial —dijo Miguel.

—Está bien —dije, escribiendo en mi libreta—. Esto es para mí.

La amenaza, anunció Miguel sin sorprenderme, seguramente se debía a mi artículo sobre el pacto de paz. La información del artículo, como ya sospechaba, había puesto en riesgo millones de dólares en futuros sobornos: quizá hasta 500 millones de dólares al año.

Las autoridades corruptas y los cárteles no se habían enojado por las acusaciones de corrupción e ilegalidad. Era cuestión de dinero.

Miguel me dijo que dejara el tema en paz.

¿Era el cártel o el gobierno?

No quiso decirme más… o no sabía.

Si yo sabía sobre el pacto de paz, ¿qué más sabía? Miguel me preguntó. ¿Nombres? ¿Qué más? De eso te tienes que preocupar, porque eso es lo que buscan estos tipos: nombres, soplones.

Pensé en lo que valía esa información. Lo que pagaban los cárteles, lo que pagaba el gobierno de Estados Unidos, el precio de los informantes. Las filtraciones valían millones, si no es que miles de millones de dólares. El negocio del tráfico de drogas sigue siendo nebuloso, y genera cualquier cantidad, desde menos de 10 000 millones de dólares hasta más de 40 000 millones, que de ser cierto sería casi el doble de los 22 000 millones estimados de las remesas que mandan los migrantes del extranjero. Una parte de ese dinero se destina a pagar información y protección para tener una ventaja competitiva.

Querían saber qué sabía yo.

—Eso es lo que buscan —dijo él—. ¿Qué más sabes?

Ahora yo deseaba que pudiéramos hablar de futbol americano. No me presionó. No necesariamente quería saberlo él, agregó. Cuanto menos supiera, mejor.

Que no era de extrañarse, dijo.

Desde nuestra mesa, veía a los patos chapoteando en las plácidas aguas del lago. Miguel se sirvió otro taco de pato y me aconsejó que dejara la historia en paz un rato y que anduviera con cuidado.

—No dudarán en meterte un pinche balazo en la cabeza, cabrón —dijo.

Lo apunté en mi libreta.

—A lo mejor con un gringo se la piensan antes de balacearlo —dijo—. ¿Tú? Tú eres blanco legítimo —se rió de la contradicción. Yo no.

La comida terminó. Me puso la mano en el hombro: no confíes en nadie. Y los mensajes de texto son mejores porque son más difíciles de rastrear.

—Mientras más escarbamos, más mugre encontramos —dijo—. Todos tienen su precio. Hasta tú. Recuérdalo.

—Sí, he llegado a aceptarlo —dije.

—No seas pendejo —agregó—. Saludos a Ángela —dijo.

Traté lo mejor que pude de poner una sonrisa, sabiendo que lo más difícil de la tarde apenas iba a empezar. Ángela.

Samuel se orilló a la banqueta en mi traqueteado Jetta azul cuando el coche de Miguel arrancó. Me pregunté qué pensaría Miguel ahora de nuestra pequeña caminata por Polanco, cuando le dije que reportar sobre el narco no se había vuelto una obsesión sino una necesidad. Él había insistido en que el problema era en gran medida un invento de los medios. Ahora Miguel me estaba dando consejos de cómo mantenerme vivo mientras reportaba la noticia que los anteriores gobiernos habían tratado de mantener en silencio por tanto tiempo.

No seas pendejo, pensé. Tenía que recordarlo de vez en cuando. En el camino, el sol empezó a desaparecer tras un manto de nubes. Le pregunté a Samuel cuál era su precio, cuánto dinero tendrían que darle para que me vendiera a un narco. Pensó que estaba bromeando y luego se ofendió.

—Yo tomaría un balazo por ti, Alfredo, no manches.

Los mexicanos a menudo usan tales hipérboles. La mayoría de las veces lo dicen de corazón, pero yo ya había aprendido a no tomarme las cosas muy literalmente. La amabilidad y la cortesía pueden llegar a parecer lo único que queda en un país donde el sistema ha sido tan injusto desde hace tanto, donde cada quien se las tiene que arreglar como pueda.

Ahora el sol era engañosamente brillante. Me sentía del carajo por haber puesto a Samuel en una situación tan incómoda. Alcancé el volumen del estéreo y le subí a "Losing My Religion" de R.E.M., una de sus canciones favoritas. No dije otra palabra. Avanzamos por el camino panorámico que atraviesa el Bosque de Chapultepec, el "Cerro del Chapulín" en náhuatl, la antigua lengua de los aztecas. Un extenso bosque de pinos, caminos y lagos, es el parque urbano más grande de América Latina. Moctezuma mandó hacer un balneario imperial en el cerro. En los años 1780, un virrey empezó a construir un palacio de verano pero nunca lo terminó. No fue sino durante la intervención francesa (1861-1867) que el emperador Maximiliano y su esposa, Carlota, convirtieron los edificios en un castillo, parecido a su hogar en Trieste, en el Adriático. Desde las murallas de este castillo, cuenta la leyenda que un grupo de jóvenes cadetes mexicanos eligieron saltar y morir antes que rendirse a las tropas invasoras del general Winfield Scott al final de la guerra de Estados Unidos contra México en 1847.

Miré por la ventana del coche a las familias que paseaban por ahí, los niños en bicicleta, los puestos de papas fritas recién hechas, una chica adolescente poniéndose los patines. Un hombre vendiendo globos de colores iba pasando, sólo se le veían las piernas, saliendo de debajo del montón.

Volví a mirar a Samuel. Me gustaba ver su sonrisa chueca y su pelo negro relamido hacia atrás con raya en medio. Yo conocí a Samuel por Ángela, que lo había contratado de chofer años atrás. Ella confiaba en él. Él era joven. Había entrenado para ser boxeador. Era leal. Me avisaba cuando creía que alguien nos podía estar siguiendo. Me cuidaba la espalda. Había soñado con ser ingeniero mecánico pero, como millones de mexicanos, había acabado de "milusos", porque se quedó sin dinero y no pudo acabar la carrera. Samuel se había ido un tiempo de la Ciudad de México, dejando atrás a su familia, incluyendo a un padre abusivo que una vez le dio un bofetón tan fuerte que le rompió los dientes frontales, dejándole una sonrisa chueca que sólo aparecía en raras ocasiones.

—¿Por qué hizo eso? —le pregunté una vez.

—La verdad no sé —dijo—. Es un capítulo de mi vida que he tratado de borrar. Y ahí la llevo.

Samuel estaba decidido a triunfar por su cuenta. Se fue a vivir con unos parientes a Guanajuato. Pero el estado agrícola le pareció muy pequeño y acabó por volver a la Ciudad de México, donde rentó su propio departamento, trabajando de cantinero y luego de mecánico. Estuvo un tiempo de vendedor de coches y de taxista, de lavacoches y, últimamente, de chofer de periodistas como Jorge Ramos, el conductor de Univisión, y su hermana Lourdes. También llevaba a la novia de un capo del narco a verlo al penal donde estaba recluido a las afueras de la Ciudad de México. Ella llegaba en avión para las visitas conyugales; Samuel la esperaba afuera de la cárcel, luego la llevaba a un centro comercial y luego de regreso al aeropuerto de la Ciudad de México.

Ahora Samuel tenía 27 años, y su novia, futura esposa, estaba embarazada. Él había regresado a su casa a hacer las paces con su familia.

—Hoy el tráfico está horrible —dijo.

Alcancé la sintonía del radio.

—A lo mejor deberías buscarte un cliente más aburrido y más seguro.

—Alfredo —dijo—. Si yo tuviera un peso por cada vez que me han amenazado, no te digo que ya sería rico, pero no andaría tan jodido. Ya le estaría llegando a la famosa "clase media", que ahora tanto anuncia el gobierno. No tendría que trabajar tanto para ganarme el pan.

—¿Quién te ha amenazado? —pregunté.

—Clientes, desconocidos. Las amenazas en México se dan todo el tiempo. Así se comunican los mexicanos. Es lo único que funciona. Te amenazan por todo y por nada. El miedo funciona mejor que demandar a alguien, que hablarle a un abogado. La corrupción siempre se interpone; cuando tratas de hacer las cosas bien, acabas sin un peso. Es ridículo, es una pérdida de tiempo y dinero. Así que mejor agarras el teléfono y dices: "A ver, hijo de tu puta madre, me la vas a pagar". O: "Te voy a matar".

—¿Tú lo has hecho?

—Apenas hoy en la mañana, cuando vi al novio de mi hijastra, lo corrí de la casa y le dije que si lo volvía a ver le iba a reventar la cabeza contra una piedra —dijo—. Y que luego iba a dejar su pinche cabeza en la calle para que todos la vieran.

—¿Lo harías?

—No, pero la amenaza funcionó. Me ahorró tiempo y dinero.

—¿Entonces crees que estas amenazas de los supuestos cárteles son puro cuento? —pregunté—. ¿Que no debería tomarlas en serio?

—Sólo tú sabes lo que has hecho —dijo—. Nomás no lo vuelvas a hacer. Los mexicanos a veces perdonan. Mírame a mí: yo perdoné.

—¿Y no tienes miedo?

—La verdad, no me acuerdo la última vez que tuve miedo —dijo—. Lo que tenía de miedo me lo sacaron de chiquito.

—¿Cómo?

—Una curandera me hizo una limpia cuando tenía como cuatro o cinco años y me quitó todos los miedos que tenía dentro —dijo—. Así nomás. Y desde entonces no he sentido miedo.

No sabía si hablaba en serio. Me recordó a mi madre. Me había hecho una de esas limpias cuando era niño.

—Oye, Alfredo, pero tienes que creer —dijo—. No es nomás llegar con la curandera y decirle: "A ver, arréglame esto".

—Deja de hablar como mi mamá —dije—. La curandera va a tener que esperar. Nos está esperando Ángela.

Salió al Paseo de la Reforma, apartando coches del camino, los ojos siempre fijos en la calle. Dobló a la derecha en Sevilla, frente a la estatua desnuda de la Diana Cazadora encaramada en una fuente y esculpida originalmente en los años 1940, tomando de modelo a una secretaria que trabajaba en la empresa paraestatal de petróleos.

Ángela me estaba esperando en la banqueta. Caminamos por el frondoso parque que define a la Condesa. Señoriales casas estilo *art déco* montaban guardia alrededor de un óvalo de árboles y caminos de grava. Las calles eran vestigios de la intervención francesa (1861-1867), que terminó con el fusilamiento de Maximiliano en un cerro pelón a las afueras de la ciudad de Querétaro en 1867. Hoy en día, la Condesa es una colonia de extranjeros y artistas, diplomáticos y periodistas, escritores, diseñadores, actores y directores de cine. Ángela y yo caminamos tomados de la mano y luego encontramos lugar en nuestro café favorito, el Café Toscano, que da al parque. Ordenamos capuchinos y pan integral tostado untado de mermelada de fresa.

—Bueno, cuéntame —rogó—. Hasta el último detalle.

Trastabillé con mis palabras, sabiendo que no iba a estar de acuerdo.

—Necesito más tiempo, por lo menos un día más —dije. Tenía que esperar a tener más detalles de los informantes, fuentes necesarias para verificar la información.

—La última vez que chequé, también había teléfonos en Estados Unidos —replicó Ángela.

Me escuchó, desviando la mirada mientras le narraba mi conversación con Miguel. Le dije que me quería ir al estado de Nayarit, en la costa occidental cerca de Puerto Vallarta, para acabar el reportaje de la migración de estadounidenses al sur. Si me tenía que ir de México un tiempo, al menos tendría algunos artículos que escribir. Estaba convencido de que todo iba a estar bien.

Quienquiera que esté detrás de esto, dije, sólo quiere mandar un mensaje. El pacto de paz está en marcha. Además, ¿qué tal si la cosa no es conmigo, sino con el propio investigador de Estados Unidos?

Ella empezó a negar con la cabeza.

—Te prometo que en 24 horas tomo un avión directo a Dallas desde Puerto Vallarta —dije.

Se contrajo. Vi la ansiedad aparecer en su rostro: los ojos se entornaron, la frente se arrugó, los labios se apretaron. Aunque Miguel no había querido decir explícitamente si el propio gobierno estaba detrás de la amenaza, Ángela veía las cosas un poco más claramente.

—Alfredo, las señales han estado ahí todo el tiempo. Hasta el zar antidrogas de México te dijo que dejaras el tema en paz y te pusieras a escribir de turismo… de lo que fuera, menos de esto. ¿Qué más prueba necesitas? Se te está acabando el tiempo. Sabes perfectamente bien que no es la primera vez.

"¿Qué parte de 'el gobierno mexicano está detrás de esto' no entiendes? —preguntó.

Bebió un sorbo de su café, hizo una mueca y lo dejó en la mesa. Me miró desde el otro lado de la mesa.

Ángela me había abierto las puertas a los misterios de nuestra patria y la Ciudad de México años atrás, cuando aún éramos buenos amigos pero yo ya me estaba enamorando de ella. Los dos tomamos un viejo tren que apestaba a meados, de Ciudad Juárez al lugar que ella llamaba su hogar, la Ciudad de México. Me llevó por "su ciudad", enseñándome colonias como la estilosa Zona Rosa, Coyoacán y el señorial Centro

Histórico. Desayunamos chilaquiles en el Sanborns, decorado con hermosos mosaicos de talavera de Puebla. Más tarde caminamos por la Plaza de las Tres Culturas, donde se alzan una pequeña pirámide azteca, una iglesia colonial y edificios modernos: todas las yuxtaposiciones y pretensiones modernas exhibidas a la vista de todos. Pasamos el tiempo leyendo guías de turismo y sobrevivimos a base de tacos de la calle, mangos de los vendedores de fruta y cerveza barata. Me encantaba cada minuto que pasaba con ella, y no le costó ningún trabajo convencerme de que trabajar en México podía ser una realidad para ambos. Parecía nuestro destino.

Hacía poco más de un año, Ángela y yo habíamos sacado un artículo con acusaciones de que el zar antidrogas del gobierno estaba en la nómina de un cártel. El día que salió la noticia, Ángela recibió un mensaje de una fuente de confianza: "Váyanse de México. Tómense unas vacaciones —largas— tú y tu novio".

Para Ángela, las vacaciones se volvieron permanentes. Su empresa decidió que ya no era seguro para ella reportar desde México y la transfirió a la frontera, donde podía cubrir temas como la migración.

Semanas después, habíamos salido para el norte con todas las cosas de Ángela. Ella lloraba suavemente mientras una enorme luna guiaba nuestro camino al salir de la ciudad, con sus dos perros y la mitad de sus pertenencias atiborrados en una Ford Expedition. Samuel y la que ahora es su esposa embarazada nos seguían en una minivan con el resto de sus cosas. No hablamos mucho. Recorrimos el campo de México, pasando por la tierra fértil de Guanajuato, las planicies de Aguascalientes y las montañas de Zacatecas, y finalmente llegamos a los despejados cielos azules y la árida región desértica de mi Durango: lo más hermoso de todos los estados y ciudades, le dije a Ángela. Ella no estuvo de acuerdo. Nada como la Ciudad de México, declaró. Por una vez, no discutí.

—Lo único que me da gusto —dijo entonces— es pensar que tú te vas a quedar en la Ciudad de México, y con eso, la posibilidad de que yo regrese. Si tú también te vas, voy a perder el contacto. Tú eres mi ancla. Vamos a hacer que funcione.

Ahora, en la cafetería, Ángela había perdido la paciencia, y la nostalgia.

—Nos pagan por hacer reportajes, por decirle la verdad a la gente, ¿pero cómo podemos hacer eso si ni siquiera podemos ser honestos con nosotros mismos? —dijo—. Yo adoro México, tanto como tú, pero ya no es el país que alguna vez conocimos. Ese México se está destruyendo, se está desmoronando. El viaje terminó, al menos por ahora. Te tienes que ir.

No podía decirle que me había equivocado, no en ese momento. ¿Cómo le dices a alguien que todo lo que creías saber en realidad era mentira? Que éste era el único hogar que jamás había anhelado, que dejar México era como dejarme a mí mismo, como lo hice hace tantos años cuando era niño.

Le recordé 1986, el verano del descontento, cuando manifestantes enojados y esperanzados marcharon por todo el estado norteño de Chihuahua exigiendo elecciones libres. Los mexicanos remontan los orígenes de la democracia a la revuelta estudiantil de 1968 o bien al terremoto de 1985. Para mí fue 1986, cuando era un reportero novato y vi a mexicanos armados de idealismo dar vida al movimiento que haría caer al partido político que desde hacía tanto gobernaba México. Jóvenes y viejos salieron a las calles para recordarles a los mexicanos las promesas no cumplidas de la Revolución décadas atrás. Los manifestantes se congregaban en torno a un hombre alto y bien parecido llamado Francisco Barrio Terrazas, un contador y orador dinámico de Juárez que representaba la oposición del PAN, partido que nunca había ganado una elección importante contra el PRI.

"Pancho Villa vive, cabrones", se convirtió en un grito de guerra, evocando al líder revolucionario que alguna vez usó Juárez y El Paso como bases de operación. Se reunía con revolucionarios refugiados en El Paso, y en su tiempo libre iba a comprar ropa, armas y municiones para sus tropas, que intentaban derrocar la dictadura que había gobernado México por más de 30 años. Barrio Terrazas era parte de un movimiento conocido como los Broncos del Norte: gente, sobre todo en el norte, que creía en un México más democrático, donde la oposición no se dejara intimidar —de lo que acusaban al PAN desde hacía décadas—, sino que fuera suficientemente competitiva para poder ganar.

Los manifestantes condenaban al gobierno federal por los impuestos que pagaban a la Ciudad de México pero que nunca parecían regresar al norte. En toda la frontera el desarrollo económico era fuerte, pero la infraestructura estaba rezagada. Mucha gente también estaba furiosa por la serie de devaluaciones del peso, sobre todo la de 1982, cuando las élites de México perdieron sus fortunas y la clase media vio desaparecer sus ahorros.

Entre los manifestantes más ambiciosos había un idealista llamado Felipe Calderón. Décadas antes de que fuera presidente de México, era una joven promesa del PAN, junto con la que entonces era su novia, Margarita Zavala. Tenía abundante pelo chino y usaba unos lentes redondos enormes que le cubrían los cachetes. Él y los otros manifestantes llevaban pancartas y gritaban exigiendo que el PRI dejara el poder: "¡Ya basta!"

Mi madre también estuvo allí. Ese verano, un día que los manifestantes tomaron el puente internacional que conecta Ciudad Juárez y El Paso, se puso a repartir burritos del Freddy's, que estaba a unas cuadras. Pequeñita, vestida de pants con calcetines blancos metidos en zapatos de piso, el delantal salpicado de salsa verde y roja y manchado de frijoles refritos, mi mamá iba caminando con una bolsa llena de burritos. Yo estaba reportando la protesta, y esperaba que no me viera. Pero me sentí orgulloso.

—¡Tenga, ánimo! —decía mi mamá al sacar los burritos de la bolsa. Se aseguró de que nadie pasara hambre ese día.

Respiré profundo. El progreso que habíamos visto no podía ser mentira, le dije a Ángela. No podía estar equivocado. México, la nación conquistada, había avanzado muchísimo.

—Ángela, no me puedo ir. Ahora no —dije.

Ella negó con la cabeza.

—Deja de hablarme como si fuera un pinche ingenuo pendejo —le espeté, tratando de no alzar la voz.

—Mira, sé que quieres demostrarles a todos que se equivocan sobre México, empezando por tus padres, pero éste no es momento de demostrar nada —replicó Ángela—. Esto no se trata de ganar una discusión. Se trata de salvar tu vida.

—Se trata de entender quién está detrás de toda esta mierda que está doblegando al país... a nuestro país —interrumpí.

Ella meneó la cabeza aún más furiosamente, indignada. Yo suspiré y volteé para otro lado.

—Dime la verdad —suplicó Ángela. Me miró como a un desconocido—. ¿Te vas a quedar para encontrar alguna clase de verdad, o sólo por motivos egoístas, para tratar de conseguir una exclusiva y ganarle a la competencia?

—A estas alturas, ni yo lo entiendo —dije—. Lo único que sé es que tengo que averiguar qué está pasando. Tengo que estar seguro. De lo contrario, siempre me voy a estar preguntando si todo lo que crecí creyendo era una puta mentira.

—Ahí me cuentas lo que averiguaste cuando estés tres metros bajo tierra —dijo ella y agarró su bolsa.

—¿Tres metros bajo tierra? —pregunté sarcásticamente—. Pero si ya te he dicho que quiero que me incineren y que esparzan mis cenizas de México a California y en la frontera entre El Paso y Ciudad Juárez.

—Lo que estás diciendo es una pendejada, y lo sabes —gritó—. ¿Cómo vas a seguir una historia, cómo esperas llegar a la verdad, si no puedes confiar en nadie?

A un lado, pasaban transeúntes por la esquina de Michoacán y Avenida México. Los clientes voltearon a verla a ella y luego a mí. Ángela se fue caminando abruptamente, dejándome allí. Pedí la cuenta y me fui caminando rápido, nervioso y solo a mi casa. Los árboles del Parque México se me podían venir encima en cualquier momento. Todo, todos —incluyendo las sombras— me parecían sospechosos.

Al día siguiente, Ángela apenas me dirigió la palabra. Cerró con llave la puerta de la recámara para hacer sus maletas sola.

Yo le rogué que saliera.

—Dejaste de ser un reportero —dijo, abriendo la puerta—. Ahora eres parte de la noticia. Estás tan metido que ya no puedes ver claro, y eso te está poniendo en peligro a ti y a todos los que estamos cerca. No puedo creer que seas tan egoísta.

Cuando salió de la recámara con sus maletas, la detuve y le di un largo abrazo.

No se resistió.

—Vete; hazlo por ti, por nadie más —dijo suavemente—. No tengas miedo de tener miedo. Un poquito de miedo es algo bueno en estos días. Ten miedo de no estar vivo. Para eso también se necesita valor.

Samuel tocó la puerta. Nos vio un instante y de inmediato tomó las maletas de Ángela y salió.

—Te quiero, güerita —dije, volviéndola a abrazar.

Ella me miró, titubeante. Su rostro marcado por el agotamiento. Sus ojos llenos de derrota y vacío.

—Cuídate —dijo, y se dirigió a la puerta, que cerró de golpe. Dentro de unas horas estaría en Texas. En ese momento supe que debí haberme ido con ella.

Cinco

Puerto Vallarta brillaba con sus paredes encaladas, un malecón resplandeciente a la orilla del océano y altísimos cruceros. Un periódico de hacía unos días, olvidado en el lugar de renta de autos junto al aeropuerto, daba la noticia de una nueva tanda de matanzas y de la preocupación del embajador de Estados Unidos por la amenaza contra un periodista estadounidense. Tomé el periódico y lo eché al asiento de atrás de un Jetta blanco. Parecía que el pacto de paz no estaba funcionando.

Salí de Puerto Vallarta hacia el norte, y conforme la carretera hacia el vecino estado de Nayarit se fue estrechando, la gema turística se desdibujó y dio paso a Bahía de Banderas: playas naturales salpicadas de casitas diminutas de concreto y chozas con techo de palma. Metí un CD mezclado en el estéreo del coche y la canción "México en la piel" de Luis Miguel empezó a sonar. Es una canción de amor y un homenaje a los muchos Méxicos: el norte con su desierto árido y caliente, y regiones montañosas; el sur con su colorido folclor y playas infinitas. Subí el volumen y me puse a cantar.

Entendí a Ángela por haberse enojado. Sé que yo sonaba como un lunático. No encontraba cómo explicarle que necesitaba llegar a comprender esto.

Manejando solo por el camino sinuoso, tuve una sensación de control, hasta de orgullo, de que a mí no me podían ahuyentar tan fácil. Traté de imitar a Luis Miguel, como lo hacía mi hermano más chico, Mundo, que agarraba y, con una mirada profunda, se pasaba las manos por el pelo dramáticamente mientras cantaba a todo pulmón. Mundo, que entonces estaba estudiando para ser especialista en prótesis, era uno de mis cuatro hermanos nacidos en Estados Unidos, y me encantaba verlo imitar a Luis Miguel y Juan Gabriel, señales de que la asimilación no había eliminado por completo su mexicanidad. Me reí en voz alta.

De pronto, de la nada, dos pickups enormes me encerraron en el camino, una Dodge Ram roja que rugía adelante y una Ford azul descolorida que me seguía muy de cerca. Ambas tenían vidrios polarizados, con hombres de sombrero vaquero, como los narcos de las películas. Así es como te encierran. Busqué nerviosamente dónde orillarme o dar vuelta en U. ¿El tipo de adelante me venía viendo por el retrovisor?

Vi una gasolinera de Pemex. Sin poner la direccional, di el volantazo hacia el estacionamiento y me paré derrapando detrás de las bombas. Las camionetas siguieron por la carretera. Me di cuenta de que había estado conteniendo la respiración y exhalé. Jesús, qué pinche miedoso soy. Vaya autocontrol. Aquí todo mundo anda en camioneta. ¡Y te creías tan valiente, carajo! De pronto me sentí muy solo sin Ángela.

Me detuve en el minisúper frente a la gasolinera del monopolio paraestatal petrolero de México y compré una Coca-Cola. La destapé y di un gran trago. Estaba fría y dulce, hecha con azúcar de caña, no con el espantoso jarabe de maíz que usan en Estados Unidos. Saqué mi celular.

—Oye, sólo te hablo para decirte que estoy bien —le dije a Ángela—. Todo está estupendo —mentí.

—Ten cuidado —repitió secamente—. Nos vemos mañana. También te quiero.

Me volví a subir al coche y salí rumbo a San Pancho.

Nuevos desarrollos de condominios se estaban construyendo al lado de la carretera, que se volvió de doble carril al cruzar a Nayarit. Dinero del narco. De algún modo se tenían que lavar los miles de millones de dólares de ganancias del narcotráfico. Los bienes raíces eran una gran opción; al igual que los bancos, los casinos, las carreras de caballos, las casas de cambio, hasta las tienditas familiares. Yo veía dinero sucio del narco y traficantes por todas partes. El narcotráfico suma hasta 4% del PIB anual de México, de 1.5 billones de dólares. ¿Era mi propia paranoia?

San Pacho seguía siendo un viejo pueblo de pescadores, aunque los estadounidenses estuvieran llegando en manada a comprar condominios. Letreros en la calle presumían: "Viva con 15 dólares diarios o menos. Sirvienta incluida. Jardinero opcional". Había un millón de estadounidenses, sobre todo jubilados, viviendo en México. Tal vez éste fuera el futuro crecimiento económico de México: estadounidenses viejos y surfistas atraídos por las playas mexicanas. Conseguí un cuarto de 40 dólares la noche en el Hotel Cielo Rojo. Dejé mi computadora y me puse shorts y chanclas. En un puesto cruzando la calle, una señora estaba haciendo quesadillas y tacos de pescado. Pedí unos tacos y mi segunda Coca. Pensé en mi madre, que a los 13 años vendía pan, marranitos y semitas en las calles de San Luis de Cordero.

Con el estómago lleno, me dirigí a la playa. El cielo estaba rojo, con nubes oscuras y bajas que se acercaban desde el horizonte poniente. Unos cuantos rayos asomaban entre el mosaico, y la arena de la playa daba paso a un espejismo de olas azules más allá de las palmeras. Caminé por la playa vacía y no vi a nadie. Me quité las chanclas y corrí por la arena. Luis Miguel ahora daba a todo volumen, en algún estéreo, su versión de una de las canciones icónicas de México, "La Bikina", sobre una mujer solitaria y preciosa de quien murmuran que tiene una pena de amor tan profunda que se pasa las noches llorando. La guitarra es alegre, pero los violines parecen llorar de soledad.

Harto de correr, me dejé caer en la playa a la orilla del mar y me hice una almohada de arena. Mi cuerpo, agotado por el estrés de siete días de tensión, se hundió en el suelo. Cerré los ojos. Las olas del océano masajeaban mis pies. Pensé en llamar a mi madre, ¿pero qué podía decirle? Prefería que no supiera nada de la amenaza. No me iba a decir que me fuera. Pero se iba a pasar las noches despierta, rezando. Además, cualquier argumento que le diera ahora iba a sonar tonto. Y por muy cansado que estuviera de México, también estaba harto del estadounidense pragmático e idealista que llevo dentro.

Mi madre y yo habíamos tenido muchas discusiones acaloradas sobre el mismo tema: el futuro de México. Yo una vez le pregunté: ¿cómo sería un gobierno mexicano si verdaderamente fuera del pueblo, por el pueblo y para el pueblo? Ella guardó silencio un momento, pensando, midiendo cuidadosamente sus palabras.

—Sólo Dios sabe —respondió, mirando de frente.

—Dios anda muy ocupado en Medio Oriente, ayudándonos a encontrar a Osama bin Laden; está muy ocupado con otros problemas —dije, molestándola—. Tenemos que aprender como pueblo a hacer que un gobierno rinda cuentas y no dejarlo todo en manos de Dios.

—No subestimes a Dios —respondió mi madre—. Dios es grande.

—No subestimes a la gente —repliqué, y me volteé a seguir comiendo mi carne asada preparada por Mundo.

Mi madre me fulminó con una mirada que decía: *Ay, mi Fredito, mi solecito. Ya no eres tan mexicano.*

También mi madre había sentido una dolorosa ausencia. Las décadas en Estados Unidos no la habían cambiado. Era mexicana, una mujer de callada dignidad, integridad y humildad, con profunda fe en la Virgen de Guadalupe, la patrona morena de México que ahora es adorada casi hasta en el último rincón de Estados Unidos y más allá. Nunca se molestó en aprender inglés. Hablaba de su pueblo, San Luis de Cordero, como su lugar de reposo final. Algún día iba a volver a nuestra tierra, pero lo haría sin sus hijos. México era su destino, su carga; no nuestro.

Mi madre amaba su patria pero no confiaba en los hombres que gobiernan México.

—Lo único que amo más que a nuestra familia, con todo mi corazón —dijo una vez—, es México. México es mi patria, mi identidad. Pero no voy a permitir que el gobierno arruine a mis hijos como está arruinando al país.

A mi madre le gustaba decir: "En México, haces lo que puedes, no lo que quieres. La fe es lo único que tenemos".

Pero mi lado estadounidense creía que con arduo trabajo y buenas intenciones se podía cambiar la historia, erradicar la corrupción, allanar el camino a la democracia, crear el Estado de derecho... aun en México. De alguna manera, México siempre me volvía a jalar. Me daba una sensación de propósito. Con sólo poner un pie en México, me sentía feliz, a pesar de que lo que yo soy y represento —el nativo y el extranjero— a menudo es recibido en México con el mismo rechazo que en Estados Unidos. Había pasado años tratando de sacudirme la sensación de ser irremediablemente estadounidense en México y mexicano en Estados Unidos, sin acabar de ser una cosa ni otra, a menudo sintiéndome menos que una, a veces más que las dos, dependiendo del momento.

Otra vez le había preguntado a mi madre:

—¿Usted no cree en las posibilidades?

—Si creyera, ¿tú crees que estaríamos viviendo acá?

Seis

Yo nací en San Luis de Cordero, Durango, un estado con forma de corazón humano, en la casa de mi abuela, a la sombra del campanario de la iglesia y a las manos de una partera. Toda la familia ayudó con mi nacimiento. Mi abuela paterna, mamá Rosa, fue la primera que me cargó. Mi madre me tomó, a su primogénito, en brazos, mientras que mi abuela materna, Nina, agarró la placenta y le enredó alrededor mi cordón umbilical. Mi tío Delfino, un hombre bajito y correoso, cavó un hoyo en el patio de atrás. Enterró mi ombligo bajo los cactus y las matas de ocotillo, junto a las secundinas de mis tíos, tías, primos y mi padre. La abuela Nina cubrió el hoyo de tierra con una pala.

Mi placenta enterrada, me dijeron después Nina y mi tío Delfino, me amarraba a esta tierra para siempre: una raíz marchita para afirmar que, por lejos que me fuera, algún día volvería a casa. Algún día todos volveríamos a casa.

El crecimiento económico estaba estancado en los pueblos como San Luis de Cordero. La población del país casi se había duplicado en las últimas dos décadas, pero había poco trabajo. Más y más gente se iba a Estados Unidos. La población de San Luis de Cordero en realidad nunca fluctuaba mucho de unos 2 000 habitantes porque los hombres que se iban regresaban apenas el tiempo suficiente para embarazar a sus esposas. La mayoría de los niños crecían con el sueño de irse para el norte, encontrarse con sus padres y comprar camionetas para presumir cuando volvieran a casa, sabiendo unas cuantas palabras de inglés.

No me podía imaginar una mañana en la que no me hubiera despertado con mi madre, Herlinda, cantando con José Alfredo Jiménez o Javier Solís en el radio. La música —"La media vuelta"— entraba flotando suavemente por la ventana abierta de mi cuarto. Aún la puedo ver afuera, su sombra cuando les echaba agua a sus flores y sus plantas, cantando. Nuestros vecinos decían que cuando mi mamá se ponía a cantar, hasta los gallos se callaban para oírla. Las mujeres que salían cada mañana a la calle de tierra con una cubeta de agua para aplacar el polvo afuera de sus casas, lo hacían con más gusto cuando oían cantar a mi mamá.

Ella cantaba para todos. Cantaba en las fiestas del pueblo, en la misa de la mañana, en nuestra propia sala después de cenar, su voz estallando en la noche como cohetes. "México lindo y querido" era una de las canciones favoritas de mi padre y los otros hombres que celebraban sus últimas horas de fiesta antes de tener que regresar a trabajar al norte. Eran braceros, trabajadores invitados a Estados Unidos. Yo pasé mi primera infancia entre mujeres: mi madre, mis tías y primas que cortaban maíz en las mañanas para hacer el nixtamal para las tortillas con las que limpiábamos los platos de arroz y frijoles, siempre esperando pacientemente el regreso de sus padres, maridos, hijos y hermanos de sus trabajos "en el norte".

En primavera, mi padre nunca estaba en casa. Estaba a más de 3 000 kilómetros en el valle de San Joaquín en California, preparando los campos para sembrar algodón y tomate. Lo veía tan poco que le decía "señor" en vez de "papá". Pero la casa cobraba vida cuando venía. Jóvenes venían a verlo para preguntarle cómo conseguir trabajo en Estados Unidos. ¿Cuánto pagaban? ¿Había mucho trabajo? ¿Cómo era Estados Unidos? Hablaban de una manera que parecía que iban a ir a la Luna. A mi padre le gustaba Estados Unidos y tener dólares en el bolsillo, pero no se imaginaba vivir allá permanentemente. Estados Unidos era simplemente una solución temporal.

Mi hermano Juan y yo andábamos por San Luis de Cordero como si fuéramos los dueños. Yo tenía cuatro años; él tres. Nuestra hermana Lupita estaba aprendiendo a caminar, seguida por Mario, el bebé. Juan y yo caminábamos solos en las lluvias de verano y en el sol abrasador. Pasábamos casas de tabique de adobe recién pintadas en tonos pastel. Una mano nueva de pintura significaba dinero del extranjero. Todos los días, una pickup recorría las calles con un altavoz montado en el techo, anunciando las noticias del día o solicitando nuestra presencia "para acompañar a tal o cual familia en la despedida de fulano". En las tardes empezaba la lluvia, abriendo riachuelos en las calles de tierra. Pero eran nuestras, esas calles que contaban historias. De día, jugábamos a las escondidillas con el tío Delfino, haciendo que nos correteara lo que nos parecían kilómetros, aunque en realidad eran sólo unas cuadras. De noche, el tío Delfino tocaba la guitarra a la luz de una lámpara de queroseno y me enseñaba algunos acordes. Algunos días íbamos a caminar por las milpas del tío Antonio mientras él asaba unos elotes gruesos. Delfino era el hermano mayor de mi padre; Antonio era el hermano más grande de mi mamá. Todos vivían cerca; todos éramos familia.

Los fines de semana, mi primo Rubén y yo íbamos al cine del pueblo. Él practicaba manejar el proyector, que después sería su primer trabajo, y usaba el sistema de altavoces para recordarle a la gente de alguna fiesta próxima o anunciar noticias de California o el estreno de la última comedia romántica. Los fines de semana pasaban películas de los ídolos Pedro Infante y María Félix, comedias que enfrentaban a los pobres contra los ricos. Al final, los pobres siempre ganaban, riéndose de las injusticias y los absurdos obstáculos que tenían que librar. Ésta era la "época de oro" de la industria cinematográfica mexicana. Yo tenía el mejor trabajo, que era llenar bolsas de cacahuates y mandarinas. Las palomitas llegaron mucho después.

Nuestra vida era sencilla, pero yo no sabía lo que era la pobreza. Con los dólares que mandaba mi papá, mi mamá puso una tiendita en nuestra casa, para la gente de la cuadra, con los estantes repletos de fruta, como mangos y guayabas, verdura, galletas, jabón, refrescos, cigarros y juguetes. En las noches, cuando se suponía que tenía que estar dormido, me metía a escondidas a la tienda —el cuarto de al lado— y abría las cajas llenas de carritos de juguete, camiones, animales de peluche y soldados que mi mamá traía del mercado en Gómez Palacio o del Soriana en la cercana ciudad de Torreón para revenderlos.

Jugaba con ellos en la oscuridad, pues no quería que mi madre me sorprendiera. Cuando descubrió mi secreto, razoné con ella:

—Alguien tiene que probarlos para ver que funcionan.

Mi mamá sólo movió la cabeza, con reproche. Pero yo la hacía olvidar mi mala conducta rogándole que cantara. Por lo regular accedía.

En casa, mi mamá me decía Freddy, pero en todo el pueblo era "el hijo de Herlinda". Todo mundo —Rosa, la de la tienda de abarrotes; Chiquis, la de la zapatería; Kika y Gabriel, que vivían cerca del cine— me saludaba al pasar cuando iba al pueblo. Me distinguían porque era el mayor, un honor en la cultura mexicana.

—Mira —señalaban—. El hijo de Herlinda. Qué rápido está creciendo.

Pero un fresco día de mayo de 1964, mi hermana Lupita se ahogó, y nuestro mundo se vino abajo. Semanas después de su entierro, estaba sentado en la sala de casa de mi abuela, jugando con mis carritos en el piso de tierra, cuando oí otra vez a mi madre sollozando y murmurando. En su mente, la vida en México se había acabado. Había un mal en México. Un mal, una maldición. Parecía que estábamos malditos. Cuando mi madre veía a sus cuatro niños —Juan, Mario, Francisco y yo—, nos veía creciendo en un país con un futuro funesto. Temía que nos aguardaran tragedias.

—Aquí no hay nada para nosotros… nada —me decía cuando me ponía a protestar y lloriquear que yo no me quería ir a Estados Unidos como todos los niños del pueblo. Éste era mi hogar.

—Tengo que darles a ti y tus hermanos una oportunidad real de triunfar en la vida. Tengo que darles una vida de oportunidades que yo nunca tuve —me decía.

Su hermano, el tío Antonio —como todas las generaciones que lo antecedían—, trató de recordarle que México estaba al borde de la grandeza. Pero, al igual que la mayoría de los mexicanos, mi familia no tenía los contactos adecuados. No teníamos los antepasados correctos. No conocíamos gente ni descendíamos de la clase privilegiada. Lo único que teníamos seguro era el acceso a dólares americanos, gracias al arduo trabajo de mi padre del otro lado de la frontera.

San Luis de Cordero aún no tenía caminos pavimentados. No había escuelas que pasaran de primaria y no había electricidad. Muchos pueblitos por todo el país estaban en las mismas. La famosa Revolución mexicana, el conflicto que había llevado a los tíos de mi madre a unirse a las tropas de Pancho Villa en 1910, le había fallado a nuestro pueblo como a tantos otros pueblos por todo México. La justicia era un lujo que no nos podíamos dar.

¿De haber vivido Lupita, le preguntó mi madre a su propia madre, qué oportunidades habría tenido en San Luis de Cordero? ¿En un país donde las leyes rara vez se cumplen, gobernado por un grupito de poderosos, una nación de mujeres solas, viejos y niños? Tanta de la energía de México era extraída al norte. Mi madre nos daría algo mejor, sacrificando su amor por su familia y su patria. Volveríamos a empezar. No nos quedaba de otra, dijo, más que seguir a su marido al norte. Ya lo había decidido.

—México necesita tiempo —le decía el tío Antonio—. Tú no puedes abandonar lo que queda de esta familia.

—Ya verás si no —le respondía mi mamá.

Esperamos afuera en la plaza frente a la imponente catedral blanca. Una estatua de la Virgen María nos veía. La virgen, vestida con un manto azul y velo blanco, me pareció que se veía triste. Habíamos ido a que nos echaran la última bendición, antes de irnos para el norte. El camino nos llevaría hasta Ciudad Juárez, una comunidad fronteriza llena de oportunidades. O al menos eso decía la gente del pueblo que había ido para allá. Pintaban una imagen de prosperidad, casas grandes con baños, excusados con agua y plomería, televisores, y calles anchas cerca de campos de algodón para ir a patear la pelota. Los inversionistas estadounidenses estaban construyendo fábricas del lado mexicano de la frontera, atrayendo a decenas de miles de mexicanos a trabajar. Yo empecé a patalear y dar gritos cuando vi acercarse el camión, que manejaba un señor llamado don Pedro. Nuestros vecinos nos dijeron que nos iban a extrañar pero que teníamos suerte.

Yo no me sentía muy suertudo. ¿Quién iba a cuidar a mis gallinas, a mi gallo y al perro callejero que creía que yo era su amo? ¿Y qué iba a pasar con mis juguetes? Los amigos de mi mamá la abrazaron junto al camión que habría de llevarnos muy lejos de nuestra tierra.

El tío Delfino se arrodilló y me dio un abrazo largo, largo, olvidando secarse las lágrimas.

—Acá lo espero, m'hijo. Siempre lo estaré esperando aquí.

—Vámonos —dijo mi madre, formándonos a todos, mis tres hermanos y yo, cuando se abrió la puerta del camión. Frank, el bebé más reciente, en los brazos de mi madre, Mario entre Juan y yo, todos bajo la mirada atenta de la abuela Nina, que iba a venir con nosotros en parte por contactar a la creciente familia en Estados Unidos que ella no conocía.

Cada vez que se me humedecían los ojos, mi tío Delfino me recordaba dónde estaba enterrado mi ombligo, a media cuadra de donde partiría hacia el nuevo mundo, a sólo unas cuadras de donde mi hermana Lupita yacía tres metros bajo tierra.

—M'hijo, aquí está su ombligo —me decía—. Algún día va a regresar.

—Algún día todos vamos a regresar —le daba la razón Nina.

No me acuerdo mucho del viaje en camión, aunque mi mamá me recordó después que lloré mucho y que trataba de dormirme, como si esperara despertar y ver que todo había sido una pesadilla.

Gente de todo el país estaba llegando a Ciudad Juárez, que tenía unos 325 000 habitantes. Juárez fue la ciudad piloto del primer programa de maquiladoras, que prometía la construcción de grandes fábricas con capital estadounidense o de otros países, y obreros mexicanos con sueldos bajos ansiosos de trabajar. Gracias a las maquilas, los consumidores de Estados Unidos podían comprar sus televisores y otros artículos electrónicos a precios de remate. Al paso de los años, la inversión extranjera se aceleró. Dondequiera que brotaba una maquiladora, aparecían postes eléctricos y se pavimentaban las calles. El agua era llevada en pipas. Pero la ciudad olvidó, o simplemente no le importaba, construir suficientes viviendas, escuelas, cines o parques para los trabajadores y sus familias. En un principio, a pocos parecía importarles. Poca gente se molestaba en considerar siquiera la idea de establecerse en esa ciudad "pasajera", de paso hacia algo mejor, a un lugar nuevo.

Mi padre trabajaba en California y estaba haciendo el papeleo para pasarnos legalmente por el puente. Nos alcanzó en Juárez y ese invierno trabajó ahí en El Paso, esperando a que acabaran las lluvias en California para poder regresar. Yo me la pasé deseando que nunca se acabaran las lluvias para que nos pudiéramos regresar a Durango. Mis primos se acuerdan de que yo no dejaba de necear con que mi pueblo y mis amigos de allá eran igual de buenos —hasta mejores— que la gente del otro lado de esas montañas que teníamos enfrente en El Paso. Todos me ignoraban y seguían mirando esas montañas, donde en temporada navideña prendían una estrella formada por miles de focos.

En menos de un año llegaron los papeles. Recuerdo a mi madre, orgullosa, levantando la mano derecha en el consulado de Estados Unidos en Ciudad Juárez. Juró firmemente ser una buena residente de los Estados Unidos; no era un juramento de ciudadanía sino una promesa de respetar las leyes de nuestro nuevo país. Desconcertados, nosotros también levantamos la mano, mis tres hermanos y yo, paraditos en fila.

—Bienvenidos a Estados Unidos —dijo la mujer y sonrió, y nos dio a cada uno una paleta roja. Todos le devolvimos la sonrisa, sin saber muy bien por qué.

Las *green cards* eran la recompensa a los años que mi padre había trabajado en los campos de California bajo el Programa Bracero, que le habían valido la residencia en Estados Unidos y la oportunidad de que su familia se reuniera con él legalmente. Los niños no teníamos idea de lo que acababa de pasar, pero mi mamá estaba emocionada. De las oficinas del consulado de Estados Unidos nos fuimos rápidamente a casa, todos tomados de la mano.

Ya con los papeles, regresamos a casa de mi tía en Ciudad Juárez, donde nos estábamos quedando, a recoger nuestras cosas para irnos a alcanzar a mi papá a California. Ese año estuvimos entre los aproximadamente 38 000 mexicanos que se calcula que ingresaron a Estados Unidos legalmente.

Mi madre me llevó a un rincón y me dio instrucciones.

—Deja los juguetes. Nada más agarra tu ropa y asegúrate de que tus hermanos sigan tu ejemplo. ¿Okey? No te encariñes mucho con nada de lo que hay aquí porque vamos a empezar una nueva vida.

—Sí, mamá.

Mientras hacíamos las maletas, mi tía fue a tocarle a la curandera del barrio, que vivía en la casa de al lado. Nos iba a hacer una limpia antes de que nos fuéramos. Uno por uno, mis hermanos y yo nos formamos en un cuarto oscuro, con los ojos desorbitados y sin decir palabra. La mujer nos sopló encima humo de copal, y luego nos pasó un huevo por los hombros y los brazos. El cascarón estaba frío y nos ponía la piel de gallina; supuestamente tenía que absorber todos los espíritus malignos, el mal de ojo, nos dijo. Y luego la yema se pudriría, según la creencia.

—¿Ves? —decía la curandera como si ya tuviéramos que sentirnos más ligeros—. Ya se fue el mal.

No recuerdo que la yema se pudriera. Pero sí recuerdo que todos asentimos ansiosos con la cabeza. Lo único que queríamos era largarnos de allí, de ese cuarto espeluznante y lleno de humo. Mi madre nos miró en silencio. Sentía que necesitábamos una limpia para empezar nuestra nueva vida en Estados Unidos limpios y puros, y dejar atrás la maldición de la familia.

El sueño americano parecía más sencillo, más noble. Estaba a unos metros.

Siete

El fulgor de un rayo seguido de un trueno me levantó sobresaltado. Corrí a resguardarme bajo una frondosa palmera. Estaba temblando, aunque la lluvia era tibia. Más allá de la lluvia oí la sonora voz de un vendedor ambulante resonar por la playa desierta, anunciando: "Pescado con chile y limón".

La tormenta pronto dio paso a una ligera llovizna.

Me armé de valor para llamar a mis fuentes con contactos dentro de los cárteles. Había tenido miedo de la información que pudieran tener, miedo de que la amenaza fuera verdad. Miré la playa una vez más, queriendo asimilar el momento.

La primera fuente, un informante del gobierno de Estados Unidos, decidió hablar en clave. Un ex policía federal que en algún momento también había trabajado en la DFS, el informante vivía en Laredo. El investigador de Estados Unidos lo había llevado allá para protegerlos a él y su esposa de los sicarios que ya habían matado a sus dos hijos. El informante tenía un equipo de radio de la policía de México, y solía quedarse hasta altas horas de la noche monitoreando las frecuencias, el movimiento de los cárteles y las conversaciones secretas. Buscaba cualquier pista que pudiera servirle al gobierno de Estados Unidos, pues estaba decidido a averiguar qué le había pasado a su familia. El insomnio era el precio que pagaba por obtener información. Aún tenía contactos en los cárteles, sobre todo el de Sinaloa. Contestó rápido el teléfono.

—Aquí hace mucho calor, tanto que casi ni se puede respirar —dijo.

—Aquí está lloviendo mucho —dije, escribiendo sus palabras en mi libreta, tratando de entender su código.

—Mejor vete. La lluvia es peligrosa —dijo—. Vente acá al calor húmedo —salte de México y vente corriendo a Texas—. La lluvia te va a hacer daño.

Tenía una cosa más que decirme:

—Los de la última letra creen que te compró *el Chapo* —los de la última letra, o sea, los Zetas. *El Chapo*, o sea, el líder del cártel de Sinaloa, archienemigo de los Zetas.

Por poco me hace reír, ¡los Zetas leyendo mis artículos! Tenían cosas más importantes de que preocuparse que mis reportajes para el *Dallas Morning News*. Si últimamente estaba escribiendo más sobre los Zetas, era sólo por los problemas que estaban causando en Texas. Las autoridades de Dallas habían negado la presencia de los Zetas en el norte de Texas. Luego, una tarde de diciembre de 2004, cuando un grupo de hombres estaba asando carnes y echando cervezas en una casa en Mimi Court, estalló una balacera. El saldo fue de un muerto y tres heridos. Uno de los tiradores estaba directamente relacionado con los Zetas. Dos testigos clave que sobrevivieron a la balacera fueron arrestados por cargos de drogas, pero luego fueron liberados de la cárcel del condado de Dallas cuando la policía se equivocó en el papeleo y les fijó una fianza muy baja. El testigo que pagó una fianza de 750 dólares sólo fue reaprehendido después de que el *News*, que contaba con nueva información, insistiera sobre el caso con la policía y la fiscalía del condado de Dallas. Yo había trabajado en el artículo con otros dos colegas, Jason Trahan y Ernesto Londoño. Poner a tres reporteros a escribir sobre las actividades de los Zetas en el norte de Texas era la sutil manera del periódico de comunicarse con los Zetas: no es nada personal. Sólo el negocio de informar a nuestros lectores acerca de los cárteles que están operando en nuestros rumbos del norte de Texas.

Le di las gracias al informante y colgué.

La segunda fuente era *la Paisana*, que estaba en alguna parte del lado norte de la frontera. Antes de darme información, tenía una pregunta: tú no escribiste ese artículo sobre el pacto de paz que salió en México, ¿verdad?

—Sí, fui yo. ¿Por qué?

—Están encabronados.

—¿Quiénes? ¿Los cárteles? ¿El gobierno? ¿Cuál cártel?

—Todos ellos, pero tú preocúpate del gobierno.

Siguió:

—Alfredo, no hay mucha diferencia entre los cárteles y el gobierno. Son los mismos hijos de la chingada, ¿entiendes? Para ellos eres una mosca: ni más ni menos. Te pueden aplastar en un segundo sin parpadear.

—¿Cómo les mando un mensaje?

—¿Qué mensaje? —preguntó.

No estaba seguro.

—¿Por favor déjenme en paz? ¿No tengo nada personal contra ustedes? ¿Todo fue un malentendido? ¿Sólo estaba haciendo mi trabajo?

—Esta gente no es muy sofisticada para los mensajes —dijo—. Lo único que entienden es el poder, la fuerza bruta. ¿Quién tiene más güevos? ¿Tú o ellos? Yo te sugiero que mejor te vayas de México. Así les harás saber que recibiste el mensaje, sobre todo después de ese último artículo. Ése es el único pinche mensaje que les tienes que mandar.

—Okey, *Paisa*. Gracias —eché la cabeza hacia atrás, hice a un lado mi pluma y libreta y miré el cielo, las nubes aún húmedas, amenazando con más lluvia.

Llamé a otra fuente, quien acababa de encontrarse a uno de los líderes más prometedores del cártel de Sinaloa, Édgar Valdez Villarreal, en una convención de agencias aduanales en Cancún. El ex *linebacker* de una *high school* texana ya tenía una reputación de asesino despiadado; su arreglo metrosexual y tipo rubio de ojos verdes le había valido un apodo bastante extraño: *la Barbie*.

—¿*La Barbie* estaba en la convención? —pregunté, incrédulo—. No mames, güey.

La Barbie era el estadounidense de más alto rango en un cártel mexicano. El hermano de *la Barbie* tenía una agencia aduanal, y el sicario pensó que la convención sería un buen lugar para que se pusieran al día.

—Yo tampoco lo creía —dijo la fuente—. Pero me saludó en el baño de hombres después de echarse una meadota. Se lavó las manos, esperó a que yo acabara, que me lavara las manos, y luego dijo mi nombre. Así nomás. No es cuento.

Mi fuente le había preguntado sobre la amenaza. *La Barbie* respondió:

—No somos idiotas. Nosotros no fuimos, pero del gobierno no me extrañaría.

Luego llamé al investigador de Estados Unidos. No contestó.

Cuando iba de regreso al hotel, la lluvia se despejó. Pasé por una iglesia que reflejaba el resplandor del sol que se ponía.

Frente al Hotel Cielo Rojo otra vez estaba la señora atendiendo su puesto. Ahora tenía carne en el comal, y estaba volteando los bisteces y aplanando masa en una tortilladora de mano. Vi a los turistas estadounidenses, los jubilados y los surfistas pasar caminando: parecían pertenecer a este lugar, donde los coches rápidamente estaban sustituyendo a los burros, más que la señora que estaba haciendo tortillas. Quizá esto era el progreso. Quizá estos gringos estaban trayendo al pueblo la innovación y la tecnología que necesitaba, dándoles a estos jóvenes otras posibilidades para el futuro aparte de ser taqueros o huir a Estados Unidos en busca de dólares.

La miré hacer bolitas de masa y aplanarlas en círculos.

En un estéreo portátil retumbaba una cumbia, y una pareja bailaba entre las mesas y sillas de plástico. El hombre era corpulento y llevaba sombrero de paja, camisa vaquera de cuadros rojos y blancos. Parecía incapaz de encontrar el ritmo, y demasiado necio para seguir a la mujer cuando trató de llevarlo.

La pulsante música norteña —el ritmo del acordeón y el bajo sexto— y el aroma del tequila me atrajeron. Me senté en una de las sillas y le sonreí a la señora del comal, que rápidamente me trajo la que dijo que era su primera orden de tacos de la noche.

—¡Recién hechecitos, como para chuparse los dedos! —dijo la señora, que algunos vecinos conocían como doña Mari—. ¿Algo de beber?

Tenía un tequila escondido, que hacía un tequilero cruzando la frontera en Jalisco. No esperó a que le respondiera. Me sirvió un vaso y me pasó un par de tortillas extra y un plato de chiles verdes.

Se quedó parada junto a mí, sonriendo, esperando mi visto bueno —como lo haría mi madre— cuando tomé el primer bocado. Alcé mi vaso.

—Buenísimo, señora. Igual que sus tacos de pescado —dije, tocándome el corazón con la mano derecha—. Gracias.

Ella se persignó, para la suerte. Le di un sorbo al tequila, que me había servido de una botella sin nombre, y vi a la pareja batallar por encontrar el ritmo.

En México, la "democracia" es de los políticos, los intelectuales, los idealistas, la élite y los oportunistas, pero su visión de México no siempre contempla a la mayoría de la gente, que vive al día. No hay una titularidad a nivel local. Para los mexicanos, cuanto más ganas, más profundamente crees en la democracia, al menos en teoría. Los mexicanos como la señora taquera basan su vida en el gigantesco mercado informal de México, obedeciendo únicamente las leyes que les conviene obedecer y tomando la vida como viene, porque mañana quién sabe. El puesto de tacos afuera de su casa de concreto pertenece completamente a una economía clandestina, un mundo de sombras que nos está arrinconando a todos. Es la única manera que tienen de sobrevivir ella y mucha gente más.

La pareja dejó de bailar y se sentó cerca de mí. El hombre nomás miraba a la mujer, y de repente le metía la cara en el pecho mientras ella se reía y le contaba cosas. Él parecía distraído por su belleza morena y su camiseta sudada. Le plantó a la mujer un ruidoso y húmedo beso en los labios. Parecía importarles poco lo que cualquiera pudiera pensar.

La señora del puesto empezó a buscar entre sus CD piratas y yo me acerqué entusiasmado a ayudarla a escoger música. Feliz de ver que tenía a Juan Gabriel, de inmediato puse "Así fue".

La mujer echó más tiras de carne al comal, con chiles toreados a un lado. Las familias del pueblo empezaron a salir lentamente a sus porches a tratar de refrescarse de la humedad, algunos volteando por la ventana abierta a ver su telenovela de la noche. Algunos se sentaron. Otros se quedaron parados o se acomodaron en las banquetas de concreto afuera de sus casas. Por un minuto sentí como si nunca me hubiera ido de San Luis de Cordero.

Con la fiesta lista para durar buena parte de la noche —tan sólo la canción "Hasta que te conocí" dura 26 minutos de corrido—, dejé 100 pesos en el puesto, me despedí de la señora con un cabeceo, le guiñé un ojo a la pareja y me fui. Mi vuelo a Estados Unidos salía temprano y tenía que hacer una llamada más, o dos.

Crucé la calle lentamente, sobre los charcos, y subí las escaleras de mi hotel. En mi cuarto austero, me cambié los shorts, que seguían mojados de estar sentado en la playa. Me acosté en una cama dura con una almohada suave y vi girar el ventilador. Traté de dormir, pero no podía.

El ventilador seguía girando, sin acabar de ahogar la música. Me levanté de la cama y me asomé por la ventana. La voz de Juan Gabriel seguía retumbando. Oí risas. El hombre necio parecía haber encontrado el ritmo, o quizá la mujer se había dado por vencida y ahora lo seguía a él. Escuché la letra con cuidado, buscando mi inocencia perdida a través de las canciones de Juan Gabriel.

Cerré la ventana. Saqué mi celular y llamé al investigador de Estados Unidos.

—¿Sigues en México, carnal? —preguntó.

—Estaba esperando que tú me dijeras si debo estar aquí o no —respondí.

—Si me hicieras caso, te lo diría.

—¿Alguna noticia?

—No tengo información concreta, pero de veras le tienes que parar, al menos por un tiempo —dijo, y agregó irónicamente—: El pacto de paz se vino abajo. Como sospechaba, estaba destinado al fracaso.

—¿Qué pasó? —pregunté. De pronto sentí un tic nervioso. El pacto de paz me tenía convencido de que yo no podía ser un blanco. Mi mano empezó a tamborilear en la cama.

—Estos tipos no tienen idea de lo que es la confianza —dijo—. Se quieren matar unos a otros como perros. Ahora son grupos cada vez más chicos, más cabrones. Se vuelve más difícil ponerse de acuerdo entre ellos.

Los sinaloenses podían ser unos monstruos, pero eran más pragmáticos. Había un miembro de los Zetas que se distinguía por su salvajismo, dijo el investigador de Estados Unidos. Miguel Ángel Treviño Morales era diferente. Había ascendido en el escalafón de los Zetas rápidamente sobre un montón de cadáveres. A diferencia de los fundadores de los Zetas, Treviño Morales no tenía experiencia militar. Nunca fue soldado, ni miembro de ningún cuerpo militar de élite. Era un matón. Teníamos algunas similitudes. Era uno de 13 hijos, criados por una madre soltera que iba y venía entre Texas y México después de que el padre los abandonó. De joven, trabajó en una serie de cosas, entre ellas como deshollinador en Piedras Negras y llevando las camionetas de su hermano cargadas de mota entre Dallas y Laredo. Ese hermano, Francisco, había sido como un padre sustituto, y ahora estaba en la cárcel en Big Spring, Texas. Treviño Morales le lavaba los coches a un capo apodado *el Caris*. Con el tiempo se ganó su confianza. Más adelante empezó a relacionarse con policías, y hasta se hizo policía —por poco tiempo—, que para los traficantes es como graduarse de la universidad.

Buscó reclutas que fueran su reflejo: hombres y mujeres jóvenes, sin educación, que conocieran bien la calle y que creyeran que México sólo recompensa a los poderosos. Estaba enojado. Buscaba eso mismo en sus reclutas. Quería reclutas sin oportunidades, gente que sintiera que la sociedad los había jodido. A cada recluta le ponía una pistola cargada en la mano y luego le ordenaba apuntarle a una persona escogida al azar. Treviño Morales ponía la mano en el corazón del recluta para ver qué tan rápido latía mientras le gritaba: "¡Chíngatelo!" Si el recluta titubeaba, él sacaba su pistola y le metía un balazo en la cabeza o bien le ofrecía trabajo de halcón. Según de qué humor anduviera ese día.

—Recuerda que la gente que están reclutando los cárteles es la más encabronada con el mundo. Gente sin trabajo, sin educación, sin futuro —dijo el investigador de Estados Unidos—. ¿No has visto los mensajes que ponen en las narcomantas? Apenas saben escribir.

"Un grupo tiene que posicionarse como dominante para que acaben las matanzas, y eso podría tomar años."

Entonces volvíamos a las matanzas. La paz no había durado más que unas cuantas semanas.

—Así es este juego —dijo el investigador de Estados Unidos—. Por eso tienes que hacerte a un lado. Se va a poner tremendo y podrías acabar siendo sólo otra estadística. La única palabra que los narcos entienden es traición —dijo.

Mi padre me había dicho algo parecido cuando le dije que quería ser reportero.

—¿Y por qué se van sobre mí? —pregunté—. Y lo que es más importante: ¿qué le va a pasar a este país?

—Porque tú firmas los artículos. Y estás en México. No confíes en nadie. ¿Me entiendes? Mantente en contacto conmigo y vas a estar bien.

—Okey —dije—. ¿Pero qué le va a pasar a este país?

—Van a pelear hasta que alguien haga un trato con el gobierno, o hasta que quede un solo cártel en pie —dijo—. Van a matar a mucha gente. No querrás ser uno de ellos.

—Está bien, ya entendí —dije—. Ya me voy.

No vale la pena arriesgar la vida, pensé, por una pandilla de rufianes que engalanan sus pistolas con joyas e imágenes de la Virgen de Guadalupe y simultáneamente adoran a la Santa Muerte.

—La cuestión es que no creo que la gente entienda la gravedad de esto —continuó mi fuente—. Los mexicanos siguen viviendo en la negación, convencidos de que es un problema aislado en la frontera, ¿me entiendes? Creen que culpar a Estados Unidos les quita su responsabilidad. Y a los americanos les vale madres todo lo relacionado con México, mientras no afecte su tiempo de playa.

Yo sabía que tenía razón.

—Así que estate tranquilo un rato —dijo—. Te va a hacer bien. Carnal, ten cuidado. Cuídate las espaldas. Mantente en contacto y cambia tu rutina constantemente. No te pierdas.

Le di las buenas noches y de inmediato le marqué a Ángela. Le dejé un recado, asegurándole que al día siguiente me regresaba a Texas. Deseé que el ventilador girara más rápido para disipar la humedad.

Volví a abrir la ventana. Había caído la noche, sin luna ni estrellas en el cielo. Afuera, el ruido de la gente y la música era aún más fuerte. Me dieron ganas de salir a echarme el caminero. Pero otra vez tenía miedo. Quería irme a casa. Quería encontrar mi hogar, más convencido que nunca de que ya no era en México. Me metí arrastrando a la cama y me puse otra vez a contemplar el ventilador.

Esa noche, acostado en la cama en San Pancho, oyendo un saxofón estruendoso, me quedó perfectamente claro que ese mal que mi madre temía cuando nos fuimos de nuestro país, ahora se había liberado. El mal andaba suelto en México.

SEGUNDA PARTE

Ocho

1994

Cenizas de la columna de humo del Popocatépetl caían por todo Coyoacán, mi nuevo barrio. Estaba viviendo en una de las zonas más legendarias e históricas de México, en una ex hacienda, más mansión que casa, pintada de blanco, verde y ocre claro, con techos altos, pisos de madera y un patio trasero lleno de plantas. Al frente, la ceniza blanca espolvoreaba el Golf 1988 que acababa de comprarle al corresponsal saliente.

El barrio elegante y tradicional me resultaba surrealista, habiendo emigrado de un pueblo polvoriento de Durango. Mi padre se había ido joven al norte, a Estados Unidos a ganar dólares. Ahora yo tenía 34 años, y había venido a México siguiendo el sueño de reconectar con mi patria después de haber pasado la mayor parte de mi vida en Estados Unidos. Me había americanizado. Estaba extático de estar en mi primer trabajo oficial de corresponsal "extranjero". Pero podía sentir una amargura creciente a mi alrededor.

Ese año, 1994, había sido difícil para México. El país lamentaba la muerte violenta de dos líderes políticos clave, entre ellos un candidato presidencial, y el PRI, que había representado al sistema gobernante por más de 60 años, empezaba a dar señales de debilidad, aunque el partido seguía atrincherado en el poder. Un levantamiento indígena había iniciado en el sur. El tipo de cambio iba en caída libre y una devaluación del peso arrasó las cuentas de ahorros e hizo que los pocos pesos en los bolsillos de los mexicanos valieran mucho menos que un mes antes. Como el peso, las oportunidades de progreso del país —la promesa de que con la firma ese año del TLC se catapultaría a México al estatus de primer mundo— se estaban contrayendo.

Ahora un volcán amenazaba con hacer erupción.

Como corresponsal del *Dallas Morning News*, de pronto me encontré metido entre los nuevos ricos de la ciudad. Vivía entre la élite de México, un pequeño círculo prácticamente impenetrable a menos que tengas los contactos correctos, la invitación adecuada o algo que ofrecer —en mi caso, un periódico estadounidense—. Cuando me encontraba a los vecinos en el mercado, en alguna marisquería al aire libre o en el café del barrio, me preguntaban de dónde era, quién era mi familia. A lo mejor pensaban que venía de un suburbio elegante o de algún linaje de diplomáticos y académicos. En vez de eso, les decía: "Soy hijo de un bracero de Durango". Podía ver su bochorno. Me veían como un mexicano cuyo padre se había ido sin nada, pero yo había regresado como corresponsal "extranjero" de una importante publicación de Estados Unidos. Eso no hablaba muy bien de las posibilidades del propio México.

Y si bien me sentía fuera de lugar entre la élite, también me intrigaban. Dos ex presidentes, un conocido aristócrata y docenas de "liberales de limusina" vinculados a las altas esferas del PRI vivían en las codiciadas propiedades de las calles empedradas de Coyoacán. Yo vivía en la calle Tata Vasco, a la vuelta de avenida Francisco Sosa, una de las calles más adineradas de toda América Latina, que lleva el nombre de un famoso poeta mexicano que también fue periodista. Mi casero era el ex presidente Miguel de la Madrid, quien fue el primero en promover la reducción de aranceles que después habría de transformar a la nación. Su familia tenía varias casas en la zona. Él sacaba a pasear a su perro al parque, y de vez en cuando nos saludábamos.

—¿Cómo está? —le preguntaba. Dudo que supiera que yo era su inquilino, pero de todas formas siempre fue muy educado.

Durante generaciones, estos priistas se habían referido a nosotros, los seis millones de mexicanos que vivíamos fuera, en Estados Unidos, como traidores y "pochos": mexicanos que ya estaban muy americanizados y habían perdido contacto con sus raíces. Nos estigmatizaban por nuestro español chapurreado y nuestra afección a costumbres extrañas, como llegar a tiempo. Una cena con un funcionario de la cúpula priista, cercano al presidente, terminó abruptamente después de que estalló un acalorado debate entre él y yo sobre quién había traicionado a quién: el emigrante, como mi padre, que se había ido al norte en busca de mejores oportunidades, o el priista que anteponía sus propios intereses a los de la nación. Sentí que estaba tanteando mi "mexicanidad" —algo que pasaba más a menudo de lo que me gusta admitir—. Él nos veía como malinchistas, traidores a nuestra cultura, o peor aún, como achichincles, lacayos de Estados Unidos.

Pero Coyoacán parecía todo lo que México podía ser. Folclórico, adinerado, moderno pero a la vez tradicional: perfectamente contradictorio. El revolucionario marxista León Trotsky se exilió aquí; los artistas Diego Rivera y Frida Kahlo alguna vez vivieron a unas cuadras de mi casa. Hernán Cortés, el explorador español que con la ayuda de unos 300 hombres conquistó Tenochtitlan, alguna vez usó Coyoacán como su parque de diversiones privado.

Los artesanos vendían su trabajo en puestos alrededor de la plaza central, y había vendedores de empanadas dulces, churros y chocolate caliente de Oaxaca cerca de una plaza custodiada por una fuente con dos coyotes en medio. Como es tradicional, una iglesia anclaba la plaza. El Día de Muertos, la ciudad, y sobre todo Coyoacán, se volcaban a celebrar una fiesta que viene de tiempos de los aztecas. Familiares y amigos se congregaban en tumbas y en altares caseros, a cantar canciones y contar historias para honrar a sus difuntos. Cuando el frío de fines de otoño se empezaba a sentir, las flores de cempasúchil aparecían por todos lados.

La primera vez que mis padres visitaron el mercado de la colonia —con sus colores vivos de frutas y verduras en su punto, hierbas y plantas de ornato, carne roja en las carnicerías, pollos enteros apilados en los mostradores de mosaico blanco—, mi madre me dio un codazo, nerviosa, y cabeceó hacia las jóvenes señoras que les decían a sus sirvientas qué comida meter a la canasta.

—¿Crees que piensen que soy tu sirvienta? —murmuró avergonzada mi madre.

Mi madre había trabajado de sirvienta cuando era joven. Sólo había estudiado la primaria y había trabajado en los campos de California. Había sido parte de un movimiento sindicalista y apoyaba abiertamente los derechos de los trabajadores agrícolas. Así que sentía especial empatía por las mujeres que hacían el trabajo doméstico en las casas de los ricos de la Ciudad de México. Mi madre volteó a ver furtivamente a la sirvienta, más morena, con calcetas a la rodilla y un delantal de cuadritos sobre un vestido humilde. La señora tenía las manos manicuradas y llenas de anillos de oro. Desde luego que hacía mucho tiempo que nadie veía a mi mamá como una sirvienta. Me daba cuenta de que le molestaba que aquí, en su propio país, alguien pudiera hacerlo.

—Que se vayan a la chingada —dije, apretando el puño—. ¡Usted es la mamá de un corresponsal americano! Además, es güera de ojos verdes —dije, burlándome del racismo latente que hay en México—. ¿Qué, a poco mi papá no usó sus dólares para seducir a una güerita tan chula como usted?

Después de regañarme por mi lenguaje, mi madre sacudió la cabeza.

—Nadie nace para ser sirviente —le dije—. El destino no existe. Es una cuestión simple y llana de trabajo.

Me fulminó con una mirada y me advirtió:

—Algún día, algún día...

Cuando era niño, trataba sin éxito de sermonearme, pero la importancia de la fe fue algo que nunca llegué a entender.

Para reorientarme en mi país después de casi 30 años de vivir en Estados Unidos, fui a visitar a mi colega Dianne Solís a su departamento de dos recámaras en Polanco, el barrio rico y moderno cerca de la residencia oficial de Los Pinos. Tomé un taxi y en el camino volteé hacia los volcanes, que se alzaban sobre los confines de la ciudad como dos sombras en movimiento, arrojando ceniza como una advertencia para todos nosotros. Dianne y yo nos habíamos hecho amigos cuando ella ayudó a reclutarme para el *Wall Street Journal* cuando me gradué de la Universidad de Texas en El Paso, que está en lo alto de un cerro que domina Ciudad Juárez.

Ella también había crecido en el valle de San Joaquín, y era corresponsal extranjera en México desde 1991. Cuando yo me ponía muy soñador con la democracia mexicana, Dianne me regresaba a la realidad:

—Freddy, la Revolución fracasó. Ese México se está muriendo.

La Revolución, que pretendía derrocar a los autócratas de México, no terminó democráticamente en 1920. Algunos cuestionaron si de verdad fue una revolución, o más bien una serie de pleitos y albazos no muy diferentes a los que México se enfrentaba ahora. El PRI siempre había sido un sistema complejo, formado por los pesos pesados del país, que manejaban las elecciones locales, estatales y federales desde un comité centralizado. En 1929, el general Plutarco Elías Calles agrupó a los comités electorales locales y estatales en una confederación electoral nacional, el Partido Nacional Revolucionario (PNR), antepasado original del actual PRI. Con el tiempo, el sistema tuvo varios nombres. En los años 1930, la coalición, coordinada por el presidente, de partidos, sindicatos, organizaciones campesinas y fuerzas armadas se unió bajo el estandarte del Partido de la Revolución Mexicana. Finalmente, en los 1940, se volvió el PRI. Fuera cual fuera el nombre, los mexicanos consideraban al PNR, PRM y luego PRI el partido que los representaba y que defendería sus intereses.

El régimen se basaba en favoritismos y jerarquías, hábil y exhaustivamente renegociados entre las distintas facciones cada sexenio. Bajo el régimen del PRI, los militares dejaron de formar parte oficialmente del sistema político, pero seguían bien atendidos. El PRI domó a los generales revolucionarios con promesas de poder político, y conforme pasaron las décadas, el partido mantuvo a raya a los hombres hambrientos de poder con los límites del periodo presidencial.

Si bien era conocido por su control autoritario de la sociedad mexicana, el PRI también era benévolo, y usaba su poder sólo cuando tenía que meter en cintura a la gente. Bajo el PRI, el poder no recaía en un solo hombre, sino en un poderoso consejo de regentes. Les daba a los ricos acceso y poder, y a los menesterosos lo que más necesitaran. Por años, los líderes del partido regalaban bolsas de arroz y frijol, apenas lo indispensable para sobrevivir, a cambio de votos.

No obstante, la represión política era constante, empezando con las huelgas sindicales en los años 1950. El desasosiego llegó a su máximo nivel en 1968. Ese año, la gente joven se manifestó multitudinariamente, exigiendo una mayor transparencia en el gobierno y más participación cívica. Sus demandas tuvieron por respuesta mayores controles y despliegues de fuerza pública de un gobierno autoritario. El 2 de octubre de 1968, el gobierno abrió fuego contra los manifestantes. Las fuerzas públicas acribillaron a tiros a docenas de estudiantes en una manifestación en Tlatelolco, una plaza pública donde ya se habían reunido en otras ocasiones. Tlatelolco se volvió sinónimo de masacre. Fue para México lo que la Plaza de Tiananmen en China o Kent State en el estado de Ohio, y las heridas aún no habían sanado en 1994.

Yo había escrito algunas crónicas de esperanza de emigrantes y norteños: mexicanos que se atrevían a imaginar algo mejor, un nuevo gobierno, una apertura democrática. Desde el otro lado de la frontera, en efecto había parecido que un México nuevo estaba surgiendo, si bien con muchos de los problemas inmanejables del pasado. Más de la mitad de la población vivía en la pobreza, la educación era una prioridad alarmantemente baja, y la corrupción era el cemento que unía todo el sistema podrido.

En 1988, Carlos Salinas de Gortari asumió la presidencia en medio de sospechas de que el PRI le había robado la elección al Frente Democrático Nacional, una alianza de antiguos priistas que rompieron con el partido al considerar que se había alejado de sus principios fundacionales; entre los líderes de la corriente estaba Cuauhtémoc Cárdenas, el hijo mayor del venerado presidente general Lázaro Cárdenas, y quien ahora encabezaba el movimiento nacional de oposición desde la izquierda. Criado en Los Pinos cuando su padre era presidente, Cárdenas había crecido rodeado de privilegios, y estaba decidido a rescatar el espíritu del PRI que su padre había ayudado a reorganizar en los años 1930.

—Imagínate que el hijo de Franklin D. Roosevelt regresara para echar abajo el Partido Demócrata —me explicó alguna vez mi amigo David Brooks—. Ahora tienes al hijo de Lázaro Cárdenas tratando de rescatar los principios progresistas de su padre, que su partido ha pervertido en los últimos 48 años.

Yo había conocido a David en el verano de 1988, cuando tomé un descanso del *Wall Street Journal*. Esas vacaciones se convirtieron en una odisea de semanas, cuando me ordenaron que me quedara en México a ayudar a cubrir la secuela de las elecciones.

A menudo, David y yo éramos los únicos dos corresponsales cubriendo las escandalosas juntas del consejo electoral a altas horas de la madrugada, cuando los miembros de los partidos de oposición acusaban que la elección de Salinas tenía tintes de fraude. Una noche, miembros de la oposición tomaron el pódium con una plataforma repleta de urnas llenas, algunas quemadas, que habían sido encontradas en un basurero. Gritos de "¡fraude!" estallaron en el pequeño salón de usos múltiples de la Secretaría de Gobernación en avenida Bucareli, cruzando la calle de un restaurante frecuentado por el Che Guevara y Fidel Castro cuando planeaban la revolución en Cuba. Yo había llamado a Dianne para presumirle en español que estaba allí, junto a "un reportero gringo".

En ese momento, David, pelirrojo y pecoso, volteó a verme y me preguntó en perfecto español:

—¿Cuál reportero gringo?

David nació en México de padres que huyeron de Estados Unidos para escapar de la persecución durante la época de Joseph McCarthy. México, gracias a su política exterior no intervencionista, había sido desde hacía mucho un refugio para exiliados políticos de todo el mundo, incluyendo la España de Franco, las dictaduras militares de Chile y Argentina, la Rusia de Stalin, así como para gente que había huido del Holocausto o de conflictos en Medio Oriente.

A partir de allí, David y yo nos hicimos buenos amigos.

En aquellos días, también había esperanza. Estados Unidos puso fin a la controversia sobre la victoria de Salinas, felicitándolo públicamente como próximo presidente de México. Salinas les prometió a los mexicanos que entrarían al primer mundo de la prosperidad. Cuatro años después, con la firma del TLC, muchos mexicanos le creyeron; estaban dispuestos a dejar atrás el recuerdo de Tlatelolco y de las elecciones deficientes. El TLC abriría a México al mundo, desafiando la hegemonía del PRI.

Ya en la presidencia, Salinas rápidamente adoptó una audaz visión global que encajaba bien en ese nuevo mundo. Educado en Harvard, no sólo fue el primer presidente mexicano en hablar inglés públicamente sino también el primer gobernante moderno del país en romper con la retórica nacionalista y hacer un llamado a estrechar relaciones con Estados Unidos.

Salinas personalmente cortejó a inversionistas extranjeros y a los medios. Privatizó una serie de industrias, como la banca y la telefonía, subastándolas al mejor postor. Algunos inversionistas se hicieron multimillonarios. Carlos Slim tomó propiedad de la única compañía telefónica y la infraestructura central de telecomunicaciones del país, con lo que pudo evitar la entrada de competidores al mercado durante años —lo que finalmente lo llevaría a ser el hombre más rico del mundo—. Entonces Salinas pidió donativos políticos a los nuevos monopolios que habían tomado las paraestatales que alguna vez llegaron a controlar más de 90% de la industria en México. Los nuevos oligarcas apoquinaron millones. Tan sólo en una cena, algunos contribuyeron con hasta 25 millones de dólares.

Salinas decía que el motivo de las desgracias de México era no haber sabido establecer una relación más fuerte con su vecino del norte. El TLC materializaba la visión de Salinas de una arrolladora expansión de las políticas de libre comercio. México dejaría atrás su pasado de aislamiento para marchar confiado al primer mundo.

Pero mientras clamaba por libre comercio, Estados Unidos también tenía en la mira y castigaba a los inmigrantes mexicanos. En El Paso, el jefe de sector de la patrulla fronteriza, Silvestre Reyes, nieto de inmigrantes mexicanos, aumentó la concentración de efectivos en la frontera Estados Unidos-México. Llamó a este programa Operation Hold the Line (Operación Controlar la Línea).

Yo me enteré de la operación cuando entré a las oficinas vacías del *El Paso Herald-Post* un lunes en la mañana en septiembre de 1993, y me di cuenta de que casi todos los teléfonos estaban sonando a la vez. Era mi último mes en El Paso antes de irme a mi nuevo trabajo en el *Dallas Morning News*, y era muy temprano para que los reporteros de un periódico vespertino estuvieran en su escritorio. Contesté todas las llamadas que pude y me di cuenta de que la gente no estaba hablando para quejarse del servicio del periódico ni para preguntar sobre algún artículo publicado ese día. Una persona tras otra se quejaba: "¿Dónde está la sirvienta? ¿El jardinero? ¿La niñera? ¿Dónde están?"

En 1993, muchos mexicanos aún cruzaban caminando por el lecho seco del río Bravo, que en realidad no era más que un canal de desagüe ancho de concreto, para llegar al centro de El Paso y tomar el autobús a su trabajo. Enfocado en el muro fronterizo, Reyes formó docenas de camionetas de la patrulla fronteriza contra la barda, para impedir que los mexicanos cruzaran. La operación desvió el cruce hacia otras partes de la frontera. La clientela del Freddy's cayó en picada; los jardines no se arreglaban, las sirvientas no llegaban a asear las casas, ni las nanas podían cruzar para cuidar a los niños.

Los mexicanos estaban furiosos, mientras que los estadounidenses se quedaron con los brazos cruzados. Salinas aprovechó el momento como cuña para persuadir a los líderes del Congreso de Estados Unidos de que aprobaran el TLC. Con el acuerdo comercial, les dijo, México generaría tantos empleos que sus habitantes ya no tendrían que emigrar a Estados Unidos a trabajar.

Si México liberalizaba su economía, la apertura política y las oportunidades vendrían como consecuencia. Las discusiones de una reforma electoral —muerte segura para cualquier sistema autoritario— empezaron a cobrar fuerza con el partido de oposición PAN, incluyendo a un exitoso empresario y ranchero del céntrico estado de Guanajuato, llamado Vicente Fox. También empezó a inspirar a reformadores dentro del PRI. Salinas sólo necesitaba tiempo y dinero para hacer que esas reformas sucedieran.

Otra de las reformas de Salinas fue la creación del Programa Nacional de Solidaridad, una idea tomada de su propia tesis de doctorado en Harvard. El programa buscaba rescatar la tambaleante relación entre el gobierno y las comunidades rurales, promoviendo subsidios y conquistando a una nueva generación de líderes. El PRI necesitaba una afinación, y Solidaridad sería la respuesta. Salinas puso a Luis Donaldo Colosio a cargo del programa. Originario del norteño estado de Sonora y egresado de la Universidad de Pensilvania, Colosio también fue el candidato presidencial que Salinas eligió para sucederlo. Colosio inició la que muchos consideraban una campaña débil. Pero prometió dar continuidad a los proyectos consentidos de Salinas, respaldando el TLC y la apertura continua del sector político y económico.

Sin embargo, muchos veían con malos ojos el TLC, dudando que el pacto comercial fuera a cambiar nada. Un grupo indígena en el sur del país fue un crítico rotundo.

La víspera del 1° de enero de 1994, fecha en que el TLC entraría en vigor, se estima que unas 3 000 personas de ascendencia maya, en el estado sureño de Chiapas, se alzaron en armas para rebelarse contra un gobierno que, consideraban, actuaba sólo en favor de los intereses de la minoría privilegiada y había ignorado su pobreza y pisoteado sus tradiciones. Se hacían llamar zapatistas, en honor a Emiliano Zapata y sus tropas revolucionarias, y tranquilamente se apoderaron de media docena de comunidades indígenas. Armados con viejos rifles, pistolas y machetes —y, crucialmente, con una lista de contactos en los medios más influyentes alrededor del mundo—, lanzaron una guerra de guerrillas. Exigían nada menos que la autodeterminación de las comunidades indígenas.

Al menos públicamente, Colosio había empezado a proponer una verdadera reforma al interior del PRI, y sus discursos se convirtieron en un aguerrido llamado a la pluralidad política —y una espina en el costado de muchos funcionarios del partido, cuyo poder y riqueza dependían de la propagación del viejo sistema—. El partido estaba plagado de facciones luchando entre sí. Sus líderes sonreían para la cámara como un grupo en apariencia sólido, pero tras bambalinas se sacaban los ojos, sobre todo con la elección próxima. Las cosas sólo parecían empeorar con el tiempo, hasta que Colosio fue asesinado en la colonia Lomas Taurinas de Tijuana. No fue tanto el sistema contra Colosio, sino la facción de Salinas contra sus enemigos dentro del sistema.

Documentos desclasificados en el 2000 habrían de revelar evidencia de una conspiración: testigos y potenciales soplones asesinados metódicamente en la secuela del asesinato, investigaciones fallidas y amplia evidencia de encubrimiento. Pero el asesinato de Colosio sigue sumido en el misterio. Limitaciones constitucionales y políticas impedían que las otras figuras importantes del partido se postularan a la presidencia. Así que Salinas, empujado por las facciones priistas, se decidió por un brillante y modesto economista, Ernesto Zedillo. Nacido en la Ciudad de México pero criado en la frontera México-Estados Unidos, Zedillo, hijo de un mecánico, era considerado un extraño, y de pronto fue arrojado a una tempestad política y económica.

El partido no podía seguir ocultando los enormes problemas de la economía, la impunidad en el sistema de justicia ni una desigualdad social generalizada. Zedillo, que en 1968 era estudiante y se manifestó, y que había sido uno de los principales colaboradores de Colosio, parecía decidido a dejar que el país tomara un nuevo rumbo, aunque eso significara sacrificar al partido. Si para mantener la unidad del PRI y su control del poder eran necesarias más devaluaciones del peso para compensar los errores del partido —si había que encubrir corrupción, fraude, chanchullos y crímenes—, Zedillo dijo que lo cambiaba todo por lo que pudiera venir.

Políticos de la vieja guardia como Carlos Hank González, del cuadro de líderes que controlaban la maquinaria política bien aceitada del PRI, se pusieron nerviosos cuando las nuevas luminarias del partido empezaron a cuestionar el sistema, y los partidos de oposición como el PAN y el Partido de la Revolución Democrática (PRD) se fortalecieron. Hank González, hijo de un coronel alemán, probablemente hubiera sido presidente de no haber sido por leyes que requerían que ambos padres de los presidentes fueran mexicanos. En vez de eso, Hank González era una de las principales figuras de poder del PRI, y también representaba a una de las facciones. Había ascendido de maestro de escuela a multimillonario a lo largo de diversos puestos en el sector privado y público, como secretario de Agricultura y regente del Distrito Federal. Se le vinculaba con una red de actividades ilegales, incluyendo supuestos nexos con el narcotráfico, aunque nunca se le ha probado nada, y fue el que hizo la famosa declaración: "Un político pobre es un pobre político". *Forbes* calculó su fortuna en 1 300 millones de dólares, pero colaboradores cercanos han declarado que era mucho mayor. Estaba furioso por los tecnócratas que estaban tomando las decisiones dentro del partido y exigiendo una apertura democrática en 1994. A su modo de ver, los reformistas estaban arruinando algo bueno.

Cuando yo llegué a México, la economía iba en picada, y la reputación del hombre culpado por el desastre económico, Salinas, estaba arruinada. Salinas salió de la presidencia el 1° de diciembre de 1994. Su hermano Raúl sería puesto tras las rejas poco después, acusado de haber planeado el asesinato de José Francisco Ruiz Massieu, secretario general del PRI. Salinas se puso en huelga de hambre, primero por un periodo risible de cuatro horas, luego por otras 24, para exigirle a Zedillo que absolviera a su hermano (quien fue exonerado tras pasar 10 años en la cárcel). Salinas se fue de México, primero a Irlanda y luego a Cuba.

Nueve

En mi casa, la cultura clientelar del PRI era fuerte.

Doña Carmen y don Rafael, la sirvienta y el jardinero de mi casa vuelta oficina en Coyoacán, eran tropa priista por excelencia. Doña Carmen, una mujer bajita y corpulenta, a menudo llegaba tarde porque "tenía" que ir a una asamblea sindical o a una marcha para exigir un aumento salarial para otras compañeras empleadas domésticas. El rostro se le iluminaba con una sonrisa tímida, y cojeaba un poco de una pierna. Yo disfrutaba de su risa y de los mangos rebanados que nunca faltaban en sus desayunos, junto con unos huevos a la mexicana.

Su lealtad no era tanto con el PRI sino con su familia y el sindicato de empleadas domésticas, que velaba por sus intereses. El sindicato apoyaba al PRI y le garantizaba votos. El PRI, a su vez, se aseguraba de que llegaran los aumentos salariales, junto con arroz, frijoles y una camiseta gratis en cada elección. Sobre todo, doña Carmen conocía bien a una representante priista y sabía que la mujer la ayudaría si tenía algún problema.

El PRI coaccionaba, cooptaba y corrompía a todos. Al paso del tiempo, despertaron el desprecio mudo de miembros como doña Carmen. En público les mostraba respeto. En privado, llegó a odiarlos, sobre todo después del último fiasco con el peso, que había obligado a Zedillo a presionar al Congreso para aumentar impuestos; mientras tanto, el precio de los productos básicos como la tortilla y el frijol seguía subiendo por la inflación. Ella desconfiaba de ellos, detestaba sus trajes cruzados y pañuelos blancos, resentía su cultura pretenciosa en la que el "licenciado" es siempre el mero mero, el que tiene la última palabra.

Doña Carmen llevaba casi un año trabajando conmigo cuando empecé a notar que faltaba comida de la despensa. Mi amigo y recién llegado colega Laurence, un reportero estadounidense alto y flaco al que afectuosamente llamábamos Lonny, la veía salir bamboleándose de la casa, con bolsas llenas de latas. Al principio ignoré los reportes de Lonny, convencido de que doña Carmen tal vez estaba tomando sólo una o dos latas porque a lo mejor las necesitaba mucho. Pero después de un tiempo descubrí que "sólo" había tomado repisas enteras de chipotles y jalapeños enlatados. Yo podía pasar por alto las latas de chiles, pero me molestaba su falta de honestidad.

—*Man*, hoy son los jalapeños… —me decía Lonny.

—¡Mañana dinero! —terciaba Javier, nuestro asistente de noticias mexicano.

Doña Carmen a menudo me invitaba a su casa a probar sus tacos al pastor, aunque no estaba seguro de que lo dijera en serio.

—Venga a comer con gente de verdad —me decía—. Cuando quiera, usted nomás llegue.

Le tomé la palabra a doña Carmen y llegué sin avisar. Parecía sorprendida cuando abrió la puerta de su casa en la colonia Santo Domingo, una colonia popular en el sur de la Ciudad de México, hogar de migrantes de los estados más pobres del sur del país. Se veía preocupada.

—Andaba por el rumbo —dije con una gran sonrisa—. Y se me ocurrió pasar a probar los tacos aquellos que me prometió.

—Pásele, pásele —dijo—. Siéntese.

Vivía en una casa con un patio pequeño junto con otras dos familias; todos trabajaban de jardineros o sirvientas.

Ella se avergonzó cuando, después de charlar unos minutos mientras tomaba un café instantáneo, me seguí de largo y señalé varias latas de jalapeños en sus repisas de la misma marca que yo compraba en el supermercado.

—Le he querido preguntar por qué me faltan tantas latas de chiles —dije, consciente de la situación incómoda que estaba creando—.

Me la paso compre y compre latas para reponerlas sin probar un solo jalapeño. No serán éstas, ¿verdad?

Sonrojada, me explicó que como yo viajaba tanto sólo se llevaba la comida que ya estaba a punto de caducar para dársela a la gente necesitada de la cuadra o a los zapatistas peleando en Chiapas. Se hizo la víctima, buscando cualquier explicación para evitar un enfrentamiento que pudiera arruinar nuestra relación.

—Le juro, mi licenciado, que esto nunca volverá a pasar —dijo—. ¡Por mi madrecita de Dios se lo juro!

Me crispé al oír la palabra "licenciado". Para el mexicano promedio, la educación acababa en sexto de primaria. Los que tenían educación superior eran la élite, tras ganarse el título de licenciados. Gracias a la cultura de corrupción del PRI, "licenciado" había perdido su significado: se volvió sólo un término sarcástico de deferencia hacia quien tiene el poder. Los licenciados eran los corruptos con el condominio en la ciudad y la casa de campo, que contrataban un chofer, mantenían a una amante, vivían del dinero público sin tener que rendir cuentas jamás de un solo peso de sus lujosas vidas. Su poder floreciente era un síntoma de impunidad que tenía sus raíces en estructuras de poder que venían de tiempos de los aztecas, amoldadas a la era moderna por el PRI.

Por cómodo que me sintiera con gente de la clase trabajadora como doña Carmen y don Rafael, ellos me veían de un modo distinto.

—Perdón, no lo vuelvo a hacer —me rogó esa tarde en su casa, aunque seguía negando haber tomado las latas—. ¿Sí, patrón? ¿Sí, mi licenciado?

Quería decirle que con gusto le daría mis jalapeños, frijoles, tortillas, y hasta le podía adelantar semanas de sueldo para ayudarla con la crisis del peso. Pero por favor no se lo robe: pida. ¡Y deje de decirme "licenciado"! Pero en vez de eso, sólo me le quedé viendo, meneé la cabeza y traté de permanecer inexpresivo al decirle adiós e irme.

Yo tengo el mismo color de piel y de pelo que doña Carmen y también nací en un pueblito donde los vientos polvorientos de marzo desperdigaban todo lo que hubiera a la vista. Yo la consideraba familia, y a la familia no se le roba.

Aunque a veces me sentí menos que bienvenido en Estados Unidos, siempre supe que tenía la oportunidad de progresar en una cancha más o menos pareja. O por lo menos sabía dónde estaba parado. El México que enfrenté se sentía disparejo, hipócrita, triste y estancado. Los ricos encerrados tras sus puertas; los pobres trabajando de cualquier cosa que se pudieran inventar a cambio de una limosna insignificante. Los mexicanos con los que mejor me podía relacionar solían ser los que se habían ido para el norte o habían pasado tiempo en Estados Unidos, aquellos que entendían mi mundo bicultural, binacional.

Doña Carmen era cortés conmigo, afable, pero sé que no le cabía en la cabeza un mexicano de corbata que no fuera del PRI. Ni entendía lo que era un mexicano-estadounidense, alguien que atraviesa dos culturas. Nos veía como ingenuos, como gente resentida que hablaba con acento.

Yo estaba furioso, con una frustración que no me lograba sacudir. A partir de ese día, me rebelé haciendo burla de la cultura del PRI, llamando a todo mundo "licenciado": desde mis parientes en Estados Unidos hasta los que seguían siendo priistas en Durango. Titulé al bolero de Coyoacán, al mesero de Las Lupitas, el restaurante cerca de mi casa, al señor del puesto de periódicos y sobre todo a Javier, con quien pasaba más tiempo y quien trataba en vano de explicarme las complejidades de México. A todos les decía "licenciado". Y a algunos hasta les gustaba cómo sonaba eso de: "¡licenciado!"

Una mañana, don Rafael, el jardinero, irrumpió en mi estudio cuando yo estaba trabajando en mi escritorio y oyendo "Como quien pierde una estrella", de Alejandro Fernández. Me pidió que le bajara a la música en un tono que me sorprendió.

Pensé que a lo mejor finalmente había dado con el muerto del pozo, una historia de fantasmas repetida a menudo en una casa que todos insistían estaba embrujada. Yo deseché la teoría atribuyéndola al misticismo mexicano, pero Lonny, el surfero guapo y *cool* de Santa Cruz, se me acercó un día y me dijo:

—*Man*, hay algo bien pinche raro en esta casa. No te quiero sacar de onda, pero creo que hay un fantasma.

Por supuesto que no le creí, pero no supe explicar por qué una mañana desperté en el piso, del lado equivocado de la cama y con la muñeca rota. Los doctores estaban perplejos porque, según me explicaron, los rayos X mostraban que la fractura parecía haber sido causada por una pisada. Yo había estado solo, leyendo.

Cuando Rafael se presentó esa mañana con la cara seria, pensé que había resuelto el misterio. Pero no: sin levantar los ojos del piso pero con voz firme, don Rafael me dijo que necesitaba un aumento. No había logrado convencer al corresponsal anterior y no quería volver a fallar, y menos a media crisis económica. Así que venía acompañado. Me pidió que fuera a la puerta principal. Yo estaba perplejo, pero lo seguí a la entrada.

Mi casa, como casi cualquier casa de un barrio rico, tenía un enorme portón para dejar fuera a las masas enfurecidas. Con la crisis de 1994, la furia había llegado a México.

Abrí la puerta y me encontré con media docena de jardineros, con el sudor en la frente, blandiendo azadones y palas, manifestándose afuera de mi casa. Don Rafael me informó que eran sus amigos, y que estaban esperando —impacientemente— que su compadre recibiera más dinero. Los hombres representaban una unión de trabajadores de mantenimiento que cerraban filas cada que un compañero necesitaba un aumento.

—Espero que no le moleste —dijo don Rafael—. Pero no es nada personal. Ya me toca un aumento.

Sonreí, casi aliviado de que los azadones no fueran fusiles. Les conté a los hombres que mis padres alguna vez lucharon al lado del líder sindical César Chávez en California por los derechos de los trabajadores del campo. La Unión de Trabajadores Campesinos de Chávez y su mensaje de derechos y justicia llegaron a los campos de California donde mis padres estaban trabajando. Con pocos derechos más allá de los otorgados arbitrariamente por los rancheros, los trabajadores agrícolas sufrían a manos de sus patrones. Ganaban una fracción de dólar por hora. Pocos ranchos tenían sanitarios para sus peones y las viviendas eran pésimas, a menudo sin plomería y ni siquiera agua limpia para beber. El promedio de vida de un trabajador agrícola en Estados Unidos, en 1965, era de 49 años.

En un principio, mis padres estaban renuentes a unirse al movimiento campesino. Tenían la residencia y no querían hacer nada que pusiera en peligro ese codiciado estatus. Pero cuando Robert F. Kennedy se paró junto a Chávez, y se subió al techo de un coche en California en marzo de 1968 y gritó con su acento bostoniano-irlandés: "¡Viva la huelga!", mi madre se convenció. Cuando Kennedy hablaba, su voz resonando en los radios que traían los trabajadores que cosechaban tomate ese caluroso y triste junio de 1968 después de que lo asesinaron, mi madre paraba, se llevaba el dedo índice a los labios y nos hacía señas de que escucháramos y memorizáramos las palabras traducidas al español.

—Shh. Escuchen —nos decía, y años después me recordaba todos los días aquella cita de George Bernard Shaw, cuando deserté de *high school*: "Algunos hombres ven las cosas como son y dicen: ¿por qué? Yo sueño con cosas que nunca fueron y digo: ¿por qué no?" Aunque mi madre no hablaba inglés, esas palabras le parecieron tan poderosas, incluso traducidas, que se volvieron su mantra diario.

Le reiteré a don Rafael que comprendía su situación. Le prometí hacerme cargo y darle el aumento que le tocaba. Y le dije a don Rafael que si alguna vez necesitaba algo, sólo tenía que pedirlo.

—No hacía falta que sus amigos faltaran al trabajo por mí —dije.

—Usted perdone, pero así hacemos las cosas en México —respondió, un poco apenado—. La unión hace la fuerza.

—Lo empiezo a entender —dije—. No se preocupe.

Cuando Javier y Lonny se enteraron de mi encuentro de esa mañana, espontáneamente formaron el SUTAC, Sindicato Único de Trabajadores de Alfredo Corchado. Siempre que querían que yo pagara la cuenta de una comida o cualquier otra cosa que implicara echar mano de alguna clase de influencia, sólo se miraban y decían: "SUTAC".

Algunas semanas después, doña Carmen anunció que renunciaba. Había conseguido trabajo como representante de Avon. Al sugerir que pudiera estarme robando, yo había roto el código de no confrontación. Cortés como siempre, inventó una excusa para salir bien parados, ella y yo. Recurrió a una defensa atemporal usada por muchos presidentes: echarles la culpa a los gringos. Doña Carmen dijo que no podía trabajar para Lonny. Era muy arrogante y necio. Doña Carmen y yo nos dijimos adiós.

A pocos días de haber comenzado, el sexenio de Zedillo se vio sacudido cuando la economía se empezó a colapsar en 1994. Zedillo y Salinas jugaron a culparse mutuamente.

Con toda la turbulencia, las reservas del país caían peligrosamente. Zedillo había heredado una bomba de tiempo cuando tomó posesión. Los últimos 10 años habían estado marcados por una liberalización del sector comercial y financiero de México. Algunos bancos que habían sido expropiados en 1982 fueron privatizados otra vez por Salinas, pero con poca supervisión o restricciones al crédito. No existía el requisito de una reserva bancaria y el aval del gobierno a los créditos llevó a que se otorgaran desmedidamente. Entre 1988 y 1994, los créditos de la banca comercial local al sector privado se incrementaron 25% al año. Todo estaba en su punto para un colapso. Las reservas que respaldaban la moneda estaban cayendo. El tipo de cambio peso-dólar se había restringido cuidadosamente dentro de un margen estrecho y el valor de la moneda no reflejaba las nuevas realidades de vulnerabilidad económica.

Los asesinatos, el levantamiento en el sur, la corrupción endémica y lo que la administración entrante llamó la "arrogancia" de la administración saliente provocarían la mayor incertidumbre política en más de 60 años.

El 20 de diciembre, el nuevo secretario de Hacienda, Jaime Serra Puche, imprudentemente habló en una reunión privada de importantes hombres de negocios mexicanos sobre los planes de devaluar el peso 15%. Cuando acabó la reunión, muchos salieron de inmediato a cambiar sus pesos por dólares. Dos días después, en un esfuerzo por preservar la menguante reserva federal, que en el año había caído de unos 25 000 millones de dólares a unos 6 000 millones, Serra Puche puso alto a la política seguida desde hacía mucho de apuntalar el peso para mantenerlo en un tipo de cambio estrecho ante el dólar y dejó que la moneda mexicana flotara libremente. El pánico estalló. Los inversionistas trataron de retirarse antes de perder más. Se calcula que unos 8 000 millones de dólares en moneda salieron del país, arrasando cualquier ganancia por inversión extranjera para 1994. Los salarios reales cayeron en más de la mitad y la inflación subió a 52 por ciento.

Los resultados fueron catastróficos tanto en México como del otro lado de la frontera. Las acciones de Estados Unidos cayeron 16%, mientras que los inversionistas extranjeros temían perder los 30 000 millones de dólares que le habían metido al mercado mexicano. La ira reprimida contra la reforma política y económica era como una corriente eléctrica que echaba chispas.

Un rescate encabezado por Estados Unidos de 50 000 millones de dólares ayudó a estabilizar la economía tambaleante. Aun así, México estaba sobre terreno frágil. El viejo sistema de clientelismo y poder absoluto estaba implosionando desde dentro. Nadie sabía qué iba a surgir para tomar su lugar. En toda su historia, México nunca había estado tan subordinado al financiamiento extranjero. Con la economía hecha un desastre, los monstruos salieron. Más corrupción quedó expuesta.

Zedillo despidió a más de 5 000 policías de la Ciudad de México, sospechosos de dirigir bandas criminales, colaborar con ellas o estar coludidos de alguna forma. Al parecer, lo único que esa medida logró fue poner a más ex policías malos en la calle sin nada que hacer en una economía difícil. El desempleo en la economía formal se elevó de 10 a casi 25%. El mercado negro y la economía informal crecieron por todos lados desde los puestitos ilegales de útiles escolares o calcetas o CD o ropa usada que ponían las familias para hacer frente a sus gastos, hasta las empresas criminales como la prostitución, el tráfico de armas y —cada vez más— el secuestro y las drogas.

Zedillo llevó al ejército a las calles de la Ciudad de México para reemplazar a los policías que había despedido. Se adueñaron de las avenidas en mi barrio de Coyoacán, atorando el tráfico con sus camiones militares. Los veía cuando hacía el recorrido los fines de semana para ir al nuevo Walmart. Los soldados aplacaron la violencia en el corto plazo. Los tanques verdes camuflados, repletos de soldados con casco y el rifle en ristre, recorrían la ciudad haciendo una exhibición de fuerza.

Pero los delitos menores y la violencia proliferaban en la ciudad. Los secuestros y "secuestros exprés", donde el delincuente obligaba a la víctima a retirar dinero de media docena de cajeros automáticos hasta agotar los fondos, se hicieron más comunes. Todo mundo había sido víctima en un momento u otro, incluyendo amigos y colegas. A Dianne la asaltaron dos veces. Tomar un taxi era especialmente peligroso. Muchos recurrimos a un chofer privado y empezamos a salir de casa sin tarjetas de crédito o débito. Algunos dejaron de usar traje, tacones o joyas, temerosos de que la menor señal de riqueza pudiera atraer a los criminales. Dejábamos en casa las tarjetas de visita, preocupados de que, si nos secuestraban, los maleantes sabrían la dirección de nuestra casa u oficina, poniendo en riesgo la vida de seres amados. Algunos mandamos hacer tarjetas nuevas sin dirección.

Una tarde me subí a un taxi de la calle, un VW Sedán, le di la dirección al chofer y me di cuenta de que íbamos para el otro lado, hacia el sur por Revolución en vez de hacia Coyoacán.

—Señor, creo que vamos...

Cállate, me ladró el chofer.

Miré hacia atrás y vi que nos seguía otro coche con tres hombres. Me estaban secuestrando. En el transitado cruce de Revolución y Avenida de la Paz, el chofer bajó la velocidad y yo abrí la puerta de un empujón y salté para afuera. El chofer me tiró un golpe con una barreta y me alcanzó a dar en la espalda. Trastabillé y caí en la acera. Los dos carros salieron disparados en cuanto algunos espectadores corrieron a ayudarme y otros empezaron a gritar tras los coches. Les di las gracias, estiré la espalda, me sacudí el polvo del suelo y me fui caminando a mi casa. Sin duda la democracia superaría esto también.

Pasando el límite oriente de la ciudad furiosa, el Popocatépetl seguía arrojando ceniza.

Diez

Fue necesario hacer un viaje a mi pasado, a mi pueblo, San Luis de Cordero, y una visita a mi tío Antonio para entender mejor las sombras que cubrían México, aun después de varios años de reportar del país desde mi nuevo punto de observación en el interior. Me fui manejando desde El Paso con mis padres y mi hermana de 14 años, Linda, en 1999.

Una tarde, cuando el sol se empezaba a poner, llegamos a San Luis de Cordero. Las calles se veían más vacías que nunca, como si cada casa, calle, plaza e iglesia se hubieran encogido con el tiempo. Si se suponía que el TLC iba a ser el salvador de México, yo no lo veía en mi pueblo ese verano. Muchos de los hombres estaban ausentes y, cada vez más, también muchas de las mujeres. Los 1990 fueron años de un auge económico en Estados Unidos, y la demanda de trabajadores mexicanos era mayor, pero ahora el gobierno de Estados Unidos no se molestó en crear un Programa Bracero para traer a los trabajadores mexicanos legalmente. San Luis de Cordero se sentía desolado y la gente que había era poco más que sombras. A diferencia de la época de mi padre, cuando los trabajadores seguían patrones de empleo estacionales, había poco ir y venir por la frontera. Con el aumento de la seguridad fronteriza, la gente se iba y rara vez regresaba. Poblaban nuevos estados desde California hasta Texas, Colorado y más allá.

Circulaban rumores de que la violencia iba en aumento en las montañas pasando San Luis de Cordero, en el Triángulo Dorado, donde los plantíos de mariguana se daban desde hacía décadas. Pero nuestro pueblo seguía bastante tranquilo. Como células durmientes, los criminales habían entrado a San Luis de Cordero pero estaban quietos.

Aun cuando la economía se vino abajo en los 1990, el narcotráfico trajo miles de millones de dólares a México. Muchas autoridades federales, incluyendo soldados y autoridades aduanales y portuarias, seguían en la nómina de los traficantes. Los cárteles daban trabajo mientras la economía formal seguía perdiendo miles de empleos. La nación seguía esperando la entrada prometida al primer mundo.

Aquella tarde nos reunimos, seríamos media docena, en el patio con piso de tierra de casa de mis abuelos, una casa pequeña estilo hacienda hecha de adobe con fachada de estuco y un patiecito, sala, cocina y tres recámaras, construida por mi abuelo Arcadio años atrás. Ahora la casa era de mi prima Lucía y su marido, Alfredo. Ambos habían regresado de trabajar en Chicago y estaban decididos a criar lo que les quedaba de familia en San Luis de Cordero, operando una tienda de abarrotes y carnicería. La iban pasando, pero sus hijos ya soñaban con irse para el norte. El campo se estaba muriendo y el tío Antonio culpaba furibundo al TLC, que fue bajando los precios de los productos básicos, obligando a los negocios a ser más competitivos. Más allá del precio de algunos abarrotes, los beneficios para los trabajadores necesitados no se extendieron mucho, reservados para la diminuta élite mexicana y los negocios estadounidenses.

¿Cómo iban a poder competir los dos millones de campesinos que cultivaban maíz contra los granjeros de Iowa, por ejemplo, a quienes les subsidiaban las cosechas?, preguntó mi tío.

Desde antes del TLC, gran parte del sector agrícola de México —con la notable excepción del maíz— ya estaba desprotegido de las importaciones de Estados Unidos, gracias a concesiones previas del gobierno mexicano. El TLC pronto liberalizaría el maíz, no sólo una cosecha crucial para México sino también el símbolo de la nación, lugar de origen del cultivo hace unos siete a diez mil años. El TLC significó un declive en la producción de maíz a pequeña escala para los agricultores que no podían competir contra la afluencia de maíz fuertemente subsidiado del norte. Tanto los peones como los pequeños propietarios empezaron a emigrar ilegalmente, dirigidos a lugares como la industria empacadora de carnes en Nebraska, los maizales de Iowa y la industria camaronera en Carolina del Norte. Otros acabarían en la economía clandestina.

En esta economía cambiante, el PRI iba en caída libre. Para 1999, partes de México eran gobernadas por uno de dos partidos de oposición, el PAN o el PRD. En la Ciudad de México, los habitantes eligieron a su propio jefe de gobierno por primera vez en 1997. Escogieron a Cuauhtémoc Cárdenas del PRD. En nuestro pueblo gobernaba el PAN.

Estos cambios eran difíciles de asimilar para mi tío Antonio. Hombre robusto y musculoso de piel clara y ojos ámbar, con su sombrero blanco de paja y sus zapatos de cuero de siempre, se había convertido en el patriarca de la familia y era priista de hueso colorado. Era el mero mero del pueblo, casi "cacique" con cariño. A sus 67 años, tenía apenas tres años menos que el PNR, el predecesor del PRI, y era uno de los pocos miembros de la familia que habían regresado a México permanentemente después de trabajar en Estados Unidos —motivo de orgullo que a menudo sacaba a colación—. Él y el tío Delfino habían sido alcaldes priistas del pueblo y a menudo nos visitaban en California para trabajar en los campos temporalmente y solicitar dinero para cosas del municipio. Siempre parecía faltarles dinero para los servicios básicos, como pagarle a la policía municipal o arreglar la iglesia, construir una escuela o reparar los baches.

—No olviden la tierra de donde vienen —decía el tío Antonio.

Con el dinero que logró recaudar de los expatriados de San Luis de Cordero pudo iniciar la construcción de una carretera que conectaba el pueblo con la ciudad de Gómez Palacio. Su mayor logro fue la construcción de una escuela secundaria que, decía, iba a generar mayores oportunidades y con el tiempo cerraría la puerta que lleva a Estados Unidos, un país veleidoso que desechaba a los mexicanos como la basura de ayer cuando sus servicios ya no eran requeridos. Una población educada, decía, significaba un futuro más brillante para México. ¿Pero, le preguntaba yo, de dónde van a salir los empleos?

A mi tío no le gustaban las discusiones. Cientos de miles habían muerto en la Revolución; sus muertes no serían en vano. Cuando hablaba inspiraba respeto, y todo mundo se calló para oírnos debatir a él y a mí sobre el clima político. Decía que le preocupaba el futuro de México. Argumentaba que el PRI *era* la nación. Nos recordó que el PRI había tenido, en ocasiones, logros notables. En los años 1930 y 1940, había consolidado una identidad política nacional bajo la presidencia de Lázaro Cárdenas, que hizo la reforma agraria y la expropiación petrolera. Expropió más de 20 millones de hectáreas, 80% del terreno cultivable de México, a los hacendados —terratenientes acaudalados y a veces déspotas— para repartirlas a la clase trabajadora. El lugar donde arrancó la reforma agraria fue La Laguna, con el reparto de tierras y el ejido. Cárdenas tuvo una gran influencia en la región. La presa más grande de Durango, que riega La Laguna, lleva su nombre.

En 1938 corrió del país a las grandes compañías petroleras, enfrentando entre sí a dos de las potencias mundiales que eran sus principales accionistas: Estados Unidos y Gran Bretaña. Generó un profundo sentido de nacionalismo.

Después, nos recordó el tío Antonio, en los 1940, el gobierno del presidente Miguel Alemán emprendió proyectos de infraestructura por todo el país, poniendo a trabajar a los mexicanos en la construcción de presas, carreteras y líneas eléctricas —algo parecido al *New Deal* de Franklin Roosevelt—. Los proyectos le dieron esperanza a la gente. El capital extranjero entró a raudales, sobre todo a la industria musical y cinematográfica de México, célebres en todo el hemisferio.

—El PRI es lo de México, m'hijo —me dijo, hablando con voz profunda y ritmo pausado, como si fuera un mitin político y no una charla informal con su sobrino. Repitió un dicho común en México, pero lo dijo sin cinismo, confesando francamente y con orgullo—: Todos los mexicanos tenemos un poquito del PRI dentro, pero unos más que otros.

El sistema priista, explicó, era un reflejo del propio mexicano. El PRI creaba la estabilidad, dijo, que evitaba que el Tío Sam y su poderoso ejército se metieran en los asuntos internos de México. Mientras más estable estuviera el país, menos subordinados se sentirían los mexicanos a los estadounidenses, razonó.

Bajando la voz a un tono casi siniestro de advertencia continuó, mientras yo anotaba en mi libreta:

—Estos cambios de los que hablas y escribes tienen toda la huella del gobierno de Estados Unidos. Hay que tener cuidado con las consecuencias... porque va a haber consecuencias.

Sonaba como los perros del infierno defendiendo al PRI. Asentí con la cabeza, por respeto. Sólo está asustado de perder su forma de vida, una vida sumida en el paternalismo, pensé. Si pudiera, yo votaría por el hombre de las botas que promete un cambio —Vicente Fox—, el candidato que está haciendo campaña tanto en México como en Estados Unidos, incluyendo California —donde ya vivían los hijos del tío Antonio—. Fox le quitaba el sueño a mi tío, que se preocupaba de lo que iba a venir. Pero no le dije nada. Nos quedamos ahí sentados en silencio hasta que habló mi mamá —algo que no pasaba mucho, y menos con su hermano mayor, cuyo trato severo a veces rayaba en la intimidación—.

—¿Qué ha hecho el PRI más que velar por sí mismo y sus intereses? —lo cuestionó—. Mira nuestro pueblo. Ya todos se fueron. Mira a nuestra familia: tus hijos, tus hijas, tus hermanos, hermanas, la mayoría vivimos en Estados Unidos. Despierta, Antonio. Ya no seas necio. Tenemos que intentar algo nuevo. Si no, México se va a vaciar.

Mi tío no oía razones. Se puso a hablar rápido, sin pausas, y agarró una vara de árbol para explicar mejor su punto. Garabateó la palabra "PRI" en la tierra y la tachó con una equis, imitando lo que hacían los electores desde hacía casi siete décadas. El fin del PRI era como la muerte de un padre que deja en la orfandad a millones. El PRI había sido el arquitecto de gran parte del siglo XX de México. ¿Cómo iba a sobrevivir el país? Sí, cualquiera podía hablar de un cambio, hasta un politicucho de botas, argumentaba. ¿Pero qué iba a reemplazar al PRI? ¿Qué o quién iba a llenar el vacío? ¿Candidatos respaldados por Estados Unidos? ¿Los Estados Unidos? ¡Por favor, m'hijo! Los gringos no están conformes con haberse llevado la mitad del territorio nacional. No van a descansar hasta controlar todo el país, insistía.

—El cambio va a matar a México, lo va a hacer cachitos —nos dijo, muy confiado pero con un tono de urgencia en la voz—. Tengan cuidado, tengan cuidado con lo que piden. Porque cuando se rompa, se perdió para siempre.

Mi hermana Linda lo miraba, extrañada por la agitación de su tío.

Once

Poco después de esa visita, Ángela y yo salíamos del Aeropuerto Internacional de Los Ángeles, justo cuando el sol hacía brillar sus primeros rayos matutinos sobre el Océano Pacífico. Queríamos alcanzar a Vicente Fox, que estaba en California buscando votos y apoyo económico —no directamente de los migrantes (hasta donde sabíamos), que era contra las leyes de México, sino de sus familiares y amigos en casa—. Habíamos rentado un convertible rojo y subíamos por la Interestatal 5 de California, que luego se convertía en la Highway 99, la boca del valle de San Joaquín.

Ese domingo en la mañana, mientras se evaporaba el rocío y nuestro carro atravesaba por la neblina del valle de San Joaquín, me di cuenta de que una sensación renovada de posibilidades para México y cierta anticipación nerviosa habían alcanzado a los migrantes en California. De lo único que hablaba todo mundo era de si sería posible derrocar al PRI. Ya había más de 10 millones de mexicanos viviendo en Estados Unidos, y la gente de Fox los estaba animando para que llamaran a casa.

El *Dallas Morning News* se interesó especialmente en las elecciones. Éramos de los únicos —si no es que el único— periódicos de Estados Unidos que llevaban a cabo encuestas sobre la contienda electoral en México. Al ser el periódico más grande del suroeste de Estados Unidos, también teníamos la corresponsalía extranjera más grande en México, con un equipo de 12 personas, entre reporteros, editores y personal administrativo. Para entonces, Ángela y yo ya éramos pareja, y ella era parte oficialmente de la corresponsalía, tras mudarse a México en 1999 como corresponsal extranjera del brazo televisivo de la empresa matriz del periódico, Belo. Vivíamos juntos en Coyoacán y, cuando era posible, trabajábamos juntos en reportajes que nos llevaban alrededor de México o, ahora, a la California de mi niñez.

Me llegaron recuerdos de aquel primer hogar en Estados Unidos, nuestra casa remolque en una parcela de melones. A lo largo de la carretera, evoqué escenas de mi juventud: un niño, sus hermanos y su madre encorvados en los campos; mi padre en su tractor, con su sombrero vaquero blanco, el polvo pegado a su cara morena y curtida mientras surcos nuevos aparecían bajo las cuchillas del tractor; mi madre recorriendo los campos con un azadón corto, de los que luego prohibieron porque obligaban a los trabajadores a pasar horas encorvados, provocando un dolor de espalda atroz que ella padece hasta la fecha.

Todos los días antes del amanecer, mi madre y mi padre nos sacaban de la cama arrastrando a Juan y a mí cuando aún no había empezado el *shh shh* —el ruido de hombres y mujeres desyerbando los campos de melón a nuestro alrededor—. De camino hacia otros campos, nuestros padres nos dejaban, como bultos y con ojos de sueño, en la parada del camión escolar a la orilla de un algodonal. Nuestros padres, como millones de inmigrantes mexicanos en esa época, tenían poco o nada de educación, pero sabían que era la única forma de salir de la pobreza. Era la clave de todo, creían, aunque no tuvieran ni la menor idea de lo que hacíamos en la escuela.

Después de clases, el camión nos llevaba y nuestro padre iba a recogernos. Juan y yo correteábamos dando saltos lo más alto que podíamos, para que papá pudiera ver nuestras cabezas subir y bajar entre las hileras de algodón. Cuando iba en la primaria de Oro Loma, nos mudamos de ese remolque de aluminio destartalado a Eagle Field. Originalmente un campo de concentración para japoneses durante la Segunda Guerra Mundial, en los años 1960 Eagle Field se convirtió en un complejo habitacional para cientos de migrantes mexicanos, entre ellos mis primos. Los campos rodeaban el campamento como un mar, y nos sentíamos varados en una isla, desierta excepto por otras familias desafortunadas como la nuestra. De noche, los ratones nos aterrorizaban a mi hermano y a mí cuando entraban corriendo de los campos.

Y si no eran los ratones, eran los agentes de la patrulla fronteriza. Aunque estábamos en el país legalmente, nos daba pánico verlos. Una vez, mi padre volvió a casa inesperadamente del trabajo, acompañado por dos agentes. Había olvidado su *green card* y venía por ella. Los hombres se lo llevaron en la parte de atrás de una camioneta cerrada, y lo transportaron a alguna jefatura para verificar su identidad. Fanático de Superman, me amarré una sábana a los hombros y me les eché encima, pensando que podría desarrollar superpoderes y de veras volar. Se rieron un poco y se fueron con mi papá, que esa noche regresó tarde.

A pesar de nuestras penurias en California y de lo mucho que extrañaba México, no pude evitar volverme estadounidense. En las tardes jugaba basquetbol, imaginando que estaba en el equipo de John Wooden en la UCLA, al anochecer aventaba un balón de americano, y en las noches bailoteaba oyendo "Sugar Sugar". Me imaginaba que era Torombolo, o más bien *Jughead*, el baterista de The Archies.

Aun así, siempre añoraba México. Me quedaba despierto en las noches soñando con una manera de regresar a casa.

Lo único que podía ver en mi futuro era el campo, hasta que un día un equipo de televisión, que hacía un reportaje sobre la explotación laboral de menores, me preguntó qué me parecían las condiciones de trabajo. No me impactó tanto la pregunta en sí como el hecho de que alguien quisiera darme voz. ¡Qué increíble sería poder ser el que hacía esas preguntas!

Pero toda la gente que se veía como yo plantaba, irrigaba, cosechaba, empacaba, cargaba. Claro, yo había aprendido inglés —en parte gracias a una tarea bilingüe de la escuela en la que los niños mexicanos nos tuvimos que parar a cantar "Ben", una canción de Michael Jackson que luego supe estaba inspirada en una rata—. También ayudaba que era un estudiante que sacaba "B" en todo. Pero todo ese trabajo con los libros no me iba a preparar para el puesto más alto que me imaginaba poder alcanzar: ser capataz de un campo. Me daba tirria la escuela, así que deserté en segundo año de *high school*, aunque no pasó mucho tiempo antes de que una maestra, que yo recordaba como *miss* Miller, llegara a tocar a nuestra puerta.

No era raro que vinieran mis maestros. Parecían convencidos de que podía hacer algo de mi vida. *Miss* Miller había sido mi maestra de inglés, y de vez en cuando, si me enfermaba o me iba de pinta, se daba una vuelta para cerciorarse de que mi excusa fuera real. Normalmente no me importaba. *Miss* Miller tenía las mejores piernas del pueblo. Yo era un muchacho lleno de acné y hormonas, y en realidad no podía concentrarme en nada más. Sólo la veía caminar, con los ojos pegados al dobladillo de su falda. Pero cuando llegó después de que se había corrido la voz de que yo me había salido, me temí lo que venía.

En aquella época, los jóvenes hispanos estaban desertando de la escuela por docenas. *Miss* Miller parecía querer salvar por lo menos a uno. Me eligió a mí.

—¿Quiere quedarse a cenar, *miss* Miller? —preguntó mi madre. Siempre invitaba a cenar a las visitas.

Pero aunque ella no hablaba inglés y *miss* Miller no hablaba español, rápidamente leyó la preocupación en el rostro de nuestra invitada.

—¿Qué pasa, Freddy? —mi madre me miró intensamente, desesperada por que le tradujera. Se volteó con *miss* Miller—. *Me… no speaky English.*

Miss Miller miró a mi mamá y dijo lentamente:

—Su hijo —y aquí hubo muchos gestos y señas—. No más escuela.

Cuando mi madre registró el significado de esas palabras, se le cayó la cara.

—¡No! —gritó, con una profunda tristeza en los ojos—. ¡No… no puedes! ¡No! —daba de alaridos en español, sin preocuparse de guardar las apariencias frente a *miss* Miller. Los cachetes me ardían de vergüenza—. Esto no se trata de ti —añadió mi madre, desesperada—. Se trata de mi sacrificio y el sacrificio de tu padre por darles a ti y tus hermanos una oportunidad en la vida. Tú eres el mayor. A ti te toca poner el ejemplo. ¡No, Freddy! Tú tienes una obligación, una responsabilidad que es más grande que tú. No puedes hacer esto. No es tu decisión.

—¿Alfredo, qué estás haciendo? —me cuestionó mi maestra—. ¿Quieres trabajar en el campo toda tu vida? Podrías hacer algo de tu vida… lo que tú quisieras, Alfredo.

Sí, claro, pensé.

—Sólo a los chicos blancos les va bien. Entran a Stanford, Berkeley, la UCLA —dije desafiante—. Nosotros vamos al campo que sigue.

Pasaron dos años y no regresé a la escuela. Pero mi madre no se daba por vencida conmigo. Finalmente, me sobornó: "Escoge el coche que quieras", y papá y ella darían el enganche y las primeras mensualidades. Tenía que comprometerme a tres cosas: irme de California hacia el oeste de Texas, donde los mexicano-estadounidenses usaban corbata y tenían posibilidades más allá de los campos; volverme a inscribir en la escuela, y no casarme hasta haber terminado mi educación. En esa época me gustaba la hija del dueño del rancho, y me pasé una semana debatiendo la cuestión: ¿el coche o la chica? Estaba enamorado, pero a los 17 años la tentación de un Camaro 1978 se sentía más como amor del bueno.

Ángela y yo salimos de la carretera y entramos a Bakersfield, para el primero de dos mítines de Fox ese día. Metimos el convertible al estacionamiento de un pequeño estadio de beisbol donde esperaban algunas docenas de personas. La campaña de Fox había previsto que llegarían miles, pero la poca concurrencia no desanimó al candidato. Bromeaba con la escasa multitud, a veces pateando la tierra furiosamente con sus botas. Estaba practicando, dijo con una amplia sonrisa, para la "patada en el trasero" que estaba a punto de darle al PRI. Hizo campaña en California vestido de jeans y botas negras de piel de víbora, en agudo contraste con los hombres del PRI, vestidos de traje. Era productor de brócoli, y ex gurú de mercadotecnia de la Coca-Cola. También había sido gobernador del próspero estado de Guanajuato. Era una figura altísima y carismática, con raíces en España, Irlanda y Estados Unidos. Su abuelo irlandés, Joseph Louis Fox, había emigrado a Ohio y luego se mudó a México, donde se enamoró de una criolla, hija de españoles nacida en México. Él se quedó a vivir, crió una familia y construyó un rancho en Guanajuato llamado San Cristóbal. Ahora la tierra era de Fox y sus hermanos, y el candidato proyectaba la imagen de un recio ranchero que no se iba a dejar de nadie. Los inmigrantes mexicanos en Estados Unidos parecían fascinados con Fox, y él proclamó la veneración que sentía por ellos y sus aportaciones a México.

Entre la multitud había otro político observando la escena atentamente. Felipe Calderón había sido un becario Mason en la escuela de gobierno Kennedy de la Universidad de Harvard, y estaba estudiando la campaña presidencial del PAN. Ya no traía el pelo largo y desmelenado de sus días en Ciudad Juárez, cuando lo conocí. Tampoco los anteojos grandes y redondos. Ahora veía a través de unos lentes sin marco, con toda la pinta de académico, garabateando palabras en un bloc amarillo.

Además traía puesta una camisa de vestir azul claro, que se había vuelto una especie de distintivo de los políticos del PAN. Con una gorra de beisbolista para taparse las entradas y protegerse del sol abrasador de California, Calderón tomaba notas esmeradamente. Llevaba años soltando indirectas de que quizá algún día se postularía para presidente. Nunca fuimos cercanos, pero cada vez que lo veía me acercaba a darle la mano. Como cualquier político, él me saludaba como si se acordara de mí.

—¿Qué le parece? —pregunté.

—Muy interesante —respondió, y siguió escribiendo.

Fox terminó su discurso con un triunfal llamado a los "héroes de México": los inmigrantes que trabajaban tan duro para mantener a sus familias allá en casa. La multitud se volvió loca con chiflidos y gritos de "¡Viva México!" Fox había prometido en su discurso, como hacía normalmente, que, de ser electo, encontraría la manera de regresar a los días en que hombres como mi padre podían trabajar legalmente en Estados Unidos y restablecer la circularidad que durante tanto tiempo caracterizó el mercado laboral Estados Unidos-México. Eso pondría fin a los coyotes, los contrabandistas de gente que, junto con la patrulla fronteriza, estaban haciendo que cada vez fuera más difícil —y más peligroso— cruzar a trabajar. Unos 300 migrantes morían cada año al tener que enfrentar riesgos cada vez mayores para cruzar la frontera, desde tomar rutas aisladas por el mortífero desierto de Arizona hasta apiñarse peligrosamente en camionetas o vagones de tren con otros migrantes como ellos, a menudo con consecuencias trágicas.

—México les da las gracias —dijo Fox; su voz resonaba sobre la escasa multitud—. México los extraña.

Una multitud mucho más grande lo recibió en la feria anual del condado de Fresno. Yo no estaba seguro de si habían ido a apoyar a Fox o a bailar la música norteña.

Otra vez, llamó a sus simpatizantes "héroes".

Las promesas de campaña de Fox alguna vez parecieron menos disparatadas. Entre 1942 y 1964, Estados Unidos y México manejaron conjuntamente la migración laboral —un patrón cíclico— entre sus países a escala masiva. Bajo el Programa Bracero, el gobierno de Estados Unidos aceptó pagar a los trabajadores mexicanos los mismos salarios que a los estadounidenses, darles prestaciones de desempleo y pagar el viaje redondo en camión. Mexicanos como mi padre, tíos, tías y primos pizcaron algodón, naranja, betabel, brócoli y uvas en California. En Chicago repararon los ferrocarriles; en el estado de Nueva York y en el valle Yakima de Washington cortaron manzanas. En Pittsburgh trabajaron en las acereras. Casi en cualquier parte que quedara una vacante, los hombres y mujeres de México llegaban a ayudar. Fueron los héroes no reconocidos de la maquinaria bélica de Estados Unidos en la Segunda Guerra Mundial. Algunos pueblos, como Lorain, Ohio, estaban tan agradecidos que organizaban comités de bienvenida para recibir a los mexicanos cuando se bajaban de los camiones y trenes, y hasta los animaban a quedarse a vivir y traerse a sus familias. Muchos paisanos se quedaban atónitos con el cálido recibimiento, sobre todo porque unos años antes, después del *crack* de la bolsa en 1929, camionadas de mexicanos —como medio millón de ellos— habían sido enviadas de regreso a México, sin dar explicaciones.

En el tiempo del Programa Bracero, el número de mexicanos que vivían y trabajaban en Estados Unidos se duplicó para llegar a cinco millones. Eran de la gente más motivada de México. Unas 100 comunidades —la mayoría en los estados de Michoacán, Jalisco, Guanajuato, Zacatecas y Durango— estaban enviando a sus hombres jóvenes a trabajar al extranjero. Inicialmente, ocupaban los puestos dejados por hombres que habían entrado a algún trabajo en la industria bélica o a la guerra misma. En 1940, por ejemplo, en Nevada había alrededor de un millón de estadounidenses blancos trabajando en el campo, pero para 1942 esa cifra había caído a unos 60 000, y en su mayoría habían sido reemplazados por braceros. Junto con su sudor y su fuerza, los braceros traían su cultura, su comida, su religión. Lentamente, empezaron a transformar Estados Unidos.

La experiencia de trabajar en Estados Unidos también transformó a los braceros. Conforme fueron teniendo la independencia económica para comprar nuevos vehículos y casas, sus puntos de vista también cambiaron. Los braceros mandaban dinero a sus comunidades empobrecidas, que habían dependido de poco más que la tierra y la lluvia para subsistir. Después de la Segunda Guerra Mundial, vino la Guerra de Corea, y otra vez Estados Unidos necesitaba más trabajadores de México, sobre todo cuando la generación del *baby boom* incrementó la demanda de comida. Esa segunda fase del programa, que empezó en 1954, fue la que llevó a mi padre al norte.

Juan Pablo Corchado trabajó de bracero en los algodonales del oeste de Texas y los campos de chile de Nuevo México y el sur de Arizona; fue uno de aproximadamente 430 000 mexicanos que ingresaron legalmente a Estados Unidos como trabajadores invitados en 1957. Cuando era un joven adolescente había decidido que quería ser como sus hermanos y los señores grandes que regresaban al pueblo con su sombrero texano nuevo y un fajo de dólares en el bolsillo. Era un muchacho correoso y altanero de 17 años al que le gustaba, cuando iban a la cantina, llevar una pistola prestada al cinto. Pasó semanas sentado en la plaza de San Luis de Cordero, frente a la iglesia blanca, con otros muchachos de su edad, bromeando, fumando, bebiendo y esperando a que alguien les cambiara la vida. Un día —por fin— una pickup azul que iba despacito con un altavoz en el techo levantó el polvo. Una voz retumbaba:

—Estados Unidos necesita hombres. Si le interesa, venga mañana con sus documentos en la mano.

Él y docenas de hombres más —tíos, primos— corrieron a casa a buscar sus actas de nacimiento como comprobante de ciudadanía mexicana. Fueron a ver a las novias para jurarles amor eterno y matrimonio a su regreso, cuando esperaban estar forrados de dinero. Recibieron la bendición angustiada de sus madres, la primera de muchas. Abrazaron a sus padres, que les dieron unos pesos para que tuvieran para algo de comer y dónde quedarse hasta su primer día de paga.

La noche antes de irse, Juan Pablo hizo sus labores en el rancho de su madre por última vez; su padre había muerto cuando él era niño. Contó las gallinas, los puercos y dos docenas de cabezas de ganado, como lo había hecho cada mañana y cada noche por años. Aunque su meta era ganar dinero en el norte, la vida que imaginaba era de regreso en México. Soñaba con duplicar el ganado del rancho, abrir una miscelánea, a lo mejor hasta casarse.

Su hermana más grande, Felicidad, o la tía Chalá, como le decíamos, le avisó cuánto dinero iba a necesitar cuando llegara a territorio estadounidense: 25 centavos de dólar. Con eso le alcanzaba para llamarla por teléfono, comprar un refresco y pagar un pasaje de autobús hasta su casa en la parte central de El Paso. Mi padre era necio pero la escuchó con atención y obedeció todas sus indicaciones. Juan Pablo y sus amigos tomaron el tren a Ciudad Juárez, luego se dirigieron a la frontera y cruzaron caminando. Del otro lado del río se alcanzaba a vislumbrar El Paso, una civilización construida alrededor de una cordillera de montañas pelonas.

En la mañana fueron a la oficina de aduanas en El Paso, donde funcionarios de salud de Estados Unidos les ordenaron desnudarse. Juan Pablo cerró los ojos y, como los hombres que lo rodeaban, masculló algunas groserías selectas antes de desvestirse; sólo titubeó antes de quitarse las botas y el sombrero blanco. Esperó a que lo rociaran de insecticida y lo revisaran para ver si tenía piojos, como una vaca. Era un proceso humillante, pero él sabía que iba a valer la pena. Ya le gustaban las luces de la ciudad, los carros y pickups en las calles pavimentadas, las casas en filas derechitas, lo ordenado que estaba todo. Los rancheros texanos vinieron a inspeccionarlos, caminando alrededor de ellos tranquilamente, comentando cosas entre ellos en inglés. Examinaron las manos y bíceps de los hombres, revisándolos como si fueran caballos. Juan Pablo no tenía mucha carne en los huesos y mucho menos unos bíceps gigantes. Pero tenía una expresión de determinación temeraria. Nada lo asustaba, ni siquiera un país nuevo, el jefe al que no le entendía, ni los documentos en inglés que había firmado sin haberse enterado de sus derechos ni las condiciones del empleo.

Mi padre y docenas de miles más acabaron estableciéndose en el valle de San Joaquín, donde el trabajo era interrumpido sólo por la temporada de lluvias. Para principios de los años 1950, la mayoría de los trabajadores agrícolas en California eran mexicanos.

Y ahora aquí estaba Vicente Fox, llamando héroes a estos hombres y mujeres. ¿Él qué sabía? Tuve oportunidad de preguntárselo al acabar el mitin. Fox estaba arrellanado en un cuarto de hotel en Fresno cuando uno de sus ayudantes nos hizo pasar a Ángela y a mí. Esta región, me contó Fox, se había convertido en hogar de muchos vecinos de su pueblo. Yo le conté que también tenía mucha familia aquí.

—¿Van a votar por mí? —preguntó.

—No sé, pero si quiere les pregunto —respondí.

—Tus familiares son héroes —dijo.

—Si de veras cree que somos héroes —le dije a Fox—, demuéstrelo concediéndome la primera entrevista si gana la presidencia. Dele a este héroe mexicano la primera entrevista.

El par de miembros del equipo de campaña que estaban en el cuarto se pusieron nerviosos y miraron a Fox, como si yo me hubiera extralimitado. Pero Fox no titubeó.

—Sus encuestas muestran que voy a ganar, ¿verdad? —preguntó.

—Todo es posible —dije, tomando notas—. Como sabe, nuestras encuestas muestran que es una competencia muy cerrada.

Me miró y sonrió.

—Sí, usted puede ganar —ofrecí.

—Necesito que me hagas un favor: llámame con los resultados de las encuestas antes de que se publiquen.

—Claro —respondí—. A usted y a los otros dos candidatos. Les vamos a avisar a todos —era lo normal, porque el *News* quería tener la reacción de los candidatos para incluirla en el artículo.

—Hecho —dijo.

Habíamos cerrado el trato.

—No lo olvide —dije—. Los políticos no deben romper sus promesas de campaña.

—No lo olvidaré… y no soy político.

Nos dimos la mano, la mano tamaño pizza de Fox estrujando la mía. Se despidió de beso de Ángela y se pusieron a intercambiar historias de sus antepasados irlandeses mientras yo esperaba impaciente. Quería sacarle ventaja a la caravana de Fox para tener tiempo de visitar a mi familia.

Más tarde ese mismo día, mis tías y primos salieron corriendo a saludar a la caravana cuando pasó. No recuerdo si Fox siquiera devolvió el saludo, pero eso no importaba. Aquí, frente a ellos, iba pasando el autobús que llevaba al candidato que representaba una alternativa, una nación sin miedo, que lejos de sentirse condenada a su pasado paternalista creía poder generar la clase de posibilidades que mi familia sólo imaginó poder encontrar en Estados Unidos. Ángela y yo salimos disparados a la siguiente parada de Fox, a toda velocidad en el convertible rojo por la Ruta 152, con "Long Train Running" de los Doobie Brothers a todo volumen. La puesta de sol californiana era espectacular, roja como tomate. Miré a Ángela y me gustó cómo destellaba el sol en sus ojos verdes. Yo también lo sentía. Teníamos una esperanza en México que era incontenible.

Un día encapotado, el 2 de julio del 2000, parecía que se caía el cielo de tanto que llovía sobre la Ciudad de México. Yo corría por el Zócalo buscando resguardarme de la tormenta. La Catedral Metropolitana estaba inclinada, hundida en la tierra blanda por el peso de sus piedras. El majestuoso templo del siglo XVI, que engalana el corazón de la Ciudad de México, llevaba siglos hundiéndose. El sonido de sus dos campanarios hacía eco en los palacios que enmarcan el Zócalo: 25 campanas tocando su melancólica tonada, meciéndose entre la esperanza y el pavor.

Recibí una llamada de Juan Hernández, un asistente de Fox. Su ventaja era irreversible, dijo el asistente. Ven ya. Corrí a la oficina de campaña del PAN, seguro de que el momento histórico de México era inminente. Cuando llegué a la casa en Coyoacán, Hernández me condujo a un cuarto contiguo a donde Fox estaba en junta con su equipo. Me acerqué a una ventana pequeña desde donde podía ver cómo iba creciendo la multitud afuera. Aunque había mucha conmoción, la gente no estaba celebrando abiertamente. Había mucha gente nada más parada en las esquinas. Llevaban mucho tiempo esperando este momento. Algunos parecían petrificados, temerosos de que el PRI no reconociera los resultados o que alguna especie de fraude nuevamente ensombreciera el día. Un vendedor pasó en su bicicleta vieja y chirriante con una gran canasta llena de pan dulce, gritando: "Pan, pan". Muchos se rieron y le aplaudieron. Otros devoraban tacos humeantes de bistec con queso y jalapeños recién hechos en carritos que deambulaban entre la multitud. Todos querían una parte de la acción, incluyendo a los vendedores de fruta, chocolate caliente o camisetas con la cara radiante de Fox. La lluvia caía suavemente mientras yo esperaba a Fox.

Esa noche fue la culminación de un movimiento democrático que tomó años en gestarse, desde los primeros días de las protestas que yo había presenciado en Ciudad Juárez en los años 1980. El movimiento se había extendido por el país como un fuego lento, que finalmente llegó a la capital mexicana una noche lluviosa de julio.

Qué raro, pensé, ver a mexicanos comunes y corrientes, jóvenes y viejos, hombro con hombro, los ricos codeándose con los pobres. ¿Por qué estaban tan dispuestos a creer en Fox y —en caso necesario— defender su voto? Fox abrió la puerta de repente y atravesó el cuarto de una zancada. Se sentó frente a mí.

—Te dije que recuerdo lo que prometo —dijo, antes de que pudiera prender mi grabadora.

—No pensé que se fuera a acordar —le respondí honestamente.

La gente entraba y salía del cuarto, sonriendo y celebrando, pero Fox mantenía la calma. Estiró su largo cuerpo y clavó en el piso los tacones de sus botas. Le pregunté acerca de todo, desde la promesa que les había hecho a los migrantes en el extranjero hasta cómo pensaba instaurar la democracia. Con su típica hipérbole, Fox respondió asegurándome que su triunfo esa noche le había brindado el capital político necesario para promulgar las ansiadas reformas que transformarían el sistema en México. Al Congreso no le quedaría de otra.

Le pregunté cómo pensaba cumplir con las altísimas expectativas de la gente. ¿Cuál quería que fuera su legado? Su respuesta fue tajante —y preocupante—.

—La gente va a recordar que yo fui el hombre que sacó al PRI de Los Pinos —dijo confiado.

Su trabajo ya estaba hecho.

La entrevista no duró más de 30 minutos. Tenía a otros reporteros esperando, incluyendo a uno de un periódico nacional estadounidense que se enojó porque la primera entrevista me la había dado a mí. Me abrí paso hasta la abarrotada salida y me fui. Después de una exclusiva como ésa, lo primero que quieres hacer es llamar a tu editor, hablar de la entrevista, encontrar la sustancia del material, discurrir el encabezado y negociar la longitud del artículo, pidiendo más espacio y sabiendo que te darán menos. En vez de eso, llamé a mi madre. Ya estaba acostada, viendo el momento en vivo por televisión desde nuestro hogar en El Paso. Mi padre estaba a su lado.

—No pensé que fuera a vivir para ver esto —dijo ella.

—Pues me alegra que sí —respondí—, porque su hijo fue el primer reportero en entrevistar al presidente Vicente Fox.

Sollozando, le pasó el teléfono a mi padre, que no dijo gran cosa. Él también estaba atónito.

Esa noche mientras escribía, el rostro sombrío y decidido del presidente Zedillo apareció de pronto en la televisión de la oficina. Estaba sentado en la silla presidencial de Los Pinos, con atuendo formal. Detrás de él había dos iconos de México: una bandera nacional gigante y un retrato del presidente Benito Juárez. Zedillo habló clara e intencionalmente en cadena nacional de televisión. Sin titubeos, felicitó abiertamente a Fox por su elección como presidente de México y prometió que su administración cooperaría plenamente en el periodo de transición de cinco meses que vendría. Hizo un llamado al PRI a estar orgulloso de su larga carrera de logros. Ellos también habían transformado a México, dijo. En ese mismo espíritu, debían respetar el resultado y apoyar al nuevo presidente de México. En menos de 10 minutos, entre el discurso de Zedillo y el discurso de concesión del candidato priista, la democracia finalmente había llegado a México, consolidada por el Instituto Federal Electoral, creado para garantizar que se respetaran los votos.

Cerca de la medianoche, esa noche de las elecciones, Ángela y yo estábamos al pie del Ángel de la Independencia en el Paseo de la Reforma, donde Fox se dirigía a varios miles de simpatizantes ahí reunidos. A lo mejor ésta era la revolución tan esperada, la que creíamos muerta. Fox va a cambiar a México, le dije a Ángela. La multitud electrizada oyó su discurso con ilusión, pero no respondió con las porras de siempre.

En vez de eso le pedían:

—¡No nos falles! ¡No nos falles!

A la mañana siguiente, no pasó nada. Nadie protestó, ni en las calles ni por los canales oficiales. La celebración de toda la noche había terminado, y la gente simplemente regresó a su trabajo o retomó sus vacaciones de verano. Todo parecía en orden, tanto así que un priista de mucho tiempo me habló para bromear:

—Qué aburrido. Una elección como en Estados Unidos… qué flojera.

Doce

Una calurosa y miserable tarde de septiembre de 2003, iba en mi vieja Toyota 4-Runner negra, entrando a la boca de Ciudad Juárez. Me había pasado los tres años desde la histórica elección en México, en Washington, D. C., cubriendo la que en su momento me parecía una relación muy prometedora entre el presidente Fox y el presidente George W. Bush, ex gobernador de Texas. Pero todo había cambiado después de los ataques del 11 de septiembre de 2001. Los lazos entre mis dos naciones se aflojaron. Mis editores finalmente me dieron luz verde para irme a mi casa a la Ciudad de México, con una escala en Ciudad Juárez, donde la narcoviolencia iba en aumento junto con las preguntas —desde hacía una década— de quién estaba detrás del asesinato de tantas mujeres.

Los problemas crecientes en Juárez reflejaban lo que estaba pasando en el resto del país. El PAN estaba batallando por reemplazar el viejo sistema por uno nuevo. Los priistas, los que estaban en el Congreso, arañaban, planeaban y urdían su regreso al poder. Rápidamente adoptaron una estrategia de bloqueo, frenando las reformas importantes propuestas. El legado histórico de México no se había deshecho con la democracia electoral. La administración de Fox parecía decidida a no lidiar con el pasado, pero 71 años de gobierno autoritario habían dejado huella. La corrupción endémica de México no iba a desaparecer.

La gente de Washington estaba aprendiendo más sobre los cárteles, que a principios de los años 2000 estaban creciendo exponencial y descontroladamente, a menudo con el apoyo discreto de autoridades mexicanas. Un funcionario de inteligencia vuelto diplomático, Crescencio Arcos, me enseñó un altero de reportes que detallaban la corrupción en el gobierno mexicano. Le cuestioné por qué Washington no compartía más de lo que sabía con la Ciudad de México. Él sólo meneó la cabeza y dejó una pregunta retórica en el aire:

—¿En quién podemos confiar en México?

Los partidos habían cambiado, en parte gracias a la gente de Juárez que llevaba décadas peleando por una democracia real. Pero Juárez se había vuelto el epítome de la problemática transición democrática de México. Allí parecía haber dos gobiernos paralelos: uno operado por funcionarios electos y el otro por criminales altamente organizados, sin rostro, aparentemente. Pero cada vez quedaba más claro quién ostentaba realmente el poder en Juárez, y poder significaba decidir quién vivía y quién moría.

Durante años, cadáveres de mujeres habían estado apareciendo en el desierto afuera de Juárez, una tras otra; según algunos cálculos, el número de muertes ascendía a más de 300. Mujeres jóvenes estaban siendo sistemáticamente levantadas, violadas y asesinadas. Los años pasaron, los padres exigieron respuestas, pero los culpables nunca fueron detenidos. Algunas investigaciones que iniciaban seriamente acababan con el asesinato de agentes y testigos. La muerte de mujeres continuaba. Muchas de las muertas eran de talla pequeña y bonitas, morenas, de pelo negro y largo. Casi siempre eran pobres. Algunas trabajaban en las maquiladoras que se habían extendido por Juárez al paso de los años.

Yo había seguido la historia de los feminicidios, de los cuerpos hallados en el desierto —era imposible de ignorar—. Pero había evitado reportar esa noticia. El *News* quería respuestas, así que finalmente fui, aunque sabía que en México las probabilidades de resolver un crimen de esa magnitud —la mayoría de los crímenes, de hecho— eran mínimas. Los homicidios sin resolver nos recordaban que los demonios andaban rondando, y Ciudad Juárez me recordaba lo absolutamente equivocado que estaba de creer que existía la más remota posibilidad de que se hiciera justicia, o peor aún, que la democracia era el remedio instantáneo para los males de México.

Rápidamente me enteré de que las investigaciones oficiales eran descuidadas; la evidencia se perdía rutinariamente. En una ocasión, el vestido de una de las mujeres asesinadas se mandó lavar en vez de examinarse para buscar pistas porque, según las autoridades mexicanas, estaba sucio y tenía un fuerte olor. Era imposible saber qué tanto era por incompetencia y qué tanto era encubrimiento. Las teorías sobre los feminicidios iban desde traficantes de órganos hasta cultos satánicos hasta brujas y sacrificios de sangre, un alma por la muerte de otra. Esto podía explicar por qué, decían algunas teorías, si uno trazaba en un mapa la ubicación de los cuerpos, formaban un diamante.

Pasé bajo anuncios espectaculares de mal gusto: dentistas, abogados, restaurantes, centros nocturnos y más dentistas. Un rastro de cruces rosas y listones bordeaba una transitada avenida, avergonzando al gobierno. La ciudad reflejaba el sol en concreto y metal: flamantes parques industriales y la mancha urbana, ciudades perdidas de lámina y cartón, casuchas llenas de los desposeídos, gente que iba camino al sueño americano y se atoró en la frontera.

Me estacioné bajo un delgado moral en una colonia azotada por el viento, territorio de asentamientos ilegales dominado por calles sin pavimentar y casas de los colores neutros de las láminas de aluminio y tabiques de concreto con los que estaban construidas.

Iba a un centro para la violencia doméstica a hablar con la madre de una de las víctimas. En un cuarto pequeño, miré sus ojos enrojecidos por una tristeza permanente. Me habló de sus últimos recuerdos de su hija de 15 años: la última vez que comieron juntas, la medalla de la Virgen de Guadalupe que su hija se ponía todos los días antes de irse a su trabajo en una fábrica, cómo nunca había regresado. La madre sentía una culpa tremenda porque el último día de la vida de su hija habían discutido. Ni siquiera recordaba por qué había sido la discusión, sólo que no le había dicho a su hija cuánto la quería. La siguiente vez que la vio fue en la morgue. Su hija estaba tan desfigurada que optó por un ataúd cerrado —cosa rara en México—. Había llorado tanto, dijo, que ahora ya casi nunca lloraba.

—Para mí ya no queda más vida —me dijo—. Sólo quiero justicia para mi hija, pero no sé ni por dónde empezar.

Su historia se hacía eco de las de otros padres de familia. Sus hijas habían desaparecido; las autoridades nunca podían determinar exactamente cómo ni de dónde. Las víctimas habían sido obligadas o posiblemente convencidas a subir a un auto, pero no había testigos creíbles ni investigaciones posteriores. Cuando alguien abría la boca, rápidamente la volvía a cerrar.

La mujer a cargo del centro de crisis, Esther Chávez, decía que ella no tenía idea de quién estaba asesinando a las mujeres; aclaraba que no era investigadora. Su papel era crear conciencia de lo que llamaba la "democracia descompuesta" que heredaron los mexicanos, y la injusticia que engendraba.

—Si quieres saber qué les pasó a las hijas de estas mujeres —me dijo una noche cuando viajábamos por los caminos de Chihuahua—, si quieres saber en qué se ha convertido Juárez, tienes que hablar con Dante. En Juárez lo conocen como el abogado del diablo.

Sergio Dante Almaraz, originario del estado de Guanajuato, era un abogado del bajo mundo juarense. El lado oscuro lo había atraído, me contaría después, porque ahí estaba el dinero. Entre sus clientes había rateros, narcotraficantes y ladrones de autos, y se rumoraba que él sabía más sobre los asesinatos de mujeres que nadie. Pero el último rumor era que se había enemistado con los cárteles.

—Mi papá anda muy ocupado —me explicó por teléfono la hija y recepcionista de Dante—. Él le devuelve la llamada. Tenga paciencia.

Finalmente, después de tres meses de perseguirlo, Dante me devolvió la llamada. De inmediato saqué mi libreta.

—¿Quiere hablar? —preguntó.

—Sí, mucho. Estoy…

—Esté en Juárez mañana a las ocho de la mañana —interrumpió—. Yo le hablo a las 7:45 para decirle dónde vernos. ¿Okey?

—Perfecto —respondí.

Tenía una condición: las preguntas las hacía él.

A las 7:45 de la mañana en punto, Dante llamó. Contesté en mi coche cuando iba sobre el puente internacional de El Paso a Juárez.

—Sanborns, anunció. Allí nos vemos. Yo ando de negro, con lentes oscuros, y traigo un portafolio café.

Clic.

¿Sanborns?, pensé decepcionado. Era como el IHOP mexicano pero con una tienda departamental y café malo.

Crucé la frontera y me dirigí hacia allá. Los influyentes de Juárez hacían sus desayunos de trabajo en el Sanborns. Reconocí a abogados, políticos y una mesa de periodistas —gente que conocía de artículos anteriores—. Algunos reporteros me habían dado pistas para mi investigación; a algunos los conocía desde los tiempos de las marchas por la democracia en Juárez. Me senté a una mesa y ordené un chocolate caliente. No me atrevía a probar el café. Hojeé los periódicos del día. Me la pasé mirando por encima del periódico buscando a un hombre vestido de negro… pero eso era prácticamente la mitad del lugar.

Dante, con su constitución de *linebacker* de americano, entró a la cafetería a paso tranquilo media hora tarde, vestido impecablemente de negro. Parecía el diablo. Su pelo negro azabache, obviamente pintado, estaba relamido hacia atrás. Tenía piel morena y pómulos altos. Mientras recorría las otras mesas, me volteó a ver, se bajó los lentes oscuros y me guiñó un ojo. Se volvió a acomodar los lentes y fue a saludar a algunos de los periodistas sentados o parados no lejos de mí.

Finalmente se sentó frente a mí y se rió de la mesa que había escogido.

—Esto es demasiado público. ¿Por qué no algo al fondo?

—Está lleno —dije—. Sólo que quiera esperar.

—Qué chingados… de todos modos en Juárez no hay secretos —respondió y tomó asiento—. No confío en nadie que tome chocolate —me espetó.

Sonreí, esperando que estuviera bromeando.

—Tiene que tomar nuestro café malo… el peor de Juárez —dijo, volteando al derecho su taza justo cuando apareció la mesera, con el crujido de su falda larga con rayas como de Salvavidas, una pálida imitación de un vestido folclórico mexicano. Yo también volteé mi taza, decidido a soportar el café amargo si con eso iba a ablandar a Dante.

Hablamos largo rato, casi dos horas, prácticamente de nada. Señaló a los periodistas que estaban cerca.

—Los veo y me dan ganas de vomitar —dijo—. Algunos hacen como si estuvieran cotorreando, pero nomás nos están viendo: a ti, para ser preciso. Por eso aquí ando de lentes oscuros —continuó—. Para poder echarles ojo a mis enemigos.

—Sí, pero son periodistas: inofensivos —respondí—. A algunos los conozco hace años.

—No seas ingenuo. Algunos son los ojos y orejas de los cárteles —dijo—. Les pagan semanalmente por información, y ahorita tú eres su presa. En otras palabras, estás jodido.

Subí la vista hacia los hombres que hasta hacía unos segundos veía como amigos.

Traté de mantenerme inexpresivo. Pero podía sentir el miedo agitarse dentro de mí. Una y otra vez, los reporteros habían minimizado la importancia de Dante. Cuando les pedí el celular de Dante, algunos se opusieron. Me dijeron que iba a perder el tiempo entrevistando a un abogado de la mafia, a un hombre de historias descabelladas y dudosa reputación. ¿Me habían estado protegiendo?

—Esos hijos de la chingada tienen el poder literalmente de matarte con la información que les pasen a sus pinches jefes, ¿me entiendes? —dijo Dante.

—¿Cómo lo sabes? —pregunté.

—Yo hago las preguntas, ¿te acuerdas?

Hizo una pausa, miró su reloj. Finalmente llegó a la razón por la que yo lo quería ver. Pero primero tenía que preguntarme algo.

—¿Entonces tú conocías a Mario Escobedo?

Me sonrojé. Me agarró desprevenido, y respondí renuentemente:

—Algo.

—Cuéntame —insistió—. Recuerda la regla: yo hago las preguntas.

Ahora nos estábamos buscando los puntos débiles mutuamente, esperando a que el otro parpadeara o se cansara. No se lo dije entonces, pero después le confesé algo que él ya sabía: Mario Escobedo era primo de mi cuñada.

Mario había estado trabajando con su padre, Mario Escobedo padre, y Dante en un caso en el que dos choferes de autobús fueron acusados falsamente de haber matado a ocho mujeres en 2001, en un incidente conocido como "los asesinatos del algodonal". Los cuerpos habían sido descubiertos en un viejo algodonal cruzando la calle de la Twin Plant Association, un grupo que representaba a las maquilas extranjeras, que empleaban a decenas de miles de mujeres. Los dos choferes, Víctor García Uribe —alias *el Cerillo*— y Gustavo González Meza —*la Foca*—, le parecieron a la policía los chivos expiatorios perfectos. Cuando se presentaron ante los medios, estaban severamente golpeados. ¿Y esas quemaduras? Bueno, dijeron los investigadores, eran quemaduras de cigarro "autoinfligidas" en partes sensibles del cuerpo, incluyendo los genitales.

A la larga serían exonerados, pero llevaría muchos años. *La Foca* murió en prisión.

Mario chico había sido muy franco en sus críticas al gobierno y a la policía, acusándolos públicamente de fabricar evidencias. Una tarde paró a cargar gasolina y comprar un refresco en Juárez. Vio a dos policías, cada uno en su patrulla, y los saludó con la mano. Cuando salió de la tienda, se dio cuenta de que las dos patrullas lo venían siguiendo. Aceleró y ellos también. Empezaron a disparar. Frenético, Mario llamó por teléfono a su padre y gritó que lo estaban persiguiendo. Iba manejando con el celular pegado a la oreja y le rogó a su padre que hiciera algo.

—¡Háblale al gobernador… háblale a quien sea! —le pedía—. Papá, me van a matar. ¡Ayuda!

Mario padre salió en su coche hacia donde estaba su hijo, esperando poder rescatarlo. Pero la persecución terminó con el auto de Mario estrellándose contra una pared. Un testigo dijo después en una audiencia que uno de los policías se había bajado tranquilamente de su patrulla y le había dado un balazo en la cabeza a Mario.

En la subsecuente conferencia de prensa, la policía explicó que Mario había sido víctima de un error de identidad. Creían que estaban persiguiendo a un criminal que se había fugado de la cárcel. Le dispararon a Mario porque estaban devolviendo el fuego; dijeron que él disparó primero. Para probar que les habían disparado, los investigadores mostraron una patrulla con varios agujeros de bala del lado derecho. Pero esos balazos no estaban al momento de la persecución —un fotógrafo del periódico *El Norte* de Juárez había tomado fotos en la escena del incidente que desmentían su explicación—.

Dante le había jurado a Mario padre que tomaría el caso y ayudaría a hacerle justicia a Mario. También había manejado el caso de los dos choferes por su cuenta. Luego supe que éste fue el punto de inflexión para Dante. Él sabía que les estaba declarando la guerra a los policías y los cárteles para los que trabajaba. Los mismos que había representado como abogado.

Dante esperó a que yo respondiera su pregunta.

—Primero déjame poner las reglas claras —dije a la defensiva—. No voy a hablar de mis fuentes. Nunca hablo de mis fuentes, y creo que eso es algo que puedes respetar.

—Pero Mario no era nomás una fuente, ¿verdad? —dijo en tono acusador.

Al ver que no iba a abrir la boca, continuó.

—Okey, de eso podemos hablar después —dijo—. Entonces quieres saber quién está matando a las mujeres de Juárez, ¿verdad? —encendí la grabadora.

Dante me contó varias historias, sus teorías, sus investigaciones. Un relato de un testigo me tenía enganchado. Pasamos semanas hablando sobre un cliente suyo, testigo de los asesinatos. El hombre, decía

Dante, había estado involucrado con el cártel de Juárez, que incluía a miembros de la policía estatal y local, agentes federales, militares, y al gobernador. Este hombre después traicionó al cártel, afirmando que un cargamento de coca que él y otros estaban protegiendo había sido robado, cuando en realidad se la habían robado él y sus amigos. En venganza, un grupo de sicarios emboscaron la camioneta en la que él y otros traficantes viajaban, en el pueblo de Zaragoza, a las afueras de Juárez. Él sobrevivió escondiéndose bajo los cuerpos de sus amigos asesinados —amigos que sabían sobre las mujeres—. Él también sabía sobre violaciones tumultuarias y asesinatos. Había presenciado por lo menos una escena, y le había contado a Dante todo lo que sabía.

El hombre había sido encarcelado por el propio Dante para protegerlo hasta que pudieran cambiarle la identidad o hasta que el cártel se olvidara de él: lo que pasara primero. Por ahora, estaba sentado en la cárcel con historias que quería contar nomás por si alguien se lo despachaba, aun tras las rejas de la prisión. No sería difícil: el cártel de Juárez controlaba el lugar, que era una especie de comunidad propia, con puestos de comida y hasta minifábricas donde los presos producían ropa y otros artículos. Partes de la cárcel en esencia reproducían un hotel lleno de cucarachas surtido de ron y condones para las visitas conyugales.

Muchas de las mujeres —quizá la gran mayoría, le dijo el testigo a Dante— habían sido víctimas de violencia doméstica. Maridos y novios se deshacían de sus mujeres y novias asesinándolas brutalmente —de la manera más horrible— para que pareciera obra de asesinos seriales. Otras víctimas habían estado involucradas en el narcotráfico como vendedoras, distribuidoras, cobradoras, hasta sicarias. Pero algunas no eran más que las víctimas del nuevo poder que controlaba Ciudad Juárez. Para algunos miembros del cártel de Juárez, matar era un deporte. Estrenando su poder y forrados de dinero, estos hombres operaban sin ninguna regla; eran hombres vueltos policías vueltos miembros del cártel.

En las noches después de una entrega de drogas exitosa, había fiestas, decía el testigo. En complicidad con los policías, los narcos atraían o secuestraban mujeres —o si no, lo hacía la propia policía—. Los policías primero identificaban a víctimas potenciales, estudiaban su rutina, averiguaban si tenían novios o padres de familia, alguien que se diera cuenta si desaparecían. No era difícil atraer a las mujeres: la policía las detenía en la calle cuando salían del trabajo y les decían que algún familiar se había extraviado o que algo le había pasado a su bebé, y que tuvieran la amabilidad de subirse al asiento de atrás de la patrulla. Los policías entonces las llevaban a las fiestas, donde eran violadas tumultuariamente. Para el final, las mujeres siempre sabían demasiado y eran asesinadas. Tenían que ser desechadas. Los salvajes asesinatos a veces involucraban mutilaciones obscenas. Los policías, u otros lacayos en la nómina, se deshacían de los cuerpos, botándolos en el desierto.

—Nada de esto es noticia —dijo Dante una mañana cuando íbamos en el coche por el amplio Eje Vial Juan Gabriel, camino a la frontera.

Al ver el asombro en mis ojos, agregó:

—No te hagas el sorprendido.

No dije nada. Había oído historias similares, pero oír de alguien que afirmaba haber sido testigo, me agarró desprevenido.

—¿Cómo puede ser? —pregunté—. ¿Qué no era Juárez el laboratorio de la democracia?

Dante no pudo contener una sonrisa.

—¿Por qué me miras así? —quise saber. Las montañas de El Paso se acercaban—. ¿Tú no participaste en las manifestaciones por la democracia?

Le recordé a Francisco Barrio Terrazas y los jóvenes estudiantes, y los ancianos y ancianas con bastón, y las mujeres jóvenes balanceándose en sus tacones, todos gritando consignas para exigir democracia, todos con una vela en la mano, exigiendo el fin del gobierno de un solo partido, mientras se atrevían a imaginar un país más justo y equitativo.

—Para los americanos todo es blanco o negro, ángeles o demonios. Esto es México. Ya lo sabes —dijo. Saqué mi libreta y empecé a escribir.

—¿Qué estás diciendo? —pregunté.

—No te preocupes —dijo—. Te preocupas demasiado. Entre más insistan ustedes los americanos con la democracia, más mierda se van a encontrar. Este país tiene instituciones ilusorias, y va a tomar décadas siquiera empezar a limpiar el mierdero.

—Pensé que estabas peleando por hacer justicia.

—Nomás me estoy desquitando —dijo. Dante tenía la costumbre de evadir las preguntas.

Cuando íbamos llegando al centro, Dante explicó:

—Los sicarios del cártel se llaman La Línea. Aquí, ese término está prohibido. Nadie lo dice pero todo mundo lo conoce. La Línea es la sombra que está creciendo sobre Juárez.

La Línea. La historia, que venía de una fuente —que tendría que mantenerse anónima—, nunca iba a pasar el filtro de mis editores en el *News*. Pero tenía algo sólido con que trabajar.

—Cuéntame más de La Línea —le pedí.

Se puso sus lentes oscuros y miró al frente, señal de que no iba a tocar el tema por ahora.

Tomó semanas corroborar el dato. Phil Jordan, ex agente encargado de la oficina regional de la DEA en Dallas, era de El Paso. Había trabajado con *Kiki* Camarena, y su propio hermano había sido asesinado; él sospechaba que por narcotraficantes decididos a mandarle un mensaje. Tenía una cuenta que saldar con ellos. Me mostró informes confidenciales donde aparecía un grupo llamado The Gatekeepers, el nombre estadounidense de La Línea, dijo, distribuyendo drogas para el cártel de Juárez. La Línea era el brazo fuerte que protegía al cártel de Juárez y manejaba su red de distribución.

—Estos tipos son tan poderosos que tienen inmunidad para matar a quien quieran —me dijo Jordan—. Porque son los dueños del circo. Son el circo.

Mi colega Ricardo Sandoval también me ayudó a corroborar el dato usando su mina de fuentes en la Ciudad de México. Sandoval tenía contactos bien posicionados en el gobierno federal, sobre todo en la oficina encabezada por el zar antidrogas del presidente Fox, José Luis Santiago Vasconcelos. Ricardo se pasó semanas persiguiendo a Vasconcelos; tras pelearse por un lugar junto a él en una reunión, le pasó una nota que decía: "Tenemos que hablar". A lo que él le respondió:

—Sí, muy pronto.

Una noche, ya tarde, los tres por fin estábamos sentados platicando en la oficina de Santiago Vasconcelos al lado del Paseo de la Reforma, y hablamos sobre todos los cárteles de México excepto —conspicuamente— el cártel de Juárez y su brazo armado. Cuando ya nos íbamos de su oficina, le di un codazo a Ricardo.

—¿Y qué me dice de La Línea? —preguntó.

—Sí, hemos oído hablar de La Línea, pero han estado tranquilos y no nos han dado mayor problema —dijo Santiago Vasconcelos sin abundar—. Señores, me dio gusto verlos.

—¿Entonces sí existe La Línea? —pregunté.

Trató de apresurarnos a salir.

—Espere, licenciado, por favor —protestó Ricardo—. Nada más otra pregunta. Un ratito más.

—Sus contrapartes en Estados Unidos consideran a los capos del cártel de Juárez el enemigo número uno. Están persiguiendo a Juan José Esparragoza Moreno, *el Azul* —agregué—. Hay un espectacular con su cara junto a un *mall* en El Paso, en la Interestatal 10.

—No siempre se les puede creer a los vecinos —dijo, con una mano en la puerta—. Tengan cuidado y no se metan en problemas.

—Así lo dejamos. Muchas gracias —dijo Ricardo, mientras yo escribía en mi libreta y decía adiós con la mano—. Pero quisiéramos continuar el diálogo.

De vuelta en la frontera, llamé al subordinado de Santiago Vasconcelos en Juárez, el fiscal federal. Quedamos en comer en un popular restaurante, parte de una cadena, Barrigas, para que él corroborara los hechos de lo que yo había descubierto hasta entonces. A la hora de la comida el lugar estaba lleno de gente y ruido; yo le entré a mi filete y le di un trago a mi limonada fresca. Le conté al fiscal federal que me la pasaba oyendo una y otra vez de La Línea. ¿Quiénes eran? ¿Tenían un papel en el asesinato de estas mujeres?

El fiscal me miró y su rostro enrojeció. Dijo que tenía que llegar a otra junta. Se levantó de la mesa abruptamente y se fue, con más de la mitad de su filete aún humeando en su plato. Le hice señas al mesero de que ahorita regresaba y me apresuré tras él, gritándole que parara. Lo alcancé cuando estaba encendiendo su coche.

—Ten cuidado de dónde y cómo usas ese nombre —dijo.

—Entonces sí existen —respondí—. Háblame de ellos.

—Mejor olvídalos —dijo. Y metió reversa.

Las madres gritaban, los activistas marchaban: el clamor contra los feminicidios era ensordecedor. Pero el gobierno parecía poco dispuesto a hacer nada: aquí mandaban los traficantes.

Mis artículos llamaron la atención en Estados Unidos y en México. Hasta usamos "La Línea" en el titular de un artículo que Ricardo y yo coescribimos. Aun así, no agarraron a nadie; nadie fue procesado. El día que salió el artículo, un hombre pasó por las oficinas del periódico *El Norte* de Juárez, que también lo publicó, y dejó un sobre manila que decía en mayúsculas: "MUY IMPORTANTE. EL SADAM SE LLAMA..." Mi colega dijo que el mensaje probablemente era de alguno de los hombres del *Sadam*, burlándose de nosotros y retándonos a escribir sobre él. Lo hicimos. No pasó nada.

El Sadam era uno de los principales sicarios de La Línea. A algunos criminales mexicanos les gustaba apropiarse de nombres de dictadores de Medio Oriente —me imagino que para burlarse de Estados Unidos—. No le di importancia, aunque un colega mexicano me advirtió que tuviera cuidado. Algunos de sus reporteros habían sido amenazados antes.

En un panel en Juárez, patrocinado por una de las docenas de ONG que se habían involucrado en la defensa de las mujeres, hablé de la investigación de mi periódico sobre los asesinatos. Después de la presentación, un grupo de reporteros mexicanos se me acercó y me acribilló con preguntas sobre La Línea. ¿Quiénes eran? ¿Un grupo de policías renegados, sicarios, mafiosos? ¿De veras existían? ¿Lo había inventado yo? ¿Por qué quería hacerle mala fama a Juárez?

Me les quedé viendo sin saber quién era más ingenuo, si ellos o yo. ¿Por qué me hacían preguntas si seguramente ya sabían las respuestas? Cuando salí del viejo ayuntamiento de Juárez, sonó mi teléfono y un hombre de voz grave que nunca antes había oído me dijo exactamente dónde me encontraba.

—Aquí voy detrás de ti por la dieciséis… —dijo, y luego mencionó la esquina, el edificio. Se oía un radio en el fondo, como si la voz proviniera del interior de un auto. La pantalla del celular decía: "Desconocido". Entré en pánico, colgué y corrí a la oficina de Dante, que estaba cerca, enfrente de una comandancia de policía.

Cuando entré, fue un alivio encontrarlo ahí y le conté lo que acababa de pasar. Se reclinó en su silla, pasó las manos por su pelo como de grasa de zapatos y me miró, por primera vez, con arrugas de preocupación en la frente. Llamó un momento a su hijo Irving, que también era abogado y trabajaba ahí, y le repitió la historia. Nada grave, concordaron. Irving me dijo que lo más probable era que alguien estuviera tratando de asustarme, y luego se fue a una junta.

Claro que es grave, pensé.

Dante me dijo que La Línea ya me debía tener fichado, lo que significaba que el bajo mundo de Juárez me tenía fichado. La ciudad de mi juventud me tenía fichado.

—Mira, tú alteraste su universo —dijo con toda naturalidad—. Ahora sí ya te chingaste. Están encabronados y se te van a echar encima para matarte o asustarte; o si no, a tu familia —dijo—. De alguna manera te van a mandar un mensaje.

—Mi primo es policía en Juárez —protesté.

—Pues espero que no lo sepan, o ya se chingó él también —dijo Dante—. Tú por lo menos eres americano. Él no.

Cuanto más lo escuchaba, más me urgía regresar a El Paso. Había dejado mi auto del lado de Estados Unidos porque el panel era a unas cuantas cuadras, en el centro de Juárez. Ahora tenía demasiado miedo para irme caminando solo. Traté de ganar tiempo haciendo más preguntas, esperando que mi corazón se tranquilizara. Oí a Dante dar una letanía de nombres de gente a la que el cártel de Juárez tenía en el bolsillo. Las manos de Dante habían estado tan sucias como las de cualquiera. Pero él por lo menos lo admitía, y por alguna razón su honestidad me hizo confiar en él.

Ésta era la primera vez que me acercaba tanto a los cárteles, que oía una de sus voces por teléfono. Si sabían mi número de celular, ¿qué más sabían?

—Oye, si quieres te llevo al puente —dijo Dante.

—Pero la policía está al lado de tu oficina —respondí—. ¿Qué tal si me ven?

—Te puedes ir acostado en el asiento de atrás —ofreció—. Vas a estar bien.

Él tenía una camioneta, y atrás había espacio de carga. Mis instrucciones eran simples: íbamos a manejar unas cuantas cuadras, pasar la comandancia de policía, y luego él abriría la compuerta trasera justo antes del puente internacional Santa Fe, que conecta Ciudad Juárez y El Paso. Y yo podía salir corriendo para el lado estadounidense de la frontera.

Salimos de su oficina. Dante abrió la compuerta de carga y me metí a rastras. De pronto pensé —un poco demasiado tarde—: ¿qué tal si Dante me mintió y está planeando entregarme a los policías que trabajan para La Línea? Antes de que pudiera decir nada, cerró la compuerta de golpe, se metió a la camioneta y prendió el radio. Arrancó. Yo miraba el techo. Ahora él hablaba por su celular, con un cliente, poniéndose al día de un caso.

El vehículo avanzaba rápidamente, navegando por las calles, derecha, izquierda, derecha. Acostado sin moverme en el piso de la camioneta, alcanzaba a ver algunos escaparates y adiviné una ruta conocida:

el mismo recorrido que solía hacer años atrás, cuando de día soñaba con ser músico y de noche iba a cubrir enormes mítines políticos hasta muy tarde. Sospeché que estábamos atravesando el barrio La Mariscal, por Mariscal y Ugarte. La zona alguna vez fue sinónimo de prostitución, pues cuando el revolucionario Francisco I. Madero y sus hombres entraron a Juárez, el 10 de mayo de 1911, las prostitutas los siguieron de cerca, vitoreando a los hombres. En ese entonces se llamaba Calle del Diablo.

Pensé en mis tiempos de universitario, cuando Juárez era un romance para mí. Me echaba al hombro mi estuche negro de guitarra, ponía a Juan Gabriel en mi *walkman* y oía "He venido a pedirte perdón", como pidiéndole perdón al mundo que había dejado atrás. Me dirigía al puente internacional y la misma canción que empezaba a oír en El Paso seguía tocando cuando llegaba a avenida Juárez, atiborrada de bares y burdeles y despachos de abogados de quinta para divorciarse rápido.

En general, evitaba avenida Juárez y me desviaba hacia el Noa Noa, el bar donde Juan Gabriel había empezado. Allí doblaba a la derecha y luego a la izquierda sobre avenida Mariscal, repleta de fayuqueros, malabaristas callejeros, músicos, teiboleras y más prostitutas, y cuartos de hotel que se alquilaban por hora —como aquel, del otro lado de la ciudad, donde había perdido mi virginidad con una novia que conocí en el centro comunitario de estudios superiores al que entré cuando mi mamá me sobornó para que acabara mis estudios—.

Me dirigía a una casa que varios músicos habían convertido en un estudio de grabación. Tocaba la puerta de atrás y un músico de treinta y tantos años llamado Danny, con el pelo claro retorcido en una larga trenza, abría de golpe y dejaba salir una nube de humo de mariguana. Siempre andaba fumado. Él lo llamaba inspiración. Fue en esa casa estudio donde mis amigos y yo compusimos las pistas musicales que planeábamos grabar, encabezados por nuestra vocalista, una típica güera guapa de Chihuahua, alta, de ojos azules. Yo tocaba la guitarra y componía las canciones. Jacobo tocaba percusiones y guitarra.

Selena no era sólo nuestra cantante sexy, también era mi inspiración; me hacía ojitos cuando cantaba.

Si no íbamos a Juárez a grabar, íbamos a buscar noticias para el periódico del centro de estudios. Un día a principios de otoño, subimos en coche por los cerros donde las colonias nuevas estaban germinando indiscriminadamente, y más rápido de lo que la ciudad podía contemplar darles servicios básicos como calles pavimentadas, luz y agua.

El ruido estrepitoso de las construcciones era abrumador. Casas armadas con los desechos de otras construcciones —tabique de concreto si el dueño tenía suerte; hojas de aluminio, triplay, hasta cartón para los que tenían menos— florecían en el desierto pasando los límites de la ciudad. En Juárez, los ricos vivían en complejos de altos muros en el corazón de la ciudad, mientras que los pobres eran relegados a los cerros que subían hacia las montañas que marcaban la periferia occidental. Miles de personas —hasta 50 000 al año, según algunos cálculos— llegaban a Juárez en masa, atraídas por los empleos en la boyante ciudad fronteriza y la posibilidad de irse a trabajar "al norte".

Pero había algo que no cuadraba ya desde entonces. No había ningún plan para ese tipo de crecimiento. La población había aumentado de unos 300 000 habitantes, cuando llegué en 1965, a más de un millón, y no se veía ninguna infraestructura nueva, no había parques nuevos, ni cines. Juárez seguía siendo la ciudad de concreto en medio del desierto que atraía a inversionistas, obreros, contrabandistas y todo tipo de descarriados. Entrevistamos a un líder político de la comunidad que estaba muy ocupado tratando de organizar un poco el crecimiento descontrolado. Para Juárez ya es demasiado tarde, nos dijo. Lo que estamos haciendo es control de daños.

Era 1983.

Dante seguía pegado a su celular, hablando despreocupadamente con su cliente, cuando abrió la compuerta trasera sin bajarse de su asiento. Me puse de rodillas para asomarme hacia fuera y no vi nada fuera de lo común. Salí rápidamente a gatas, y no podía recordar haberme alegrado más en la vida de ver el cielo azul. Cerré la compuerta y me despedí de Dante con la mano. Me gritó:

—Hay que tener güevos. No dejes que la intimidación se interponga en tu búsqueda de respuestas —dijo—. Acuérdate que eres americano —luego, incapaz de contener su sarcasmo—: ¡Eso, cabrón! ¡Esto es Juárez, chingao! —dijo, levantando un pulgar detrás de la ventana mientras se alejaba. Vi que volvía a agarrar su teléfono.

—Nos vemos pronto —dije abatido, y rápidamente me fui trotando a la caseta de migración mexicana. Respiré profundo cuando pisé el puente internacional, con vallas de concreto a ambos lados. Saqué mi pasaporte azul de Estados Unidos y mi iPod negro y busqué la canción "Día cero" del grupo de rock chileno La Ley, que puse a todo volumen. Volteé a ver el río Bravo seco que estaba abajo, y donde debía haber habido agua vi retratos grafiteados de iconos revolucionarios como el Che Guevara y Pancho Villa mentándole la madre a la migra. Me asomé desde la reja de acero que bordea el puente. Sentí una euforia inexplicable. Dante tenía razón: no iba a dejar que me asustaran. Pero al cruzar la frontera y sentir que el miedo se evaporaba, me entró la tristeza. Juárez, como el resto de México, me hacía sentir extranjero. Era extraño.

Hablé con Dante muchas veces después de ese día, pero nunca lo volví a ver. Una vez llamó para decir que estaba en la Ciudad de México y necesitaba hablar conmigo. Sonaba frenético; creía que lo andaban persiguiendo unos sicarios. Había venido a ver a agentes federales para hablar de las amenazas, para buscar protección. Su sobrino andaba desaparecido. Yo no estaba muy seguro de poder ayudarlo pero ofrecí verlo en un lugar de desayunos a pocas cuadras, los Bisquets Obregón en la colonia Roma. Esperé como una hora y nunca llegó.

Unos días después volvió a llamar, proponiendo otra reunión. Sonaba como un hombre aguardando su sentencia de muerte. Quedamos en vernos otra vez en Juárez. A pesar de todo lo que él había visto y sabía, oí pánico en su voz. Miedo. Quise recordarle las palabras que él me había dicho: "Hay que tener güevos. ¡Esto es Juárez, chingao!" Pero sonaba tan devastado que me pareció que sería insensible. En vez de eso, murmuré:

—¿Estás bien? ¿Qué pasa?

—Tengo algunas cosas que contarte —dijo crípticamente, palabras que garabateé en mi libreta—. Pero no por teléfono.

Le propuse que nos viéramos en un bar cerca del puente donde me había dejado. Estuvo de acuerdo pero me recordó su vieja regla: tocar base 15 minutos antes en caso de que tuviera que cambiar el lugar o la hora. ¿Quizá vernos en su oficina?

La ansiedad de Dante me ponía nervioso de reunirme allí con él. No le aseguré nada pero prometí llamarlo como habíamos quedado. Ese día no contestó para nada. De todas formas me presenté en el Kentucky Club y esperé más de dos horas, saboreando un tequila. Luego me regresé caminando por el puente, más preocupado que molesto de que no hubiera llegado.

Días después, tomé un avión de regreso a la Ciudad de México y oí la noticia: sicarios en una Ford Expedition con placas de Nuevo México habían baleado a Dante con una 9 milímetros y un AK-47. Testigos reportaron el modelo y placas del auto; las cámaras en la calle de Juárez donde le dispararon, que hubieran podido ayudar a identificar a sus asesinos, estaban sospechosamente fuera de servicio.

Llamé a unos amigos en Juárez en cuanto me enteré. Dijeron que posiblemente tuviera problemas con el cártel de Juárez. Un familiar suyo había desaparecido, y Dante no se quedó callado, llegando incluso a mencionar a La Línea en un programa de radio apenas unos días antes de que lo mataran. No sabían por qué lo habían matado, dijeron, pero bastaba con saber que La Línea no se menciona en público.

No tuve mucho tiempo para lamentar su pérdida. México se estaba desmoronando.

Trece

La U.S. Highway 83 de Texas es un corredor zigzagueante y solitario salpicado de pueblos abandonados y lugares de comida rápida. Una de las principales arterias de Los Caminos del Río atraviesa paralela al río por la ciudad de Laredo. Fundada en 1755, Laredo alguna vez fue la capital de la República del Río Grande, que se estableció brevemente en oposición al general Santa Anna.

En 1848, los habitantes de Laredo tuvieron que tomar una decisión. Después de la guerra de Estados Unidos y México, Estados Unidos les dio a los habitantes de Laredo la opción de quedarse en lo que ahora era territorio estadounidense, el norte del río Bravo, o mudarse al sur del río a territorio mexicano. Algunos se quedaron en el norte, no tanto por lealtad a Estados Unidos sino por cariño a la tierra. Muchos se fueron al sur a empezar de nuevo. Se llevaron sus pertenencias, sus caballos y vacas; algunos incluso fueron al cementerio, desenterraron los restos de sus seres amados y se los llevaron para volverlos a enterrar en México, en "Nuevo" Laredo. La región se conoce como Los Dos Laredos.

En la primavera de 2005, yo iba seguido a Laredo para mandar comunicados sobre estadounidenses secuestrados en Nuevo Laredo. Por lo general evitaba ir a Nuevo Laredo, aunque estaba tratando de averiguar información sobre cómo los Zetas estaban cambiando el modelo de negocios del narcotráfico. Fue una tontería de mi parte pensar que el peligro se quedaría al sur de la frontera.

La economía de Los Dos Laredos depende del comercio. Es el puerto de entrada terrestre más grande de la frontera México-Estados Unidos, con cuatro puentes internacionales y una vía férrea. La frontera da a la entrada de la Interestatal 35, la "Autopista TLC", y el enorme mercado estadounidense. Todo —desde frutas, verduras, televisiones y secadoras de pelo hasta estufas, refrigeradores, vehículos y drogas— se abre camino de México a los Estados Unidos por este cruce.

Los Dos Laredos pronto se convirtieron en una zona de interés para los cárteles mexicanos —sobre todo para los Zetas, que en el quinto año de gobierno de Fox empezaron a consolidar su poder en la región—.

Los Zetas empezaron como un cuerpo de seguridad de élite para el líder del cártel del Golfo, Osiel Cárdenas Guillén, y como una fuerza paramilitar para proteger los intereses comerciales del cártel. Cárdenas Guillén, ex policía federal, quedó al frente del legendario cártel cuando el gobierno de Estados Unidos encarceló a su predecesor, Juan García Ábrego. Cárdenas Guillén quería ir a la segura y le encomendó a su lugarteniente de confianza, Arturo Guzmán Decena, la tarea de organizar un grupo de guardaespaldas de élite altamente entrenados para protegerlo y expandir la influencia del cártel del Golfo más allá del estado de Tamaulipas, que hace frontera con el sur de Texas. De paso, se deshizo de rivales menores en toda la región y le declaró la guerra al cártel de Sinaloa, que había estado expandiendo su ruta de distribución en la zona de Nuevo Laredo.

Guzmán Decena era un soldado de las fuerzas especiales del ejército que desertó y se unió a los cárteles en 1997. Primero recurrió a ex soldados, algunos del Grupo Aeromóvil de Fuerzas Especiales (GAFE). Los reclutas entrenados por estadounidenses nunca recibieron el entrenamiento completo, pues entre los altos mandos militares de Estados Unidos había cierta preocupación de que ese entrenamiento exhaustivo en operaciones especiales pudiera algún día volverse en su contra. Así que Estados Unidos limitó lo que les enseñó a los reclutas. Pero los soldados mexicanos aprendieron técnicas de espionaje e infiltración, que iban a necesitar para enfrentar a los cárteles.

Con sus hombres, Guzmán Decena formó el primer narcoejército de México. Muchos de sus soldados venían de la pobreza. El ejército les había ofrecido un trabajo; el cártel ofrecía dinero y poder. Los tres hombres de mayor confianza dentro de los Zetas eran Guzmán Decena (*Z-1*), Rogelio González Pizaña (*Z-2*) y Heriberto Lazcano (*Z-3*); las zetas eran claves que denotaban su rango y antigüedad en la organización. Estos tres hombres, junto con el nuevo recluta Miguel Ángel Treviño Morales (*Z-40*), emprendieron misiones secretas en ciudades del otro lado de Tamaulipas, incluyendo Nuevo Laredo. De allí era originario Treviño Morales y conocía íntimamente a los blancos que eliminaron. Se hizo fama de traidor. Estaban allí para ejecutar a los rivales de Cárdenas Guillén y asegurarse de que el cártel del Golfo siguiera siendo la organización narcotraficante más poderosa de Tamaulipas y la costa del Golfo de México.

En una calurosa mañana de agosto de 2004, los pistoleros entraron a Nuevo Laredo haciendo alarde de sus poderosas armas estilo militar, algunas contrabandeadas por veteranos de la Guerra del Golfo, como ametralladoras AR-15 y calibre .50. La gente se quedó paralizada. Si asustas a tu enemigo lo suficiente con tu potencia de fuego, es posible que lo venzas sin tener que disparar muchas balas: sólo hay que hacerle llegar el mensaje. A partir de ese momento, los Zetas controlaban Los Dos Laredos.

Una tarde en 2005, yo estaba sentado con el investigador de Estados Unidos en la frontera. Nos habíamos conocido ese mismo invierno y rápidamente desarrollamos un vínculo. Teníamos California en común. Él era hijo de un mexicano que se había ido de voluntario a pelear por el gobierno de Estados Unidos en la Segunda Guerra Mundial, lo que le valió a su padre la ciudadanía estadounidense. De adolescente, el investigador jugaba de *linebacker* y *halfback* en el equipo de futbol americano de su escuela. Su sueño era convertirse en agente de Estados Unidos, como su héroe *Kiki* Camarena, el agente caído de la DEA.

Ahora era un investigador veterano del gobierno de Estados Unidos. Los Zetas —sobre todo Treviño Morales, conocido como *el Cuarenta*— acaparaban su atención. Cárdenas Guillén había sido arrestado en 2003 (más adelante sería extraditado a Estados Unidos) y Guzmán Decena fue asesinado en 2002.

El investigador llevaba años observando a los narcotraficantes por todo México, y había estudiado el modelo organizacional de fraternidad siciliana que los cárteles habían adoptado. Pero los Zetas eran diferentes. No eran hombres de negocios. Eran más militaristas, y practicaban actos de barbarie inauditos con total abandono. Echaban víctimas vivas a los tigres; cortaban cabezas y las iban a dejar a alguna puerta; mutilaban cuerpos y los dejaban en lugares públicos. Sus rivales trataban de imitarlos, reclutando e igualando a los Zetas tanto en brutalidad como en violencia. Si el gobierno mexicano no los enfrentaba, los cárteles iban a trastornar el país, advirtió el investigador.

Nuevas rivalidades entre patrón y empleado, pronosticó, surgirían entre el cártel del Golfo y los Zetas. En ese momento, los Zetas no tenían los contactos necesarios con los colombianos para mover mercancía en serio, pero podían controlar las rutas de distribución con fuerza y cobrar una cuota por cualquier cosa que cruzara por "su" frontera, incluyendo migrantes y drogas. Los Zetas eran como extraterrestres en el mundo del crimen organizado, impredecibles y desconocidos. Era difícil imaginar qué podrían hacer después.

El sol se puso sobre el río Grande y el investigador de Estados Unidos me contó lo profunda que era la corrupción entre los Zetas y el gobierno mexicano. Sí, había habido un cambio de partido, pero muy a menudo los mismos burócratas seguían en sus puestos, y sus contactos y fraternidad con los cárteles se mantenían prácticamente intactos. Pero con una gran diferencia: los Zetas eran más generosos con sus sobornos y mordidas; a menudo pagaban hasta 30% de sus ganancias a funcionarios clave del gobierno. El investigador de Estados Unidos estaba especialmente frustrado con la administración foxista. A menudo transmitía información a generales del ejército y la policía federal sobre figuras criminales clave, pero la información no llegaba a ningún lado, o peor aún, era compartida con los propios criminales. A veces de inmediato.

Como siempre, él sospechaba del mesero amistoso que no nos dejaba acabarnos el tequila antes de volvernos a servir.

—Me tengo que ir —dije; iba a ver a unos amigos.

—¿Va a estar Ramón? —preguntó.

—A lo mejor, pero no te quiere ver —respondí.

El Mañana es una empresa familiar que incluye a mi amigo Ramón como director general; su hermano Heriberto como director editorial; su hermana Ninfa, que era directora comercial; y su madre, también llamada Ninfa. Ella es una elegante representante de la vieja guardia del periódico y una de las familias de medios más influyentes de México. Ramón me estaba esperando en un lujoso bar de deportes llamado el Agave Azul. El bar contaba entre su clientela a gente de negocios, agentes federales, auxiliares del Congreso y un número creciente de mexicanos exiliados que ya desde entonces estaban huyendo de los problemas del otro lado del río. Cecilia, la amiga que estaba con Ángela y conmigo la noche de la amenaza en la Ciudad de México, estaba en la ciudad y también vino. En esa época estaba viviendo en El Paso, haciendo un proyecto de investigación en Juárez y escribiendo artículos para una revista.

Encontramos una mesa y estábamos viendo la carta de bebidas cuando un grupo de hombres treintañeros entró tranquilamente. Vestían de manera ostentosa, como mandos medios criminales, con largo pelo negro, pantalones bombachos y cadenas de oro. Caminaron hasta una mesa cerca de nosotros y se sentaron. Uno se levantó al baño; cuando venía de regreso, me miró directamente y me apuntó con el dedo como si estuviera amartillando una pistola. No estaba seguro de haber visto correctamente, así que le pregunté a Ramón:

—¿Me acaba de hacer así? —e imité el gesto—. Seguro es el nuevo saludo en Laredo —bromeé.

Nadie se rió.

—Voy a ver de qué se trata —dijo Ramón.

A Cecilia no le gustaba la idea de confrontar a los hombres y nos lo dijo. Le advirtió a Ramón que si se levantaba, ella se iba. Él de todas formas se levantó.

—Alfredo, hay que irnos —dijo ella.

—Cecilia, me estoy muriendo de hambre. Además, estamos del lado americano —respondí—. No va a pasar nada.

Ramón caminó hacia el baño, pero primero se detuvo en su mesa. Le tendió la mano al hombre que yo le había señalado. El hombre la estrechó. Intercambiaron algunas palabras. Luego Ramón siguió hacia el baño.

—No hay pedo —dijo cuando regresó a su asiento. Parecía más callado, guardándose su preocupación.

—Perfecto —dije—. Vamos a ordenar.

Cecilia estaba molesta. Le preguntó a Ramón si él me podía llevar. Le di las llaves del coche rentado. Caminó directo a la salida y se fue.

Un momento después, el gerente del restaurante vino y sugirió cortésmente que nos fuéramos. Ramón, molesto, exigió saber por qué. Era una persona conocida en Laredo y no estaba acostumbrado a ser tratado así.

—Por su propio bien —dijo el gerente. Apretó la mandíbula como diciendo: "Tú conoces a estos tipos tan bien como yo... ahora váyanse".

Deseé haberle hecho caso a Cecilia, haber seguido su instinto. Traté de tranquilizar a Ramón.

—Güey, vámonos. Alcanzamos a Cecilia y nos echamos unas hamburguesas en otro lado —dije.

Agarré mi saco. Ramón estaba enojado y me siguió a regañadientes hacia la salida. Yo me dirigí a la puerta, pero Ramón se detenía a cada paso a saludar a alguien que conocía —y parecía conocer a todo mundo en los dos Laredos, como se conoce la región—. Antes de que pudiera agarrar a Ramón para largarnos de ahí, me interceptó un mesero que traía una charola con dos caballitos de tequila.

—Son para ustedes, señor —dijo el mesero.

—Se equivocó —respondí—. Nosotros no ordenamos nada. Ya nos vamos.

—Cortesía del señor allá en la esquina —dijo el mesero, señalando a un hombre sentado en la barra, alguien que nunca había visto. El hombre saludó moviendo un poco la mano, luego se dirigió hacia nosotros. Por un momento, pensé que a lo mejor los tequilas eran para Ramón, dada su popularidad. Le dije que los tequilas seguro eran suyos, pero antes de que pudiera responder, sentí una palmada en la espalda.

El hombre, más bajo y fornido que yo, que es lo único que recuerdo de su aspecto, saludó a Ramón brevemente pero sin quitar el brazo de mi hombro. Ramón se distrajo en otra conversación con un grupo de mujeres paradas junto a nosotros.

—Me da gusto que andes otra vez por aquí —me dijo el hombre—. Agradecemos tu interés en nuestros dos Laredos. Como puedes ver, aquí hay mucho movimiento. Somos una ciudad amistosa, con gente buena y mujeres bonitas. ¡Para que veas qué tantas viejas guapas tenemos aquí! —dijo, cabeceando hacia el grupo de mujeres que platicaban con Ramón.

—Sí —acepté, sin saber quién era este tipo ni si se suponía que yo debía conocerlo.

—Tratamos bien a los fuereños —continuó—, hasta que empiezan a hacer preguntas de los Zetas.

Yo había estado reportando varias primicias sobre la brutalidad de los Zetas y sus vínculos en el norte de Texas, su violencia creciente y sus enfrentamientos con la policía local. El hombre me abrazó más fuerte. Di un sorbo de tequila. Ramón se dio cuenta de que esto era algo más serio y se acercó para tratar de escuchar. Yo dije poco, sólo asentí con la cabeza, tratando de mantener una expresión neutra.

—Las cosas se pueden poner muy cabronas por aquí —siguió diciendo el hombre—. Déjame decirte lo que pasa cuando la gente empieza a hacer demasiadas preguntas: te levantan, te torturan, luego te rebanan, un pedacito por aquí, otro por acá, y después te meten a un barril lleno de ácido y ven cómo te disuelves.

Incómodo, Ramón interrumpió y le dijo al hombre que le parara.

—Ya no chingues, compadre —dijo.

—Ramón, yo nomás vine a dar un mensaje —dijo el hombre.

El hombre me miró a los ojos e insistió.

—¿Me entiendes?

Le dije que sí, pero agregué que mi esposa estaba esperando mi llamada nocturna, y que si no sabía nada de mí, tenía instrucciones de alertar a las autoridades. En ese momento deseé tener esposa y también un montón de hijos, y perros y un jardín grande para lanzar un balón de americano. Quería una vida normal.

—Mira, si te quieren matar no te va a salvar nadie, ni siquiera tu amigo del gobierno americano —dijo el hombre. El grupo de hombres que se había sentado cerca estaba afuera, nos advirtió. Me di cuenta de que había estado tan enfocado en este desconocido que no los vi salir. ¡Chingada madre, pero si estoy en Texas, por Dios!

Rápidamente le aseguré que entendía. Le dije a Ramón que volvía en un momento. Caminé hacia la puerta, donde el de seguridad me confirmó que había un grupo de hombres en una Escalade negra en el estacionamiento.

De inmediato vi la camioneta y vi al hombre que me había apuntado con el dedo en el asiento delantero. Pensé en llamar a Ángela, ¿pero qué le iba a decir? Sólo la iba a preocupar. Así que salí del restaurante y llamé a Cecilia. Por suerte contestó.

—Cecilia, aquí la cosa se puso delicada —le dije—. Tal vez necesite que llames a la policía, pero todavía no.

—Carajo, Alfredo, ¿por qué no te fuiste conmigo? —respondió—. ¿Qué pasa? Les dije que se fueran. Ya sabía que esto no iba a acabar bien. ¿Qué pasó? Estoy sacadísima de onda, Alfredo.

—Ahorita no puedo entrar en detalles —dije—. Pero si no te llamo en 10 o 15 minutos, llama a la policía y mándalos para acá, ¿okey?

—Alfredo, ¿qué pasa? —preguntó.

—Tú dame 15 minutos.

Me insistió en que llamara de inmediato.

Cuando volví a entrar al restaurante, el hombre me estaba esperando. Había ordenado otra ronda de tequilas. Ramón estaba parado junto a él, mirándome con preocupación en los ojos.

—Espero haber sido claro —dijo el hombre. Le dije que lo había sido. Nos quedamos ahí parados sin decir palabra. Le dio un sorbo a su tequila y de repente se fue. Ramón y yo vimos discretamente cómo saludaba a otros clientes. El grupo Quinta Estación sonaba en las bocinas con "Algo más".

Esperamos unos momentos. Le pregunté a Ramón qué debíamos hacer.

—Vámonos a la chingada —dijo.

Le dije que los hombres de hacía rato estaban estacionados afuera en una camioneta negra. Esperamos unos minutos más y luego vimos que las mujeres con las que Ramón había estado platicando ya se iban. Las seguimos afuera, charlando como si fuéramos viejos amigos: todo normal, rutina. Camino a la puerta, perdí de vista al hombre misterioso. Afuera, busqué la camioneta pero ya tampoco estaba. Ramón y yo nos subimos a su camioneta Chevrolet y salimos del estacionamiento. Le hablé a Cecilia para avisarle que estábamos bien.

—Puta, Alfredo, me tenías bien preocupada —dijo.

—Perdón —dije, tratando de mantener la calma—. Todo está bien. ¿Quieres ir a comer?

Dijo que no y me pidió que me regresara a mi hotel.

—¿Ahora qué? —preguntó Ramón—. ¿Quieres una hamburguesa?

Claramente hambriento de volver a la normalidad, señalé un lugar de hamburguesas en la siguiente esquina.

—Sí —dije—. Allá hay un Whataburger.

El miedo se había transformado en adrenalina y hambre. Ordenamos hamburguesas de jalapeño, y luego tomamos la Interestatal 35 hacia el sur para ir al hotel. Un coche se nos emparejó en el carril de al lado. Miré con desconfianza al conductor, que se la pasaba volteándonos a ver. Con la mano derecha empezó a sacar lo que creí que podía ser una pistola, y me encogí de miedo, gritándole a Ramón que bajara la velocidad. Él pisó el freno, y también el otro conductor. Tiré la hamburguesa y los jalapeños. El hombre nos sonrió mientras se llevaba el celular al oído y se alejaba. Sentí que el corazón se me iba a salir del pecho.

Llegamos a nuestra salida y dimos varias vueltas por el estacionamiento del hotel buscando algo fuera de lo común, pero todo parecía normal. Entramos a mi cuarto en la planta baja. Ramón se estiró en el tapete y yo tomé una silla. Nos bajamos las hamburguesas con Dr. Pepper y hablamos otro rato, tratando de entender exactamente qué había pasado, cuál era el mensaje, si es que lo había. Ramón seguía viviendo en Nuevo Laredo y no quería cruzar a México en ese momento.

Me asomé entre las cortinas del hotel a ver si no había nada sospechoso. Sólo camiones que llevaban productos en la Interestatal 35, al norte hasta Dallas, Minneapolis, la frontera canadiense.

La conversación se puso filosófica cuando Ramón hizo una reflexión de cómo estaba cambiando su país. No de una manera democrática, como alguna vez imaginamos, sino para mal.

—Con el PRI —dijo Ramón— estábamos censurados pero teníamos suficiente libertad para creernos que estábamos practicando periodismo de verdad. Nadie nos amenazaba, ni nos asesinaban ni se iban contra nuestras familias. Había reglas que todo mundo respetaba. No había tantos criminales, y si los había no actuaban como los de hoy.

—Es que no nos dábamos cuenta porque eran parte del sistema —dije—. Ahora ya no encajan tan bien.

El abuelo de Ramón, don Heriberto Deándar Amador, fundó *El Mañana* en 1932. Pionero de las comunicaciones en México, en la Revolución fue telegrafista y luego manejó uno de los primeros periódicos independientes del país. Una vez, para luchar contra la censura del gobierno, había recurrido a imprimir el periódico del otro lado de la frontera en Texas y distribuirlo en Nuevo Laredo.

Era más fácil entonces que ahora. Ramón había aceptado censurar el periódico familiar, preocupado por el bienestar de su personal y su familia, después de que su hermano Heriberto había sido secuestrado brevemente por los Zetas hacía casi un año. De los dos hermanos, Heriberto, el menor, era conocido como el más reflexivo, un editorialista serio con grandes ideas. Fornido, bien parecido y seguro de sí, tenía un estilo acicalado que contrastaba con el aire bohemio de su hermano. Se veía a sí mismo entre la siguiente generación de líderes mexicanos. Ramón, por otro lado, no ocultaba el hecho de que manejaba el periódico no tanto por una pasión por el periodismo sino por un compromiso con su familia y con el legado de su abuelo.

Cuando los Zetas secuestraron a Heriberto, Ramón logró su liberación con una llamada a un hombre que conocía, que estaba activo en el cártel. El hombre hizo algunas llamadas y le dijo a Ramón que su hermano sería liberado en breve, pero que los nuevos jefes querían hablar con él. Ramón prometió presentarse a la reunión, después de que regresaran a su hermano. Ramón quería mandar el mensaje de que su familia no les tenía miedo a los mafiosos y que no tenían nada que ocultar. Heriberto fue devuelto esa noche. Poco después, los dos hermanos se subieron a su camioneta y se dirigieron a un parque, donde se había acordado la reunión. Después de la medianoche, una docena de camionetas, pickups y coches llegaron.

Los hombres del cártel se presentaron uno por uno. Querían hacer un trato y las condiciones eran muy sencillas, dijeron.

Primera, *El Mañana* se iba a volver el portavoz de los Zetas. Segunda, *El Mañana* iba a dejar de investigar a narcotraficantes.

Ramón, asustado pero con cara de palo, les dijo:

—No chinguen. Si acepto ser su portavoz, estoy firmando mi sentencia de muerte y la de toda mi familia. Si no nos matan ustedes, nos matan sus rivales. Acepto la segunda, y eso debe resolver también la primera.

A partir de entonces, una vocera "oficial" de los Zetas se comunicaba a través de un reportero de la fuente policiaca, y le dictaba qué notas de crimen podían aparecer en el periódico del día siguiente. La vocera también les advertía a los reporteros las consecuencias de portarse mal. Los reporteros, aun dentro del periódico, empezaron a desconfiar unos de otros.

Debo haberme quedado profundamente dormido, porque cuando desperté era temprano en la mañana y Ramón se había ido. Llamé, lo desperté y lo invité a desayunar hot cakes al hotel. Cecilia también vino, aliviada de que estuviéramos bien, pero aún enojada de que no le habíamos hecho caso.

—Nos portamos bien valientes… ¡pendejos, pero valientes! ¡Hasta que nos dimos cuenta de que ya nos habíamos cagado! —dijo Ramón. Trató de bromear sobre la noche, pero era inútil. Cecilia no se estaba riendo. Los tres discutimos cómo sabían estos hombres quiénes éramos o que yo había pasado la tarde con el investigador de Estados Unidos, que estaba frustrado de que no lo hubiera llamado durante el incidente.

—La próxima vez me hablas, ¿okey? Allí se nos fue una oportunidad. Hubiéramos podido agarrar a estos güeyes, carnal —dijo—. Y a lo mejor alguno nos lleva a un arresto más importante: *el Cuarenta*.

—Okey —respondí—. ¿Pero no te parece raro que todo esto haya pasado del lado americano de la frontera?

—Para nada —respondió—. Aquí es su patio trasero. Voy a hablar con mis fuentes, pero seguro era gente del *Cuarenta*.

Unos meses después, Ramón se tragó su orgullo patrio y se mudó a Laredo por seguridad de su familia, cuando las llamadas de amenaza de los mafiosos aumentaron. Incluso habían ido a su casa a vigilarlo y le habían dejado advertencias en su oficina. Eran los dueños de la ciudad.

—Ven a conocer mi casa nueva —me invitó Ramón.

Lo hice y descubrí que también tenía un juguete nuevo, un Porsche gris oscuro, un reflejo, me dijo, de su creciente conciencia de su propia mortalidad al llegar a los 40 años de edad. Además, había abierto una sucursal de su bar de Nuevo Laredo en Laredo, para seguir el éxodo de sus clientes. Nuevo Laredo se estaba vaciando cada día más. Ofreció llevarme a dar una vuelta; destino: la Isla del Padre. Avanzamos a toda velocidad por esa solitaria y zigzagueante Highway 83, bordeando la frontera, y pasamos el punto donde la carretera baja casi hasta territorio mexicano.

Ramón manejaba en silencio. Se talló la pequeña cicatriz debajo del ojo derecho, recuerdo de cuando un Zeta le dio un culatazo, porque Ramón trató de decirle que se comportara, en su bar en Nuevo Laredo la víspera de Año Nuevo.

Ramón me contó que los Zetas querían tener cada vez mayor control del periódico. También querían controlar las fotografías. En un caso, la foto de un investigador federal mexicano sospechoso de tener nexos con el cártel rival de Sinaloa se publicó en el periódico —lo cual les encantó a los Zetas—. Pero sicarios, probablemente del cártel de Sinaloa, se vengaron: fueron a balear las oficinas de *El Mañana* y lanzaron dos granadas al interior del edificio. Tres balas le dieron a un reportero, dejándolo con parálisis. Si por algún motivo las noticias del día alegraban a los Zetas, hacían encabronar a los de Sinaloa. Ramón no podía ganar. Es muy peligroso que perciban que favoreces a un cártel porque el cártel rival te puede matar y culpar a los otros, me aleccionaba Ramón. Luego estaba el problema de publicar noticias reales. Ramón sospechaba que la noticia con foto de un reconocido sicario con uniforme de policía federal había sido filtrada por un reportero coludido con los Zetas, porque querían exhibir el vínculo del gobierno de Fox. Despidió a dos reporteros y sospechaba de otros.

Camino a la isla, de repente Ramón le bajaba a la música de Los Intocables para compartir sus penas, el horror que había caído sobre su familia y el dolor de haber abandonado su ciudad. Ahora, toda su familia —con excepción de su madre, una mujer obstinada y temeraria— vivía en Laredo. A veces sentía que había traicionado a su país, ¿pero qué más podía hacer?

—Estamos enterrados vivos —dijo—. Seguimos vivos, pero en un hoyo negro.

Llegamos a la Isla del Padre esa noche. Le pisó a fondo cuando cruzábamos el puente de Port Isabel, viendo un mar de estrellas sobre nosotros. Jim Morrison aullaba el "Roadhouse Blues", y Ramón llevaba el ritmo con la mano derecha en alto y el dedo índice apuntando al cielo. Las aguas que rodeaban la isla se agitaban en la oscuridad.

Catorce

Pasé por unos tacos de bistec y me los subí a la oficina del *Dallas Morning News* en Álvaro Obregón, en la colonia Roma. Ahora sí teníamos una oficina hecha y derecha —ya no tendríamos que trabajar desde la sala—. Dejé que mis tacos humearan en su papel aluminio mientras revisaba la correspondencia. Había estado fuera varias semanas, reportando en Laredo, y tenía un altero de cartas.

Un sobre grueso llamaba la atención. Yo estaba esperando un paquete de alguien con quien había estado en contacto buena parte del año, un hombre que hablaba inglés fluido y decía que trabajaba para los Zetas en cuestiones "financieras". Me había avisado que me iba a mandar un paquete por correo. A menudo me llamaba desde Dallas o Houston, bromeando siempre que había que irnos a tomar un café pues me tenía un mensaje del *Cuarenta*. Una vez sí fui y lo estuve esperando en un centro comercial de Dallas, pero nunca llegó, y me explicó después que era porque creía que yo era un agente federal encubierto.

—¿Entonces por qué me llamas? —le pregunté.

—Hay que tener a los enemigos cerca, como los amigos —dijo.

—¿Qué hay en el paquete?

—Ya lo verás —respondió.

—Nomás no me mandes una bomba —dije, y colgué.

Mientras les echaba salsa a mis tacos, vi que el remitente del sobre era un periódico en Tacoma, Washington. Hice a un lado los recibos y estados de cuenta, y abrí el paquete: un DVD y una nota de los editores. Nadie hablaba español en la redacción en Tacoma, pero habían podido entender algunas palabras en el video. Buscaron esas palabras en línea y se encontraron con mis artículos sobre los Zetas y el cártel del Golfo. Pensaron que tal vez yo podría descifrar el material.

Metí el disco en mi computadora. En el video, cuatro hombres veían de frente a la cámara. Estaban muy golpeados. Fuera de cámara, otros hombres —aparentemente sicarios del cártel de Sinaloa, a juzgar por las acusaciones— acusaban e interrogaban a los cuatro. Bolsas de basura negras cubrían la pared detrás de ellos. Uno de los cuatro, un joven lampiño de camiseta roja con el pelo muy corto y una piochita, miraba directo al lente y era el más animado. Uno por uno, todos confesaron crímenes tranquilamente, incluyendo el asesinato de una reportera mexicana que también había sido vocera del cártel, la misma que solía llamar al periódico de Ramón. Al parecer, los había amenazado con irse a trabajar para la competencia, el cártel de Sinaloa, si no le daban un aumento. Los hombres, todos Zetas, le habían metido más de una docena de balazos. Los hombres que confesaban identificaron también a futuros blancos, incluyendo al jefe de policía de Nuevo Laredo, que para cuando yo vi ese video ya había sido abatido en una lluvia de balas, apenas siete horas después de haber asumido el cargo que nadie más quería.

Las confesiones terminaron de pronto. Alguien fuera de cámara le amartilló una pistola en la cabeza al hombre en el extremo derecho de la pantalla. Su mirada permaneció inmóvil hasta que un balazo le destrozó el cerebro, y cayó de bruces. Los tres hombres voltearon rápidamente a ver a su camarada caído, chorreando sangre de la sien izquierda, y de inmediato miraron otra vez a la cámara.

El estómago se me revolvió de ver el video; estaba desesperado por apagarlo pero sabía que tenía que verlo hasta el final. Hice a un lado los tacos intactos. Incliné la cara hacia la pantalla y me tallé la frente.

Los tres hombres que quedaban soltaron más secretos y dieron más nombres, incluyendo asesinatos planeados y ya ejecutados —y algunos más, llevados a cabo después de grabado el video—. El parlanchín de la camisa roja seguía y seguía, como si supiera que ésas iban a ser las últimas palabras que diría en su vida. Antes de que los mataran, también identificaron a los operadores financieros del cártel, que se ocupaban de pagarles en efectivo a los contactos en el gobierno, incluyendo al hombre que dijeron era el responsable de que todos los demás se hicieran de la vista gorda, el que siempre se aseguraba de que les avisaran cuando iba a haber una redada u operativo contra ellos: Santiago Vasconcelos, el zar antidrogas de Fox.

El sobre original del video tenía matasellos de San Antonio, Texas. Los hombres habían hecho sus últimas confesiones en una playa en Acapulco.

Corrí con Ángela, que trabajaba hasta el otro lado de la oficina, y le conté del video. ¿Debíamos escribir un artículo?

Sí, dijo, aunque preguntó un tanto titubeante:

—¿Y si nos cortan la cabeza?

—No estamos en Medio Oriente —respondí—. Es México.

—Está bien, voy a ver qué tienen mis fuentes —dijo ella.

De inmediato llamé al investigador de Estados Unidos. Es demasiado explosivo, dijo. Por teléfono no. Los editores me dieron luz verde para viajar adonde fuera y cuando fuera para corroborarlo. Unos días después, el investigador de Estados Unidos y yo nos reunimos en la frontera México-Estados Unidos. Él había visto el video, se sabía el contenido de memoria. Pero no le interesaba tanto hablar de quién estaba detrás de los asesinatos como advertirme que adentrarme demasiado en la noticia podía tener consecuencias mortales. Fue una reunión excepcionalmente corta.

—No te estoy diciendo cómo hacer tu trabajo —dijo—. Pero esto está cabrón, amigo.

—¿Por qué?

—Porque esto no lo puedo tocar. Por ahora no —dijo—. Llevo meses tratando de darlo a entender. La mierda está adentro, y en todas partes.

—Sólo dime algo: ¿el video es auténtico, es real? —pregunté.

—Da en el clavo —dijo al irse—. A mí no me involucres.

Ángela y yo trabajamos duro para confirmar la veracidad y origen del video. Ahora todo lo que necesitaba era que Santiago Vasconcelos respondiera a las acusaciones en su contra.

Pero llevaba semanas evadiendo mis preguntas. Tres veces su secretaria había agendado una reunión, y luego él había cancelado. Mientras más me daba largas, más me convencía yo de que algo tenía que esconder.

Era la única fuente con la que me faltaba hablar para poder sacar el artículo. Finalmente, lo localicé por teléfono, saltándome a su secretaria, y lo convencí de que era una cuestión urgente.

—Alguien dice que usted está aceptando dinero —le dije.

Aceptó verme al otro día.

Llegué a las 7:00 p.m. como me indicó y esperé afuera de su oficina. Normalmente valía la pena la espera. El zar antidrogas casi siempre respondía mis preguntas directamente, excepto, claro, cuando no quiso hablar del cártel de Juárez ni de La Línea. Pero por lo general, Santiago Vasconcelos era uno de los pocos funcionarios que no tenían miedo de dar información oficialmente. Parecía que le gustaba salir en la prensa casi tanto como sus trajes a la medida. Había una fotografía de él con un equipo de la Suprema Corte que había manejado un caso de corrupción contra uno de sus predecesores. Esperé nervioso, sin poderme estar quieto en el recibidor mientras su secretaria me servía café tibio y aguado. Pasaron más de cuatro horas. No esperaba solo; había informado a la oficina de la presidencia que estaba trabajando en un artículo delicado sobre corrupción en el gobierno, y necesitaba que Santiago Vasconcelos respondiera a las acusaciones. Para garantizar que no me cancelara por cuarta vez, la oficina del presidente Fox había mandado a uno de sus principales colaboradores de prensa como emisario, y él esperaba conmigo. Me pasé el rato hojeando revistas viejas, alternando entre el café malo y mascar chicle.

Cuando finalmente abrió la puerta de su despacho cerca de la medianoche y nos invitó a pasar, cuatro de sus allegados nos rodearon. Parecían matones, con los ojos puestos en mí. Santiago Vasconcelos, robusto y ancho de hombros, se veía serio; no estaba de buenas, bromeando como otras veces. Claramente parecía molesto por las circunstancias y tal vez por la hora. Es la última junta del día, explicó, así que vamos al grano.

El reproductor de DVD ya estaba montado. Santiago Vasconcelos obviamente sabía lo que yo traía y estaba preparado. Al parecer, él tenía el video hacía meses. Me pregunté si lo habría visto antes del asesinato del jefe de policía.

—¿Los asesinos son elementos de la policía federal?

—Sigue bajo investigación —dijo.

Le dio *play* y los rostros de los matones aparecieron. Cuando los hombres en el video acusaron a Santiago Vasconcelos de recibir decenas de miles de dólares al mes en sobornos del cártel, le pedí que parara el video. Lo hizo, luego me sermoneó brevemente sobre la falta de validez de las acusaciones, y volvió a oprimir *play*.

—Absolutas mentiras —dijo, mientras yo escribía sus palabras en mi libreta.

Apenas oyó la acusación y se puso a hablar al mismo tiempo que la cinta. Los cuatro Zetas del Golfo en el video habían sido levantados por rivales del cártel de Sinaloa al ser descubiertos invadiendo el territorio de los sinaloenses, explicó Santiago Vasconcelos, corroborando una versión que yo había oído de la fuente de Estados Unidos. Lo interrumpí y le pedí que volviera a poner la acusación. Me miró con el ceño fruncido. Le dije educadamente que quería que escuchara bien al hombre que hacía la acusación. Necesitaba que oyera los cargos antes de defenderse.

Estaba que echaba chispas, pero se topó con la mirada del vocero de Fox y volvió a poner las acusaciones en su contra. Santiago Vasconcelos pausó el disco, se quitó los anteojos redondos y me sermoneó otra vez.

—Dicen cualquier mentira, sobre todo si los están torturando —dijo—. No es nada nuevo.

Me le quedé viendo, incrédulo. En México, la estrategia de investigación por excelencia consiste en levantar, golpear, torturar y sacarle confesiones a la gente, y ahora este jefazo policiaco estaba desacreditando la práctica.

Santiago Vasconcelos terminó la entrevista y me apartó a un lado. Sus matones habían desaparecido. El colaborador de Fox esperaba junto al elevador. Por lo demás, estábamos solos.

—Corchado, éste no es un tema para ti —dijo—. ¿Por qué mejor no te enfocas en reportajes de turismo? Son más seguros.

—¿Me está amenazando?

—No. Estoy tratando de ayudarte a estar a salvo. Sé que naciste en México —dijo—. Pero no te molestes con los problemas de un país que ya no es tuyo. Tú ya eres americano. Enfócate en otras historias.

—Gracias. Seré imparcial —dije. ¿De veras estaría tratando de protegerme?

Salí de la entrevista y me dirigí a mi coche, subí al asiento delantero y le dije a Samuel que le pisara. Un coche blanco nos venía siguiendo, me advirtió Samuel, temblando de nervios. Zigzagueó por calles sin alumbrar, adentrándose más en la oscuridad. Siguió manejando hasta que perdió de vista los faros. Samuel estaba seguro de que nos habían dejado ir cuando quedó claro que habíamos recibido el mensaje.

Las palabras de Santiago Vasconcelos me daban vueltas en la cabeza camino a casa en Coyoacán, y mucho después de que me fui a acostar. Quería llamar a Ángela, que estaba viajando de trabajo. Pero ya era muy tarde y no quería despertarla. Fui a revisar que Bety y Zorro, sus perros, tuvieran agua; luego regresé a nuestra recámara acompañado de Zorro, quien se veía triste como solía hacerlo cuando Ángela viajaba.

Ángela tenía planeado regresar a la Ciudad de México en la mañana, y pensaba ir directo a la oficina del zar antidrogas y entrevistar a Santiago Vasconcelos a cámara sobre el mismo tema, para su noticiero de televisión en Estados Unidos. Yo me levanté tarde porque no me sentía bien. Tenía los primeros síntomas de un resfriado, me ardía la garganta, y me di cuenta de que me había perdido la llamada de Ángela. Oí el recado que me dejó cuando su avión estaba a punto de salir hacia la Ciudad de México. Miré mi reloj; en ese momento debía estar a media entrevista.

"¿Qué tal la entrevista? —decía su mensaje—. Ojalá haya valido la pena la espera."

Empecé a escribir mi artículo. Horas después oí que ladraban los perros, señal de que Ángela estaba llegando. Salí a recibirla.

—¿Cómo te fue? —pregunté.

—Lo odió de principio a fin —respondió—. Pero lo tengo grabado. Estaba sudando mucho. ¿Tu artículo sí sale mañana?

—Sip. Ya casi acabo —respondí.

—Está bien, yo también voy a acabar mi reportaje.

Esa noche, cuando nos íbamos a acostar, Ángela se acordó de darme un recado de Santiago Vasconcelos:

—Me dijo: "Dile a Corchado que se dedique a otra clase de artículos, como el turismo". Y que te dijera que dejes esta noticia en paz. ¿Qué quiso decir con eso?

—No sé. A mí también me lo dijo.

Al día siguiente, 1° de diciembre, el reportaje salió en el periódico y la versión de Ángela en los canales de televisión de Belo por todo Estados Unidos. El *Dallas Morning News* también subió el video, cortando las escenas más truculentas, a su sitio web. Sabíamos que iba a ser un reportaje importante, pero ninguno de los dos estaba preparado para lo que pasó a continuación.

—¿Te das cuenta? —me preguntó Ángela mientras escuchábamos un noticiero matutino de radio conducido por Carmen Aristegui, una de las periodistas más respetadas de México. Nuestro reportaje dominaba las noticias.

—Sí —respondí—. No te preocupes. Sólo hay que mantener un perfil bajo.

—Me acaba de hablar una fuente. Quiere verme lo antes posible —dijo—. Es por algo del reportaje.

Yo me sentía débil, cansado. Me dolían los huesos.

—Te acompaño —ofrecí.

—Pero no te ves bien —respondió.

—Le pido a Samuel que venga —dije—. Voy a estar bien.

Fuimos en el coche a la colonia Condesa, donde agarré una mesa de afuera en un restaurante y pedí un té caliente. Miré a los corredores que le daban vueltas y vueltas al parque bajo el brillante sol de diciembre, mientras contaba cada segundo que Ángela pasaba con su fuente confidencial en un restaurante cercano.

Regresó media hora después, con la cara seria. Yo estaba comiendo un consomé de pollo con aguacate y chile rojo. Ángela pidió otro.

—¿Qué tienes? —pregunté.

—Esto es serio —dijo, explicándome que su fuente le había aconsejado irse del país lo antes posible—. Ellos: el ejército, el gobierno o ambos, podrían hacernos la vida difícil. Son capaces de cualquier cosa —dijo—. Y van a hacer que parezca un accidente de tránsito.

—¿De qué estás hablando? —pregunté—. ¿El gobierno, el ejército?

¿Nos enfrentábamos a una situación como la de Manuel Buendía, el periodista mexicano baleado en los años 1980 por funcionarios de inteligencia mexicanos, después de que reveló vínculos entre cárteles, presuntamente avalados por la CIA, y el ejército?

—Eso me dijo —respondió—. El tipo que estaba haciendo las preguntas y ejecutando a los hombres en el video es miembro de un cártel, y trabaja con gente del ejército o la policía federal. No sé, no sé. ¿En qué nos metimos?

Tal vez las fuentes tenían razón: eran federales y soldados que trabajaban para uno de los cárteles, algo que no habíamos podido corroborar pero que luego se confirmaría.

Me llevé las manos a la cara y me froté las sienes, tratando de racionalizar la situación. De pronto mi sopa ya no se veía tan apetitosa. Mi celular vibró, interrumpiendo nuestra conversación y el momento. Un número bloqueado. De todos modos contesté. Una voz del otro lado gruñó:

—¿Quieres tu sopa ahorita o la quieres al rato? La sopa nos gusta fría… o caliente, cabrón.

La línea hizo clic.

Le conté a Ángela lo que me habían dicho. Hizo un gesto de dolor. Mis ojos voltearon disparados hacia el parque. ¿Sería el hombre sentado en la banca o el corredor que iba pasando despacio? ¿O el tipo que vendía mango, jícama, sandía? ¿El que estaba paseando a sus perros o el que estacionaba coches? ¿O sería el hombre que nos había ojeado con desconfianza y se había alejado caminando rápido? Pedí la cuenta.

En lo que esperábamos para pagar, llamé a un investigador privado que habíamos consultado anteriormente sobre cuestiones de seguridad personal. Nos pidió que llamáramos a su contacto en la embajada de Estados Unidos. Su número estaba ocupado. Mejor le hablé a Samuel, que estaba a una cuadra; pasó por nosotros y nos fuimos velozmente hacia Coyoacán. Ángela iba atenta al retrovisor. Yo llamé a mis editores en Dallas. Nos ordenaron salir de México lo antes posible: en el próximo vuelo.

Camino a casa por las maletas, le dije a Samuel que estuviera atento a cualquier cosa sospechosa, y si veía algo raro, que se siguiera directo al aeropuerto. Llegamos bien a la casa. Ángela se puso de acuerdo con la señora que nos ayudaba con la limpieza para que cuidara a los perros por tiempo indefinido. Yo hice nuestras maletas y salimos corriendo en minutos. De pronto íbamos camino a Cambridge, Massachusetts, para asistir a una conferencia de narradores de no ficción que nuestros editores, a sugerencia de una colega, Diana, nos habían encontrado. Lo más seguro era desconectarse, me explicó mi editor, hasta que pudiéramos idear un plan de qué hacer ahora. Alejarnos un tiempo. Ya iba a ser Navidad. Tomar vacaciones.

Las palabras de Santiago Vasconcelos me volvieron a atravesar cuando saqué mi pasaporte de Estados Unidos en el mostrador de la aerolínea: éste ya no es tu país. Tal vez no lo era. Tal vez nunca lo fue.

A finales del verano de 2006 acompañé a Vicente Fox en una de sus últimas giras presidenciales por México. Después de las amenazas que nos habían hecho huir a Ángela y a mí, regresé a México y seguí investigando artículos que siempre apuntaban en la misma dirección: el aumento del crimen organizado. Fox y yo habíamos mantenido una relación cordial a lo largo de su sexenio. Era un hombre simpático, y su candor, por descarado o crudo que fuera, me parecía refrescante. Pero al final de su sexenio se oponía una y otra vez a la cobertura de la nota policiaca del *Dallas Morning News*.

Fox no quería que las noticias de la violencia del narco empañaran la imagen que estaba tratando de construir de México: de una democracia emergente. La cobertura extranjera del creciente poderío de los cárteles mexicanos había enfurecido a Fox y su equipo, y a los funcionarios de las corporaciones policiales. En sus reuniones con reporteros y editores del *News*, incluido yo, Fox insistía en que México iba por buen camino. La amenaza creciente de las organizaciones criminales era algo que Fox no podía o no quería ver.

Los periodistas le daban demasiada importancia a una cuestión de violencia aislada en zonas pequeñas, argumentaba Fox. Claro, unos cuantos criminales habían cobrado fuerza al reemplazar a los narcotraficantes colombianos, pero pronto serían puestos en su lugar. México no era ningún monstruo: sólo otro país lidiando con el cambio político, una transición en proceso, como tantas otras democracias emergentes alrededor del mundo. Fox ayudó a profesionalizar la policía federal, creó una policía nacional tomando como modelo el FBI, y siguió con la tendencia de largo tiempo de militarizar la seguridad interna nombrando procurador a un general del ejército. Acabó con Osiel Cárdenas Guillén en 2003 y más adelante con los hermanos Ramón Eduardo Arellano Félix —que murió en un enfrentamiento con la policía— y Benjamín Arellano Félix, capturado en el estado de Puebla. Los dos eran los líderes del cártel de Tijuana. También había mandado al ejército a controlar los trastornos causados por el crimen organizado, antes de volverlos a encuartelar a todos para las elecciones de julio de 2006. La acción contra los cárteles sólo generó más violencia.

Ahora, en la cabina del avión, Fox iba sentado solo, con la mirada perdida. Me senté junto a él. El tono de Fox había cambiado. Parecía más humilde, sombrío, sin la fanfarronería que yo le conocía desde hacía más de una década. Se veía cansado.

—¿Qué tal Dallas? —preguntó.

Parecía animarse al hablar de Dallas, una ciudad que muchos amigos suyos de Guanajuato habían hecho su hogar.

—Me gusta Dallas. ¿Sabes?, la gente con la que crecí se acabó yendo a Dallas.

Casi siempre me contaba lo mismo. Yo asentía con la cabeza y esperaba a que acabara. Le pregunté cómo se sentía al dejar la presidencia.

—Tengo ganas de regresar al rancho —dijo—. Extraño el rancho.

Guardé mi libreta y me quedé a terminarme un caballito de tequila que él me había servido. Él miraba las nubes afuera del avión presidencial y lamentaba la creciente incertidumbre en el país. La noticia no era sólo un capricho de la prensa extranjera sino cada vez más también de los medios mexicanos. Ya no se trataba de hechos de sangre aislados en la frontera; se iban metiendo en los rincones del país. La violencia ya no se podía pasar por alto.

Le pregunté si le preocupaba la violencia que se estaba extendiendo por todo el norte de México.

Fox dijo:

—Nubes negras le esperan a México.

—¿Por qué tardó tanto en darse cuenta?

Fox sólo sacudió la cabeza.

—La transición del país, la consolidación democrática, están en marcha —agregó, con los ojos puestos en la tierra, allá abajo.

Volví a mi lugar junto al corresponsal del *Financial Times*, y contemplé desde arriba el Paseo de la Reforma, el magnífico bulevar inspirado en los Champs-Élysées de París, y alcancé a ver el Zócalo, la plaza central por donde había deambulado aquella desolada víspera de Año Nuevo de 1994, cuando la economía de México se estaba desmoronando y yo acababa de llegar de corresponsal. Había pasado tantas horas en esa antigua plaza, maravillado por la majestad y el misterio de la cultura de México, caminando por las excavaciones del Templo Mayor de la ciudad que los aztecas llamaban Tenochtitlan.

Ahora, mientras el avión se acercaba a la pista de aterrizaje, pudimos ver que la avenida y la plaza estaban repletas de manifestantes expresando su descontento con el "ilegítimo" presidente entrante, Felipe Calderón. Las protestas eran señal de las profundas divisiones que crecían por todo el país.

La historia finalmente estaba pasando factura, si no a México, por lo menos a mí.

Quince

En su primera conferencia de prensa como presidente electo en septiembre de 2006, Felipe Calderón parecía un hombre con muchos planes. Bajo de estatura, quedándose calvo, de 44 años, hijo de uno de los fundadores del PAN, Calderón supuestamente iba a consolidar la democracia en México y terminar el trabajo que Vicente Fox apenas había empezado. Después de 60 días de suspenso, había sido declarado formalmente ganador de la elección presidencial más cerrada en la historia de México. Había ganado por menos de 1% de los votos. Veinte años después de estar protestando en Ciudad Juárez por el robo de las elecciones para gobernador, Calderón era ahora el segundo candidato panista consecutivo en ganar la presidencia.

En esa conferencia de prensa, Calderón habló de sus planes para México y reiteró sus esfuerzos por acercarse al candidato perdedor, Andrés Manuel López Obrador, del PRD —el segundo partido, de tendencias de izquierda—. Estaba claro que López Obrador no tenía intenciones de hacerse a un lado. Se autoproclamó "presidente legítimo" de México y se negó a aceptar el triunfo de Calderón.

Pero había otra noticia dominando los titulares.

La noche antes de la conferencia de prensa, seis encapuchados entraron al bar Sol y Luna en Uruapan, Michoacán —el estado natal de Calderón—. Cargando bolsas de lona chorreando sangre, los hombres llegaron y quitaron la música de golpe. El silencio se apoderó del animado bar lleno de hombres y prostitutas. Luego, como si estuvieran jugando boliche, abrieron las bolsas e hicieron rodar cinco cabezas cercenadas hasta la pista de baile. La gente empezó a gritar.

Los hombres dejaron un letrero: "La Familia no mata por paga, no mata mujeres, no mata inocentes. Se muere quien debe morir. Sépanlo toda la gente: Esto es Justicia Divina".

La Familia era una organización criminal de Michoacán que antes había sido aliada del cártel del Golfo y ahora estaba demostrando su independencia de la manera más insólita. El líder, conocido como *el Más Loco*, traía siempre una biblia de sus propias creencias y predicaba el derecho divino a eliminar a sus enemigos.

Cuando un reportero le preguntó a Calderón qué opinaba de las cabezas que habían rodado por la pista de baile, puso cara de que le parecía una buena oportunidad para dejar atrás la disputa electoral. Calderón reconoció públicamente que algo en efecto estaba amenazando la seguridad del país. Había que detener al crimen organizado. El Estado mexicano tenía que recuperar los territorios sitiados por los narcotraficantes.

Los presidentes mexicanos anteriores habían jurado combatir el crimen y la corrupción y nunca hicieron gran cosa más allá de la retórica, pero Calderón parecía auténticamente decidido a hacer algo. ¿Habría alguien finalmente dispuesto a impulsar un cambio real en México? ¿Poner fin a la corrupción oficial y la complicidad con los narcotraficantes? Por la manera de hablar de Calderón, ciertamente eso parecía.

Anoté en mi libreta: "Él *sí* entiende el problema. De veras".

Calderón tenía que actuar rápido. Las corporaciones policiales iban a tener que echarle ganas y hacerse respetar como defensoras de la ley, no como maleantes; los jueces iban a tener que cumplir la ley en vez de fijar una tarifa revolvente por sus servicios. Se necesitaban reformas para renovar el sistema judicial y garantizar que los sospechosos fueran considerados inocentes en tanto no se probara su culpabilidad, y poner fin a la práctica de encarcelar chivos expiatorios.

A diferencia de su predecesor, Calderón sonaba desafiante, obstinado, enojado. Para que un verdadero cambio democrático se diera en

México, para que México alcanzara una nueva etapa de desarrollo económico y político, el país iba a tener que encarar a sus demonios, crear un sistema judicial que funcionara según el Estado de derecho y deshacerse de la cultura de impunidad que había imperado en el país desde los albores de su independencia, hacía casi 200 años.

Calderón se hacía eco del venerado presidente mexicano Benito Juárez, el primer dirigente indígena de México, quien creía en hacer de México un país de leyes. El liberal del siglo XIX defendió la democracia, las libertades individuales y la separación de la Iglesia y el Estado, y su legado dio forma al pensamiento de México y América Latina. A diferencia de Juárez, Calderón tenía una vena católica. Sus amigos lo describían como un doctrinario, un hombre de profundas convicciones y principios, un hombre que desconfiaba hasta de su sombra.

Cómo iba Calderón a enfrentar a los narcos, tocaba una cuestión medular en México. ¿De qué servía la soberanía cuando los narcotraficantes progresiva y deliberadamente tenían secuestrado al país? La corrupción en el sistema era endémica. México iba a necesitar a su vecino del norte.

Si bien de Estados Unidos se pueden admirar su eficiencia, principios democráticos y espíritu emprendedor, es difícil confiar en ese país cuando se trata de los asuntos de México. Durante la Revolución, Estados Unidos mandó tropas a la frontera y cruzaron a México en dos ocasiones: una, para perseguir a Pancho Villa después de que invadió Columbus, Nuevo México, y la otra para ocupar el puerto de Veracruz. La bandera estadounidense había ondeado una vez sobre Palacio Nacional. Pedirle ayuda a Estados Unidos iba a ser todo menos una propuesta fácil de aceptar en México. Los mexicanos, a diferencia de los estadounidenses, tienen una larga memoria. Aun cuando las encuestas mostraban que la soberanía estaba perdiendo importancia para algunos sectores de la población mexicana, la clase política seguía usando el tema para generar fervor nacionalista.

* * *

Dos estadounidenses serían clave para que Calderón superara esta barrera histórica: Tony Garza y Roberta Jacobson. Los orígenes de ambos no podían ser más distintos. Garza creció en Brownsville, Texas, y, como la mayoría de los residentes fronterizos, se pasó la niñez cruzando a México. Sus padres eran del sur de Texas, pero sus abuelos eran mexicanos. El padre de Garza peleó en la Segunda Guerra Mundial, y tenía una gasolinera a la vuelta del puente internacional que llevaba a la ciudad fronteriza de Matamoros, nombrada así en honor de Mariano Matamoros, un joven cura activista que luchó en la guerra de Independencia y luego fue ejecutado por la Corona española. Garza estaba orgulloso de sus raíces mexicanas pero a menudo repetía que "sólo en Texas, el hijo del dueño de una gasolinera puede llegar a ser el director de la comisión que regula una industria energética de 80 000 millones de dólares, ¿y dónde más que en Estados Unidos, el nieto de inmigrantes puede volver al país de los abuelos convertido en embajador?"

Jacobson descendía de un largo linaje de servidores públicos judíos de Nueva Jersey. Bailarina frustrada y estudiante de ciencias políticas, se fascinó con América Latina en los años 1980. Jacobson pasó un verano en Argentina cuando tenía 25 años y era estudiante de posgrado en la Universidad Tufts, y quedó prendada con Latinoamérica. A lo largo de su carrera en el Departamento de Estado trabajó en varios países y estudió en otros, desde Colombia hasta Perú hasta Cuba. Como encargada de la oficina para México del Departamento de Estado, México era su nuevo reto —y el más importante, según descubriría—.

Jacobson era del noreste y conocía bien el funcionamiento interno de Washington. Garza era un muchacho de la frontera, un texano cuyo nombre se murmuraba periódicamente como posible candidato a la gubernatura o al Senado. No le gustaba Washington, pero tenía la atención del presidente. Garza trabajaba en la Ciudad de México y ocasionalmente viajaba a Washington.

—Él odiaba Washington —contó Jacobson—. Yo lo sabía y sólo le pedía que se involucrara cuando necesitaba su opinión política; él agradecía que yo navegara Washington por él cuando podía. Y ambos agradecíamos la irreverencia del otro.

Garza estaba feliz con el discurso de Calderón. Garza había estado alertando a las autoridades de ambos lados de la frontera sobre la amenaza que los cárteles representaban para México, desde que se convirtió en el jefe de la diplomacia estadounidense en el país. La información le llegaba no sólo de sus propias fuentes de inteligencia en la frontera México-Estados Unidos y en la Ciudad de México sino también de sus amigos de infancia en la frontera. La situación estaba empeorando. Estados Unidos tenía que intervenir, como en 1995, cuando la administración Clinton encabezó el monumental rescate para salvar la economía mexicana.

—Una iniciativa mayor podría ser para la seguridad lo que el TLC ha sido para su economía, y cuando combinas seguridad y crecimiento lo que obtienes es la oportunidad de prosperar —compartió conmigo Garza.

Menos de una semana después de la primera conferencia de prensa de Calderón, Garza, acompañado de su esposa María Asunción Aramburuzabala —en ese momento la mujer más rica de América Latina y dueña de compañías como el Grupo Modelo, que produce la cerveza Corona—, visitó a Calderón y su familia en su casa en Las Águilas, al sur de la ciudad. Hablaron hasta tarde en la noche. Aún faltaban meses para la toma de posesión, pero el presidente electo ya se enfrentaba a cuestiones de legitimidad, así como del narco desenfrenado. Su rival, López Obrador, se seguía burlando de él y lo llamaba "presidente espurio".

Garza y Calderón se tenían aprecio. Garza había seguido de cerca a su jefe y amigo, George W. Bush, durante y después de los retos legales que siguieron a la elección del 2000 en Estados Unidos. Sentía empatía por la situación turbia que enfrentaban México y Calderón. Aquella noche, Calderón le preguntó sobre Bush: ¿cómo es?

—Es directo. Es honesto y valora eso en los demás —le contó Garza.

Conforme la noche pasaba, los dos hombres hablaron echando tequilas de la violencia que estaba devorando a México. Garza fue al grano:

—Mire, señor presidente, quiero que sepa que cuenta con todo el apoyo del presidente de Estados Unidos. Y si alguna vez se le ofrece algo, puede llamarme cuando sea —dijo Garza.

Calderón le dio las gracias y lo acompañó a la puerta.

En una reunión de seguimiento en las oficinas del PAN, los dos hombres volvieron a hablar del deterioro de las condiciones de seguridad en México. Calderón recibía informes de los asesores, expertos y funcionarios de inteligencia de México y Estados Unidos, incluyendo al hombre que sería su embajador en Washington, Arturo Sarukhán. El mensaje: los cuerpos de policía, ayuntamientos, la sociedad civil, la prensa —prácticamente todas las instituciones en funciones en el país—, estaban siendo infiltrados progresivamente por los cárteles. Washington escucharía si él llevaba la lucha hasta los narcos, le dijeron los asesores.

El propio presidente electo había recibido advertencias de que él encabezaba una lista de blancos. Inteligencia había descubierto que un cártel había tenido acceso a los registros médicos personales y citas del presidente, buscando su punto débil. Calderón después reconoció que, tras una amenaza contra su vida, había grabado un mensaje para sus hijos "en el que les aseguraba que en caso de ocurrirme algo debían tener la certeza de que su padre estaba cumpliendo las tareas que creía necesarias".

Ahora, en las oficinas del PAN, Calderón de inmediato dejó a un lado las formalidades.

—¿Qué incluye la ayuda estadounidense? —recuerda Garza que le preguntó Calderón. El presidente electo estaba especialmente preocupado por su familia.

—Lo que haga falta para que su familia esté a salvo —respondió Garza—. Queremos que sepa que estamos haciendo todo lo posible para garantizar la seguridad de su familia.

El 8 de noviembre de 2006, Calderón voló a Washington para su primer encuentro con el presidente Bush.

Aquel fresco día de otoño, yo había seguido a Calderón a Washington y esperaba afuera de la Casa Blanca con otros reporteros. Las últimas hojas secas habían caído en el césped. Yo había oído cierta especulación de que Calderón pediría apoyo en cuestiones de seguridad, aunque estaba listo para escribir el típico artículo de que México hacía un llamado a proteger a sus hijos e hijas indocumentados en Estados Unidos.

Pero quedó claro que los días de pedir un trato más digno para los trabajadores mexicanos en Estados Unidos y una reforma migratoria integral —algo en lo que habían insistido prácticamente todos los presidentes mexicanos desde Lázaro Cárdenas en los años 1930— habían terminado, por el momento. Al menos de manera pública, Calderón no iba a presionar sobre ese tema agresivamente como lo había hecho su predecesor.

Tenía una visión de un nuevo capítulo en la relación bilateral. México y Estados Unidos estaban a punto de volverse más que "vecinos distantes", como el corresponsal del *New York Times* Alan Riding había sugerido años atrás en su libro del mismo nombre. La visita supuestamente era simbólica, una primera reunión estándar entre dos presidentes de países vecinos electos democráticamente, pese a las dudas que persistían; una oportunidad de posar para los fotógrafos, jurar cooperación y darse la mano. Fue todo menos eso.

En el Despacho Oval, Garza podía oír a los dos mandatarios mientras hablaban. Calderón fue directo al grano. Describió secamente la situación de México. La comparó con abrir un cuerpo, pensando que todo lo que había que hacer era encontrar el tumor y extirparlo quirúrgicamente. Pero lo que se encontró fue un cuerpo podrido hasta la médula por años de corrupción. El cáncer se había extendido. Proponía lo inimaginable. Rompiendo todo el protocolo de generaciones y tragándose su propio nacionalismo estridente, Calderón le dijo a Bush que México necesitaba asociarse con el gobierno de Estados Unidos para restablecer la seguridad.

—Estoy listo para hacer mi parte —le dijo el presidente electo a Bush, una línea que antes había ensayado con Garza—. Pero necesito un socio.

Bush miró a Calderón a los ojos.

—Estoy dispuesto a ser ese socio —respondió Bush.

Bush leía los periódicos texanos y había sido informado por colaboradores cercanos, sobre todo Garza, de que los narcotraficantes estaban hostilizando a México. Pero aun así, no se esperaba que Calderón fuera a ser tan osado. A Bush, cuentan sus colaboradores, Calderón de inmediato le cayó bien porque era directo y no daba ninguna muestra de la diplomacia timorata que lo tenía harto con Fox y sus asesores. Con esta oportunidad histórica de profundizar la relación bilateral y reflejar los crecientes lazos demográficos y culturales entre las naciones, el ex gobernador de Texas dijo que Estados Unidos estaba dispuesto a ayudar a México en todo lo que necesitara. Le pidió a Calderón que hiciera un plan. ¿Exactamente, qué estaba pensando México? Calderón le dijo a Bush que le haría llegar los detalles. Calderón, recordaba Garza, agregó bromeando: "Si Jack Bauer lo tiene, yo lo necesito". Los dos hombres se dieron la mano y quedaron en reunirse otra vez, formalmente, para tratar cuestiones más específicas.

Calderón partió, y el presidente Bush le pidió a su amigo Garza que se quedara un momento. Bush conocía a Garza desde los tiempos en que Garza estaba haciendo campaña como republicano para la judicatura del Condado de Cameron en el sur de Texas. Cuando iba a la Casa Blanca, Garza a menudo era invitado a quedarse y los dos hombres hablaban de política con puros y tragos: cerveza sin alcohol para Bush, whisky puro de malta para Garza.

—¿Esto es tipo Colombia? —le preguntó Bush a Garza, cuando se fue Calderón.

—Sí y no. Podría ser igual de grave y llegar ahí muy pronto, señor presidente —respondió Garza, y agregó—: Colombia en la frontera de Texas.

Pocos días antes de su toma de posesión, en su último vuelo como presidente electo desde el norteño estado de Sonora, Calderón y su equipo se reunieron. Calderón les pidió a sus asesores militares que le dieran una demostración de sus armas y les hizo una letanía de preguntas, incluyendo qué armas funcionaban mejor bajo una serie de circunstancias, como de noche o en terreno difícil. Se preparaba para ir a la guerra.

Un mes más tarde, Calderón se puso la gorra de comandante en jefe del ejército —parecía que le quedaba grande—, días después de desplegar a 7 000 soldados y agentes, 29 helicópteros, 17 aviones y 240 vehículos a su natal Michoacán. Seguirían más estados y más tropas: hasta llegar a 45 000.

La noticia tomó por sorpresa a los funcionarios estadounidenses. Estaban esperando una reunión de seguimiento con Calderón para discutir la estrategia, formas en que Estados Unidos podía apoyar. Si bien los estadounidenses estaban ansiosos por ayudar, tenían las manos llenas con Irak y Afganistán. Estaban reticentes a comprometerse en otro conflicto, sobre todo al lado de ellos, y sobre todo sin la preparación adecuada, con décadas de profunda desconfianza entre los socios.

Los dos gobiernos se reunieron en marzo de 2007 en la ciudad colonial de Mérida, Yucatán, para hablar de estrategia. Bush venía llegando de Guatemala, donde el presidente le había rogado que enviara fuerzas especiales de Estados Unidos: los narcos amenazaban con echar abajo su gobierno. La situación en México no era mucho mejor, pese al continuo despliegue de fuerzas de Calderón. Bush hablaba con su gente, y Calderón con sus asesores y su embajador. Ambos se estaban preparando para discutir en privado el apoyo de Estados Unidos a México. Garza se acercó a Calderón y le dijo:

—¿Me permite un momento?

Lo llevó con Bush, tomó a los dos presidentes del brazo y los reunió.

—Pensé que ese momento, ahí mismo, daría la pauta para mucho de lo que vendría después, y quería asegurarme de que se miraran a los ojos y se entendieran y que estableciéramos correctamente el lenguaje de la sociedad —dijo Garza.

Después de que los dos gobiernos se reunieron en Mérida, Garza y Jacobson se pusieron a trabajar.

Yo di a conocer la noticia en mayo de 2007, después de saberla por una fuente en una cena de corresponsales en la Casa Blanca. La verifiqué con fuentes de ambos lados de la frontera y escribí mi artículo sobre la iniciativa antes de que se hiciera pública. Al poco tiempo, el procurador general de México, Eduardo Medina Mora, estaba al teléfono, llamando desde Madrid, donde estaba en viaje oficial. No quiso hablar mucho, pero el hecho de que llamara de Europa a medianoche confirmaba una serie de cosas. Fui a comer con Jacobson, pero ella minimizó la noticia. Algo estaba pasando, pensé.

La canciller Patricia Espinosa tuvo una reunión con su contraparte, Condoleezza Rice, acompañadas por el embajador de México y el jefe de inteligencia. Espinosa le hizo a Rice una presentación en PowerPoint en mayo que cubría tres áreas: lo que los mexicanos iban a hacer, lo que pensaban que Estados Unidos ya debería estar haciendo y lo que ambos gobiernos podían hacer juntos. De Estados Unidos, los mexicanos querían la prohibición de los fusiles de asalto, y una dotación de artillería pesada, helicópteros y aviones. Era, en esencia, una lista del súper. Espinosa se veía mal preparada, trastabillando tanto con las palabras que mejor dejó la junta en manos de los otros dos miembros de su equipo. Ellos explicaron lo que Calderón en esencia le había dicho a Bush meses antes: el cáncer del crimen organizado se había extendido por México. Necesitaban armas para combatirlo. La junta, con té y café, no duró más de una hora.

Días después, un grupo de funcionarios del Departamento de Estado, incluyendo a Jacobson, fueron enviados a la Ciudad de México a reunirse con sus contrapartes clave, quienes habrían de encabezar la estrategia para recuperar las zonas en poder de los cárteles. La reunión tuvo lugar en la tarde, en una casa colonial en Coyoacán. La temporada de lluvias aún no empezaba, pero había mucha humedad. A Jacobson no le tomó mucho tiempo darse cuenta de que todos los funcionarios mexicanos venían por turnos, y que ninguno sabía lo que estaban haciendo los demás. En realidad nadie confiaba en nadie.

Garza había vislumbrado esa desconfianza de primera mano. Cuando Calderón quería comunicarse con él, alguien de la oficina de la presidencia lo llamaba y le preguntaba dónde estaba.

—Yo les decía, y de pronto aparecía un miembro del equipo de seguridad de mayor confianza de Calderón y me pasaba un radioteléfono seguro para que hablara con el presidente —explicó Garza—. Lo que vi era a un tipo que no confiaba en nadie, que se estaba metiendo en una situación donde no debía confiar en nadie... yo diría que su cautela lo ayudó en esos primeros días.

A Jacobson no le gustaba la fragmentación de información del nuevo sexenio, pero Estados Unidos no tenía opción. En julio, el Departamento de Estado organizó una reunión interagencias con más de 100 elementos clave de ambos países en Washington para hablar del equipamiento y la reforma judicial, pero sobre todo para trabajar en crear confianza, no sólo entre los dos países sino entre los propios mexicanos. Poco después, Jacobson quedó a cargo de armar un paquete de apoyo suplementario, trabajando hasta altas horas de la noche para hacerlo. Discretamente cabildeó a miembros clave del Congreso, como Christopher Dodd, mientras presionaba a todo mundo para mantenerlo en secreto de los reporteros.

Ella compareció en 11 audiencias del Congreso, y andaba por el Capitolio con un mapa arrugado que mostraba las 235 ciudades de Estados Unidos donde los cárteles mexicanos estaban activos. Arrinconaba a líderes del Congreso en la cafetería, el elevador... donde pudiera. En especial acechó a los miembros de los comités de asignaciones y a los directores legislativos clave, señalando las ciudades en sus distritos.

—Tuve que ir a ver a tantos congresistas y asistentes legislativos que nunca le habían puesto atención a México, y de algún modo supongo que ayudó que fuera una mujer del noreste la que les trataba de explicar por qué esto era importante —dijo—. Yo no era mexicana-estadounidense. En realidad ésta no era mi vida. Yo no crecí en la frontera, pero aun así importaba. Y de algún modo me daba una credibilidad extra el hecho de no haber crecido allí, para explicarles por qué era importante esto. Porque parte de lo que estábamos tratando de superar era la idea de que esto en esencia era un problema regional, un problema fronterizo, pero de hecho lo que teníamos que demostrar era que es un problema nacional.

Garza y Jacobson enfrentaron una andanada de preguntas de miembros del Congreso y de la administración Bush. ¿El problema sí era tan grave? ¿Qué implicaría la ayuda de Estados Unidos, y por cuánto tiempo? ¿Íbamos a meter dinero a un país corrupto? ¿Dónde iba a acabar? ¿Contaba México con suficiente preparación estratégica?

En una ocasión, Garza visitó a Bush y cuestionó la determinación de Washington de ayudar a México. Bush de inmediato levantó el teléfono y llamó a sus principales colaboradores. Cuando estaba hablando con Rice, recordó Garza, el presidente le preguntó:

—Condi, estoy aquí con mi amigo Garza, y quiero saber: ¿estamos enfocados en esto, o no? ¿Estamos haciendo todo lo que podemos?

Garza agregó:

—Bush era sincero con lo de México. Yo sabía que era algo importante para él. Sin el compromiso de Bush, nos hubiéramos quedado chiflando en la loma.

Jacobson también pasó horas hablando con funcionarios de relaciones exteriores mexicanos en Washington, en especial con Sarukhán, el embajador, favorito de muchos en Capitol Hill desde sus días de funcionario de la embajada. Llamaba la atención por su acento inglés adquirido en la Gran Bretaña. Le encantaba citar a Dickens usando la línea: "Era el mejor de los tiempos, era el peor de los tiempos", para describir la relación bilateral.

Jacobson se aseguró de que sus contrapartes supieran en lo que se estaba metiendo México.

—Primero, no dejen de preguntarles a los colombianos lo que es recibir apoyo de Estados Unidos —les advirtió a Sarukhán y a otros—. Tengan cuidado con lo que piden.

Después de todo, México era reacio a cumplir cualquier demanda de Estados Unidos, por el simple hecho de venir de su vecino del norte.

Cualquier apoyo económico de Estados Unidos estaría condicionado: sujeto a estrictas reglas y supervisado por el Congreso. Los 8 000 millones de dólares de apoyo a Colombia desde 1999, habían sido supervisados por puntillosos comités del Congreso que cuestionaban todo, desde la corrupción hasta las violaciones a los derechos humanos. México tendría que aceptar defender los derechos humanos y fortalecer la capacitación policiaca, la reforma judicial y el Estado de derecho.

Luego estaba el problema de la confianza, como siempre.

—Los colombianos no sólo nunca se avergonzaron de su relación con nosotros: estaban bien orgullosos de ella —recordó Jacobson—. Querían tener el mayor número de americanos posible, y al diablo la soberanía. Iban a recuperar su país: no estaban preocupados de que los vieran con nosotros. México sigue siendo ambivalente: "Sí queremos que nos vean con ustedes, ¿pero se pueden hacer para allá?" La gente aquí en Washington eso lo entiende. Y la mayoría de la gente puede simpatizar con eso: una cultura política que no responde favorablemente a que se metan demasiado. Tenemos una historia con México que no tenemos con Colombia. Pero de vez en cuando hay que darse cuenta de que los funcionarios estadounidenses se preguntan: "¿Bueno, los mexicanos quieren nuestra ayuda o no?"

De regreso en México, según el procurador general Medina Mora, el presidente hacía honor a su reputación de controlarlo todo. A veces, Calderón aprobaba los comunicados de prensa en persona. Llamaba para preguntar si habían detenido a algún capo importante la noche anterior. La presidencia parecía decidida a sacar titulares llamativos. Medina Mora tenía otras preocupaciones. Sobre todo le inquietaba la capacidad del país para recabar inteligencia. Antes de ser procurador general, había sido director de la agencia de inteligencia del país; bajo Fox, la agencia había sido destripada, porque hubo agentes involucrados en espionaje político contra Fox cuando era candidato. Y ahora el país contaba con poca inteligencia para ayudar en su lucha contra los cárteles.

Óscar Rocha, un funcionario de inteligencia de México, estuvo en algunas de las reuniones más cruciales para discutir la situación de seguridad del país. Llegó a una conclusión: la amenaza del crimen organizado era real. Durante años, había habido voces cabildeando para que el gobierno federal se involucrara más en combatir la corrupción y a los miembros de los cárteles. El cáncer llevaba allí tanto tiempo que el paciente prácticamente estaba muerto. Sí, tenían que revivirlo, pero tomaría años de rehabilitación para que respondiera plenamente al tratamiento. A menudo, Rocha se preguntaba si ésta era una guerra real, o sólo el inicio de un trágico error de cálculo por parte de un nuevo gobierno buscando legitimarse. Rocha esperaba cautamente que la cosa mejorara, pero también sabía que las probabilidades de cualquier triunfo contra los cárteles y el descompuesto sistema mexicano eran escasas o nulas.

Después comentó:

—Cuando gritamos: "¡A la carga!", y nos lanzamos cuesta arriba, me di cuenta de que no íbamos a caballo sino en burro. No digamos armas: no traíamos ni silla. Y cuando volteamos para atrás, toda la caballería iba en distintas direcciones.

TERCERA PARTE

Dieciséis

JULIO DE 2007

Rayos tentativos de sol cruzaban el horizonte del océano en la madrugada, brillando en las calles encharcadas por la lluvia de la noche anterior. Era la mañana siguiente a lo que se había sentido como una fiesta de despedida: el vaquero y su novia bailando en la banqueta cerca del porche con la mujer haciendo tacos, nuestra pachanga improvisada, inspirada por Juan Gabriel. Yo me iba de México por lo que me temía con el corazón sería un largo tiempo. Al despuntar el alba en el año de mi cuarta amenaza, estaba saliendo del Cielo Rojo en San Pancho con un boleto a Texas en mi mochila de lona verde.

Antes de que saliera el sol, manejé velozmente hasta Puerto Vallarta y tomé un vuelo a Dallas, donde transbordé hacia El Paso. Desde arriba, vi alejarse el colorido campo de México, las barrancas, los campos verdes, los volcanes, ya tranquilos.

Mis padres fueron por mí al aeropuerto. Mi padre, que en general hablaba menos conforme se iba haciendo mayor, parecía estar lleno de preguntas sobre la situación en México. Mi madre estaba parada a su lado, contenta como se ponía siempre que llegaba a quedarme unos días. Yo sabía que seguramente ya tenía planeada la comida de toda la semana: huevos a la mexicana para desayunar, fideo o enchiladas verdes para comer, sin crema, como me gustan.

No planeaba contarles nada sobre los últimos siete días, mis miedos, mi descontento ni mi sensación de haber sido traicionado. Pero no se me ocurrió pensar que ellos ya habían oído la noticia. La amenaza contra un periodista texano no identificado había salido en los titulares en Estados Unidos.

—¿Quién era? —preguntó mi papá.

Hablar de México no estaba en las cartas. Puse mi cara de póquer.

—Siguen investigando —respondí, no muy seguro de qué decirle que no fuera una mentira descarada.

Pero mi padre me conocía bien. Vi la desilusión en sus ojos.

—Te acuerdas de lo que te dije, ¿verdad? —preguntó—. ¿Lo que me prometiste?

No le respondí de inmediato.

Sentía sus ojos sobre mí cuando salimos caminando del aeropuerto, pero evité su mirada y conduje a mi mamá al estacionamiento. Cambié de tema.

—Uy, ¿qué tal una hamburguesa con jalapeños? Nomás de botana —dije, teniendo cuidado de no ofender a mi madre. Manejé hasta la salida y luego me dirigí a la frontera. No tenía intenciones de cruzar, pero a unas cuadras del puente, del lado de Estados Unidos, estaba nuestra panadería mexicana favorita, Bowie's. Podíamos pasar por algo de pan dulce, y de camino pararnos por unas hamburguesas, supliqué. Ella aceptó.

Era una tarde de un cielo azul profundo en el que no había absolutamente ninguna nube. Di vuelta sobre South El Paso Street. Volteé a ver un local de comida china para llevar: el sitio original del Freddy's Café me puso nostálgico —mi madre sirviendo tazones de menudo; mis hermanas, chiquitas, secando platos con un trapo; mis hermanos y yo tomándole la orden a nuestra fiel clientela—. La cuadra había cambiado pero seguía atiborrada de gente, sobre todo de México, que iba de compras, cargando grandes bolsas de plástico.

Ésa era la esencia de la economía fronteriza: el cruce de productos por la línea entre El Paso y Juárez, entre Estados Unidos y México, entre —como dicen los mexicanos— el idealismo y el realismo, la hipocresía y la realidad.

En ese momento pensé, mientras esperaba para dar vuelta a la izquierda sobre Paisano Drive, que la frontera parecía tan artificial y forzada. Pensé en todos esos mexicanos sin rostro, en nosotros, en los paisanos, algunos de ellos miembros de mi propia familia, que pasaron por estas calles camino a adentrarse en el corazón de Estados Unidos. Traían con ellos poco más que la esperanza y el valor para desarraigar sus vidas enteras, y las historias que habían oído en casa: las promesas de riqueza y oportunidades, y de un nuevo principio.

Algunos de los hijos e hijas perdidos de México regresan en coches nuevecitos comprados con el dinero ganado cosechando, de meseros, pintando casas o cortando el pasto en las ciudades y suburbios de todo Estados Unidos. Llegamos en avión a Tuxtla Gutiérrez, o Guanajuato, Morelia, Puebla o Durango, con los *souvenirs* puestos: botas vaqueras de Texas; cachuchas de los Cowboys, Eagles, Yankees, Broncos o de los Raiders; jeans de diseñador, con los bolsillos retacados de billetes. Algunos, como mi amigo el productor de tequila David Suro, regresan habiendo realizado grandes sueños —dueños de un negocio, una casa, con ciudadanía de Estados Unidos— y con recursos suficientes para volverse filántropos en su antigua patria. Somos estadounidenses por fuera y mexicanos por dentro. Tratamos de recobrar nuestro pasado buscando el perdón de nuestro hogar abandonado, que resiente que nos hayamos ido.

Otros regresan en ataúdes —víctimas del calor del desierto fronterizo, de los vagones de tren sofocantes, las fuertes corrientes del río Bravo, o los "coyotes" desalmados que cada día son más asesinos—, sin haber entrado nunca a la tierra prometida del norte. Algunos se mueren en el norte, sus sueños de un regreso triunfal a su tierra enterrados para siempre.

Alcancé a ver los monumentos junto al río Bravo que marcan la frontera, desestimando la historia, la geografía y a la gente que la ve como lo que realmente es: una ilusión que nos ha sido impuesta por gobiernos lejanos. Éstas son fronteras formadas a lo largo de siglos, por exploradores que se remontan a la Inquisición española, más atrás, antes de los mayas y los aztecas, antes de que las tierras dividieran a buenos y malos, no necesariamente Estados Unidos y México, sino algo más, en constante evolución.

Miré a mi madre a mi lado y a mi padre atrás cuando abrieron sus hamburguesas, sin perder de vista la carretera fronteriza. México se alzaba a nuestra izquierda, un laberinto de colonias cubría los cerros del otro lado de un río lodoso, frente a los descollantes edificios de mi alma máter, la Universidad de Texas en El Paso, con su impactante arquitectura butanesa. Las coloridas casas estaban atrapadas en una nube de polvo, del viento y los escapes de camiones destartalados. Había visto algunas de esas casas allá cuando tenía 23 años, dando la vuelta con mis amigos músicos. Sólo que ahora había cientos más, todas de gente atraída por la proximidad a Estados Unidos.

Manejé en silencio, tratando de ignorar la mirada de mi padre, atrapado entre la lluvia de la Ciudad de México y la sequía del desierto fronterizo. Pasé la salida a la calle Porfirio Díaz, construida en 1909 para marcar el encuentro entre el dictador mexicano Porfirio Díaz y el presidente estadounidense William Howard Taft. Aquí en El Paso, los estadounidenses se subían a los edificios altos para ver a los mexicanos matarse en su Revolución, que empezó en 1910. La violencia llevó a que un influjo de mexicanos —tanto como el 10% de la población— ingresara a Estados Unidos. La mayoría se estableció en Texas, incluyendo El Paso —la Isla Ellis del suroeste—, donde las colonias de Segundo Barrio y Sunset Heights se convirtieron en el corazón de la diáspora, con su concentración de clérigos, importantes hombres de negocios e intelectuales, y sus escuelas, teatros, cines, y más de 40 periódicos en español, todos mantenidos por la nueva clase media "mexicana-estadounidense". La orden jesuita estableció una red de escuelas para los hijos de la comunidad mexicana. Desde la base de El Paso, los refugiados revolucionarios planearon levantamientos contra la dictadura de Díaz.

Una montaña desgastada con una cruz arriba custodia el lado oeste de El Paso. La estatua de Cristo Rey, una versión a escala de la que está a las afueras de León, Guanajuato, honra a los católicos que huyeron de México. La estatua contempla Smeltertown, a orillas del río Bravo, lugar marcado por una altísima chimenea industrial de 251 metros, en desuso. Hace un siglo, muchos mexicanos trabajaron allí en los procesos metalúrgicos de la ASARCO, Compañía Americana de Fundición y Refinación, y se asentaron en torno a la fábrica.

Luz fluorescente se reflejaba en el parabrisas. Una camioneta negra pasó a un lado con una canción norteña a todo volumen, seguramente narrando la vida de algún famoso traficante. Ya estábamos a pocos minutos de la casa, donde la TV, con su estridente flujo incesante de telenovelas, con tantita suerte distraería a mis padres.

Miré en el espejo y vi las largas miradas que me echaba mi padre. Había dejado de comer su hamburguesa. Él lo sabía. Cuando finalmente habló, lo hizo sin comas, sin titubeos, con enojo y frustración. Rompió el silencio y finalmente me preguntó lo que mi mamá también quería saber pero no se atrevía a preguntar.

—Fue contra ti, ¿verdad? —preguntó.

—Nadie sabe —respondí—. Ni quién es el blanco, ni quién hizo la amenaza, ni si es creíble siquiera.

—Estos cabrones no andan con chingaderas. Sí recuerdas lo que te dije, ¿verdad? —dijo.

—Juan Pablo —dijo mi madre—. Hay que llegar a la casa, comemos y luego hablamos. Ha de venir cansado.

—Sí, papá, me acuerdo —dije—. Más de lo que quisiera.

No podía seguirlo ignorando. Tampoco me atrevía a decirle que no era la primera vez. Quería gritar, desahogar mi frustración, decirle que me había ido a México hacía tantos años decidido a recobrar mi patria y cubrir las noticias como en cualquier lado, como si eso fuera posible. Yo estaba decidido a no enfocarme en el narco ni el crimen sino escribir de otros temas de la vida real: inmigración, educación, economía, entretenimiento. Trataría de ayudar a acercar a mis dos países. Pero sin darnos cuenta, todos nos habíamos vuelto reporteros de la nota roja, como le dicen en México.

"¡Sí, papá! —quería gritar—. México sigue siendo una nación vulnerable porque a 200 años de su independencia nunca ha podido fortalecer sus instituciones judiciales ni crear suficientes empleos para una juventud inquieta que tiene pocas opciones. Peor aún, los que eligen una vida de crimen adoran al país, porque México nunca castiga a sus hijos descarriados. ¡Mira la tasa de impunidad! México está igualito que cuando lo dejaste a los 17 años, papá, y Estados Unidos estaba desesperado por que te vinieras al norte. Los americanos estaban tan contentos de que tú y tus compañeros braceros vinieran a pizcarles su algodón, tomate, betabel, uvas y naranjas, que hasta les hicieron una *barbecue* en su honor. ¿Te acuerdas? Pues adivina qué, papá. Hoy en día no les importas un carajo, y menos tú con tu sombrero vaquero y tus botas picudas. Seguro han de pensar que tú también eres narco. Ése es el lado voluble de tu patria adoptiva, ¿verdad? ¿No es eso lo que el tío Delfino y el tío Antonio trataron de decirte hace años?"

Pero no dije nada de eso.

—Sí, me acuerdo, papá —repetí.

Esperé a que mi papá desatara su ira contra mí. Y si no hubiera hecho tanto calor afuera, seguro se habría dado cuenta de que yo me había puesto rojo como sandía, enojado conmigo mismo más que con cualquier otra persona o cosa. Una parte de mí tenía ganas de enterrar la cabeza y no salir ni a respirar en horas. Quería llorar. Pero a mi padre no le gustan las lágrimas. No sabe qué hacer con ellas. Esperé. Sabía que ya no podía seguirlo ignorando.

Me recordó de aquel hombre de negocios que había querido invertir en el Freddy's Café. En 1986, un señor mexicano se le acercó a mi padre en un bar. Le encantaba la comida de mi mamá y quería invertir, dijo. Si mis padres aceptaban abrir un local más grande —el Freddy's estaba apretujado en un cuartito—, él y sus socios podían poner 30 000 dólares, quizá hasta 100 000. Mis padres le devolverían cierto porcentaje, de 10 hasta 25% durante cinco años, y luego el restaurante, tal vez una cadena de restaurantes, sería nuestro. Mi padre dijo que lo pensaría.

Yo al principio estaba muy emocionado. Treinta mil dólares, pensé. ¡Nos íbamos a lo grande! Soñé con abrir una cadena de Freddy's Cafés por toda la frontera Estados Unidos-México. Éste era el sueño americano, del que había leído en los libros. Empecé a contarle a gente, pedirle su opinión. Unos cuantos amigos asintieron, nos felicitaron o nos desearon suerte; a ellos también les encantaba la comida de mi mamá y querían vernos triunfar. Luego me encontré al *Neto*, el borracho del barrio y, como *la Paisana*, fayuquero de toda clase de contrabando: televisores, vinos, refrigeradores y sabrá Dios qué más. También era un notorio donjuán. Amaba a cualquier mujer que se dejaba. Le conté del gran negocio.

—Si quieres meterte en esas transas, Freddy —me había dicho—, tienes que asumir las consecuencias. En el instante en que tocas ese dinero, les perteneces.

Lo escuché, incrédulo. Luego empezó a enumerar los restaurantes y negocios en El Paso que se sabía que lavaban dinero. Restaurantes donde conocíamos a los dueños, tiendas donde íbamos a comprar. Claro, sabíamos que había mafias en México, que las drogas cruzaban la frontera, que se lavaba dinero de los dos lados. ¿Pero tantos? ¿De veras? ¿En serio?

Mira a tu alrededor, me había dicho. El Freddy's está a unas cuadras del barrio Chihuahuita, donde alguna vez vivió *la Nacha*, la mujer que controló el negocio del contrabando en Juárez por casi 50 años. Ella moldeó el tráfico de drogas, enseñándoles a los fayuqueros de poca monta lecciones que luego fueron transmitidas a la siguiente generación —gente como *el Neto*, que conocía todas las formas habidas y por haber de meter drogas a escondidas a Estados Unidos—. Un truco muy común consistía en embarrar de mariguana las llantas de un coche para que la olieran los perros. Mientras los agentes fronterizos se distraían con ese vehículo, dos o tres más cargados con ladrillos de hierba pasaban con relativa facilidad.

Esto es la frontera, dijo *el Neto*. Abre los ojos.

El Neto siempre era el primero en llegar a desayunar al Freddy's. Entraba arrastrándose a las seis casi todas las mañanas, cuando mi mamá apenas estaba calentando los hornos. Se pasaba las noches cargando bultos misteriosos en camiones que iban a Los Ángeles, y usaba el local de al lado como bodega; a veces, cuando necesitaba más espacio, guardaba sus bultos en nuestro restaurante sin decirnos lo que era. Yo sabía que los bultos que iban al sur estaban llenos de ropa usada de California. ¿Pero qué rayos estaban mandando de México para el norte? Un día le hice esa pregunta al *Neto*.

Él negó con la cabeza, se llevó el dedo índice a la boca y lo besó. Tenía las muñecas pintadas con tatuajes. *Neto* también era mi consejero, y tomó especial interés en mi pasión por el periodismo, enseñándome las limitaciones de la que sería mi nueva profesión.

—Freddy, no hagas preguntas de las que no quieras saber la respuesta, sobre todo si quieres ser reportero. Porque aquí hay gato encerrado —y esa frase, que me dijo en español, me recordó de paso que la curiosidad mató al gato.

Después de platicar con *el Neto* sobre el "inversionista", me fui caminando, profundamente desilusionado de mis planes de abrir una cadena de restaurantes con dinero sucio. Tenía que decirle a mi papá.

Luego nos llegó la noticia de Clavi. Clavi, el señor que nos había traspasado el Freddy's, fue encontrado en Cancún, su cuerpo cortado en pedazos. Su cadáver —o partes del mismo— había sido descubierto en un pantano. Clavi era buena gente, dejaba muy buenas propinas; aparte de la venta del restaurante, no habíamos tenido más tratos con él. Su asesinato sugería que algo oscuro bullía a ambos lados de la frontera.

Esa noche le pedí un momento a mi padre para hablar a solas, preocupado. Pero él ya sabía. Había hecho su tarea. Había ido a ver al inversionista. Le había pedido oír otra vez los términos del acuerdo, que le plantearon en las mismas condiciones que antes. Pero luego mi padre hizo una pregunta: ¿qué tal si queríamos vender el restaurante antes de que pasaran los cinco años? Está bien, dijo el hombre, no hay problema.

Pero agregó:

—Si se mete la policía va a haber lío. Pero no con el restaurante ni contigo. Con tus hijos.

Luego le dijo a qué escuelas íbamos, mis hermanos, mi hermana y yo.

Mi padre rechazó la oferta cortésmente, y el hombre no lo presionó. Esa clase de decencia parece curiosa en retrospectiva. Si mi padre hubiera rechazado la misma oferta el día de hoy, sabrá Dios dónde estaríamos.

Cuando aún iba al centro de educación superior y les dije a mis padres que quería ser reportero, mi mamá me persignó y le pidió a Dios que me protegiera. Mi papá me miró, sombrío.

—Está bien —dijo—. Con que no te metas con esta gente —es decir, con los narcotraficantes—. No conocen la palabra perdón —me dijo, con una sabiduría que sólo se aprende en la frontera—. Sí recuerdas lo que te dije, ¿verdad? —volvió a preguntar.

Afirmé con la cabeza. Por el espejo retrovisor vi a mi padre devolverme la mirada y menear la cabeza con desprecio.

—*Shit* —dijo, una de las pocas palabras en inglés que había aprendido en sus seis décadas en Estados Unidos. Mamá se veía triste. México, mientras tanto, se iba perdiendo de vista.

Diecisiete

Me quedé del lado de Estados Unidos de la frontera y sólo cruzaba brevemente a reportar a Juárez antes de regresar a El Paso. La tasa de homicidios de México, que había caído 37% entre 1997 y la toma de posesión de Calderón en 2006, casi se triplicó en 2008. Cientos de personas habían desaparecido, cientos más habían sido asesinadas. Primero docenas, luego cientos y después miles de personas estaban siendo desplazadas. La gente buscaba la relativa seguridad de sus lugares de origen en el sur de México o, si tenían documentos, en Estados Unidos, en ciudades como El Paso y otras partes de Texas y más allá.

Las matanzas del narco seguían sin parar. El presidente Calderón había enviado al ejército a Ciudad Juárez esa primavera. De pronto, 6 800 tropas en ropa de combate y policías federales con su uniforme azul oscuro estaban patrullando las calles del centro económico para compañías del *Fortune 500* más importante de México. Empezaron a aparecer funcionarios que anunciaban la operación tal o cual; como los estadounidenses, parecían tener una fijación con la palabra "operación".

Miguel Monterrubio, el vocero de Calderón, me habló un día esa primavera para decirme que iba a estar en Juárez con su nuevo jefe, Juan Camilo Mouriño, el secretario de Gobernación. Me pidió que me reuniera con él para oír sobre la estrategia del gobierno de combate al crimen. Yo en esos días no iba mucho a México —más bien trataba de reportar desde la seguridad de El Paso—, pero en este caso hice una excepción.

Nos vimos en un hotel elegante cerca del aeropuerto. El lugar estaba inundado de agentes federales hablando en sus auriculares y burócratas anunciando los detalles de la Operación Conjunta Chihuahua, un esfuerzo coordinado entre los gobiernos estatal y federal.

Yo me había vuelto cínico sobre las "operaciones" del gobierno, pero pensé que sería bueno ver a Miguel y averiguar en qué andaba. Él me había hecho un favor cuando se puso a investigar las amenazas en mi contra. Le debía una. Además, me daba curiosidad si seguía pensando que los periodistas estábamos exagerando la violencia.

Bebimos refresco mientras su jefe se reunía a puerta cerrada con el gobernador y otras autoridades. Había tantos soldados montando guardia afuera que Miguel se puso cáustico:

—Esto parece que se va a poner de la chingada, güey.

—Sí, parece que se están preparando para la guerra, ¿no? —dije, escribiendo sus palabras mientras él diligentemente me volvía a recordar que esto era extraoficial.

No respondió. Simplemente cambió de tema.

—¿Y cuándo sales de tu escondite? —preguntó, bromeando a medias, sin soltar sus celulares, como siempre, y volteando hacia atrás, atento a cualquier movimiento, cualquier señal de su jefe.

—¿Cuándo va a volver a ser seguro México?

—Ya mero —dijo él.

—Creo que por el momento ya terminé en México —dije, explicando que estaba esperando noticias de una beca, que me mantendría ocupado por lo menos un año, hasta decidir qué quería hacer—. Ya no le veo caso —dije—. Siempre voy a ser un extraño en México. En realidad no pertenezco.

—Güey, estás hablando conmigo —bromeó—. No seas pesimista como todos tus demás colegas, como los americanos. Tú no eres un extraño —y sarcástica pero afectuosamente agregó—: Eres un pocho, güey. Eres parte del puente que México quiere construir con Estados Unidos.

Escribí sus palabras y cerré mi libreta.

Quedamos en volvernos a ver por los rumbos de Polanco, en la Ciudad de México. Como prometió, me presentó a varios colegas suyos, todos diplomáticos preparados por la Secretaría de Relaciones Exteriores, y algunos egresados de la misma universidad que Miguel. Casi parecía desesperado por que yo conociera a sus colegas; siempre había sentido que yo tenía una impresión errada de México y quería mostrarme el lado refinado y sofisticado. Él y sus amigos diplomáticos eran parte de la otrora esperanzada generación del TLC, parte de un cuadro de miles de egresados universitarios inspirados por el gobierno de Carlos Salinas de Gortari para representar a un México pujante en el exterior, aprender sobre el mundo y algún día transformar al país. Salinas podrá ser el ex mandatario más ignominioso de México, por las repetidas acusaciones de corrupción y porque dejó al país hecho un desastre económico, pero no tuvo miedo de abrir al país, de volverlo competitivo, inspirando a una legión de diplomáticos a unirse a la causa. El ascenso de Miguel también era señal de que el país se tomaba en serio su papel como líder mundial, me decía. Estos diplomáticos eran de mi generación. Pero yo sabía que de haber crecido en México, era muy poco probable que me hubiera unido a sus filas. Muchos eran de familia influyente o de una clase privilegiada, y muchos eran de la Ciudad de México. Eran la nueva promesa del país, dijo Miguel. A diferencia de los políticos anquilosados de antes, estos diplomáticos habían visto el mundo. Veían a México desde un prisma de realidad global.

Entre ellos estaba Cynthia Prida, que llegó tarde a un evento el día que me la presentó Miguel. Pero en realidad a nadie le importó. En México aprendes a esperar, a ser paciente, porque esperar es lo único que haces. Cuando Cynthia entró, noté que tenía un rostro lindo y cabello largo del color de las almendras. La piel de su cuello y hombros parecía translúcida. Usaba anteojos de marco metálico y un elegante traje ejecutivo. Parecía ese tipo de persona que me había encontrado repetidamente en México: las que traen el maquillaje perfecto, el vestido impecable y las sonrisas falsas, que hablan con frases amables pero huecas como "¡Qué maravilla!" o "¡Qué lindo!", y se dirigen a la gente con apelativos melosos como "corazón" y, por supuesto, "cariño".

—Te presento a Alfredo —dijo Miguel.

—Mucho gusto —dijo Cynthia, y más tarde me llamó "Alfred", un apodo improvisado que me cayó mal.

—El gusto es mío —respondí, pero no lo decía en serio.

Pero conforme la fui conociendo, descubrí a una mujer compleja que era mucho más sincera de lo que me había imaginado, infinitamente orgullosa de su país y comprometida con él. Acababa de regresar de Europa, donde había estado trabajando en una embajada. También era empresaria, y esperaba elevar el papel de la mujer en los negocios. Cuando iba de compras, me contó, se fijaba en las etiquetas para ver dónde estaba hecha la fruta, una manera de medir el progreso de su país en la época del TLC.

Más adelante, cuando nos hicimos amigos, Cynthia me recordó algo que Miguel había aprendido cuando vivía en Estados Unidos, una lección que había tratado de inculcarme: a Estados Unidos y México los une no sólo el comercio, que rápidamente está alcanzando los 500 000 millones de dólares al año, sino también los lazos de sangre. Además de unos cinco millones de inmigrantes mexicanos legales, e innumerables millones más de indocumentados, había casi 30 millones de estadounidenses de ascendencia mexicana, es decir, más o menos 10% de la población de Estados Unidos. Ese peso político latino podía influir en estados clave de Estados Unidos y, para bien o para mal, servir de puente entre Estados Unidos y México. Nos necesitábamos mutuamente más que nunca. México llevaba siglos castigado, dijo Cynthia. Ahora, México tenía la oportunidad de rectificar su destino, de dejar de ser una nación de víctimas, de exponer la corrupción interna. No podíamos simplemente alejarnos. Yo pensaba que debíamos empezar ahí mismo, resolviendo nuestras propias diferencias internas en México, acortando la brecha entre ricos y pobres.

No obstante, no podía evitar sentir que iba a tener que alejarme de México. Hasta El Paso se empezaba a sentir demasiado cerca del peligro. También me preocupaba si era seguro estarme quedando en casa de mis padres —para ellos, no para mí—. El investigador de Estados Unidos me seguía advirtiendo que me mantuviera en guardia. Esas 24 horas podrán haber pasado, decía, pero lo más probable era que el cártel me estuviera vigilando, esperando a que cometiera un error. Mi paranoia sólo había aumentado.

Algunas mañanas entre semana, un pariente lejano de mi papá iba de visita a casa de mis padres. Él y mi papá se sentaban en el porche de atrás a fumar Marlboro rojos, tomar Coca de dieta en lata y recordar los viejos tiempos. Los dos hombres habían crecido en el mismo pueblo de Durango y habían cruzado la frontera juntos, pero sus vidas habían seguido caminos muy distintos. El pariente de mi papá nunca le agarró el gusto a los campos en California; había preferido la frontera, que veía como un lugar lleno de oportunidades y peligro.

—Mientras más peligrosa la cosa, más dinero hay, Juanito —decía.

El pariente de mi papá siempre tuvo una combinación de trabajos, algunos considerados sucios, otros limpios. Era un jardinero notable y cuidaba jardines en El Paso. También, sobre todo cuando era joven, había movido dinero para el cártel de Juárez, que en los años 1990 estaba bajo control de Amado Carrillo Fuentes.

Uno de los hijos parecía haber seguido el mantra del padre: mientras más peligroso el trabajo, mayor la recompensa. Pero lo había llevado a otro nivel. Se había hecho policía en Juárez. Recibía dos sueldos. Uno del gobierno, otro del cártel, en efectivo.

Un fin de semana en la primavera de 2008, el hijo se presentó en nuestra casa, con cara sombría. Explicó que en Juárez la cosa se estaba poniendo caliente —demasiado caliente— y que pensaba quedarse del lado de Estados Unidos un rato. ¿Mis papás no tenían trabajo que darle? Mis padres, leales como siempre a toda nuestra extensa familia, dijeron que necesitaban un jardinero. Otros miembros de la familia también lo contrataron. Me empecé a preguntar qué lo habría hecho salir de Juárez. El cártel de Sinaloa, que estaba peleando contra el cártel de Juárez por la plaza, acababa de dejar en un monumento en Juárez una lista de gente que iba a matar, junto al cadáver de un policía municipal asesinado. Uno de los nombres en la lista era el apodo de nuestro pariente. Finalmente me armé de valor y le pregunté al respecto.

—Todos los policías estaban trabajando para el cártel de Juárez —explicó—. Las cosas están fuera de control. Ya mataron a varios de mis compañeros. Varios más están aquí, echando hamburguesas a la parrilla, pintando casas, trabajando en la construcción.

—¿Sigues trabajando para ellos? —apenas logré sacar las palabras.

—No —dijo. Era un tipo de pocas palabras. La conversación quedó ahí.

Pero cuando le conté a mi hermano Mundo —ni siquiera toda la historia, sólo insinué que tal vez debería echarle ojo al jardinero nuevo—, se puso como loco. Mundo, David y Mario se me echaron encima en una carne asada familiar, alejados de mis papás. Claro que nuestro pariente estaba involucrado —las autoridades de Estados Unidos después lo agarraron tratando de cruzar casi un millón de dólares del cártel de Juárez al sur por El Paso; acabó en una prisión federal estadounidense—. Eso no los sorprendía. Pero les dolía que yo hubiera llevado una doble vida, que les hubiera ocultado cosas. Yo lo había hecho por su propia protección, para ahorrarles la preocupación.

—¿Qué diablos estás haciendo, Freddy? —me cuestionó Mario—. Estás escribiendo todos esos artículos. Vimos en las noticias que amenazaron a un periodista. Eras tú, ¿verdad?

—Ya no nos cuentas ni madre —dijo Mundo—. Se supone que tú eres el hermano grande. No nos estás protegiendo. Todos estamos expuestos. Nuestros padres están expuestos. ¿Y qué hay de nuestros hijos, Fred?

Ellos eran mis hermanitos, y sentí que los había decepcionado, que me habían perdido la admiración. Entendí su punto. Sabía que no sólo se preocupaban por ellos mismos y mis padres; estaban preocupados por mí. Les prometí que por ahora no me acercaría a esos temas. Era lo más que podía hacer. "Y no le vayan a contar a mamá y papá."

Ramón y yo entramos a un restaurante en la frontera, en Laredo, y batallamos para conseguir mesa. Cosa rara, porque con Ramón a mi lado casi nunca se dificultaba conseguir mesa donde fuera. Ya fuera en Laredo o Nuevo Laredo, los gerentes y las *hostess* lo pasaban hasta adelante de la lista de espera. Pero hoy el capitán —que normalmente nos saludaba con una sonrisa servil y todas las caravanas que podía— parecía distante y nos condujo sin mayor ceremonia a una mesa en el rincón. El barullo de la hora de la comida parecía más callado que de costumbre. Todas las miradas estaban puestas en una mesa larga en el centro del lugar. Ha de ser una celebridad, supuse en voz alta.

—No —dijo Ramón—. Ninguna celebridad, cabrón. Es Toño Peña —se refería al hombre que los miembros del cártel del Golfo y de los Zetas habían identificado como "operador financiero" en aquel truculento video: el hombre que aceitaba la maquinaria a ambos lados de la frontera, el gurú de las finanzas que presuntamente negociaba los tratos entre el cártel del Golfo y funcionarios clave del gobierno (policías, políticos y otros), para que las drogas pudieran cruzar sin contratiempos. Y era el mismo que había ayudado a negociar la liberación del hermano de Ramón.

Reconocí a sus invitados: eran funcionarios estadounidenses. Extraña coincidencia. Fingí no conocer a nadie. Peña iba vestido de manera informal y parecía estar bromeando con todos en la mesa.

¡Ah, cabrón!

En nuestro reportaje sobre el video, el *News* había omitido el nombre de Peña, porque no habíamos podido corroborarlo. Pero al otro día de que salió la noticia, Ramón me había llamado para decirme que tenía un mensaje de Toño Peña, que en ese momento estaba de vacaciones en Cancún.

—Te pueden matar por andar publicando datos falsos —dijo Ramón, retransmitiendo el mensaje a regañadientes.

Ahora Peña estaba ahí, todo sonrisas y a la vista de todos. Lo conocía prácticamente todo mundo.

Uno de los funcionarios estadounidenses me vio y me fulminó con una mirada que decía: "Ni se te ocurra la pendejada de acercarte". Pagaron la cuenta y salieron en desbandada.

Peña se quedó otro rato y recorrió el lugar saludando gente, con palmadas en la espalda y apretones de manos como un político. Quería asegurarse de que todos lo vieran. Cuando se acercó más a nuestra mesa, Ramón me preguntó si lo quería conocer. Claro, dije. La sonrisa de Peña se ensanchó cuando se dio cuenta de quién era yo. Estrechó mi mano con fuerza y me dijo que lo llamara cuando fuera. Sí, seguro, pensé. Cuando se fue, Ramón me confió que había habido rumores de que yo era un agente encubierto.

—¿Y qué les dices? —pregunté.

—Que no creo que el gobierno de Estados Unidos sea tan sonso —dijo, riendo—. No creo que quisieran depender de un reportero para que fuera su espía. Digo, estos cuates tienen equipos sofisticadísimos para oír a cualquiera y rastrearlo desde el espacio, ¿no? ¿Para qué te necesitan a ti?

—Espero por su propio bien que consigan espías de a de veras —dije. Por unos segundos consideré qué ofrecería más protección: ¿ser un reportero estadounidense o un espía? Me di por vencido y me salté el postre y le dije a Ramón que tenía que regresar a mi hotel. Él sospechó lo que estaba pasando pero no me dijo nada. Prometí compensar la sobremesa echándonos un tequila más tarde.

Me apresuré a regresar al hotel, saqué mi libreta y llamé a uno de los funcionarios.

—¿Estás comiendo con el operador financiero de los Zetas en un restaurante popular a la vista de todos? —pregunté—. ¿Qué chingados está pasando? ¿Hay algo que no estoy viendo?

—Hay cosas que preferirías no saber —dijo él.

—¿Este tipo tiene inmunidad en Estados Unidos? —pregunté.

—Se llama trabajo de inteligencia y eso es todo lo que te voy a decir —dijo—. Es lo mismo que haces tú.

—Explícamelo como si fuera un niño de 10 años porque obviamente no lo entiendo.

—Suéltalo —dijo, y justo antes de colgar agregó con firmeza—: Para llegar hasta el diablo, a veces hay que bailar en el infierno.

Yo ya no me atrevía a quedarme en México, ni tampoco en la frontera. Le rogué a Ángela que se fuera conmigo: había solicitado una beca de investigación para una estancia en Harvard —el lugar más lejano que se me ocurrió, geográfica y mentalmente—. Ángela, mientras tanto, estaba cada vez más comprometida con reportar los hechos de sangre en Juárez. La ciudad, sumida en una guerra entre cárteles rivales y el gobierno, se estaba deshaciendo ante nosotros. Ahora era ella quien se negaba a dejar la noticia.

Estábamos sentados cara a cara, en su cabaña de piedra rodeada por media hectárea de terreno en El Paso. Disfrutábamos de las últimas brisas antes de que las tormentas de polvo invadieran la ciudad y el ardiente calor seco deshidratara la maleza convirtiéndola en plantas rodadoras que los migrantes a veces trataban de imitar, rodando sobre la frontera, intentando llegar a la tierra prometida.

Los mosquitos zumbaban, una eterna molestia primaveral. Afuera, los árboles se agitaban en el viento.

—No me puedo ir ahorita —dijo ella—. No puedo irme así nada más y abandonar Juárez en un momento de crisis.

Traición, deslealtad: no existían en el vocabulario de Ángela.

Pero Juárez se estaba muriendo. Nuestros bares y restaurantes favoritos habían cerrado sus puertas. Muchos negocios preferían cerrar antes que arriesgarse a las consecuencias de no pagar protección. Los cárteles incendiaban los negocios que no pagaban, los reducían a cenizas. Muchos propietarios simplemente se fueron con sus familias a poner su negocio en territorio estadounidense, donde esperaban a que volviera la calma. La paz seguía distante.

Oí el dolor y agotamiento en la voz de Ángela, lo vi en sus ojos.

—Tengo que contar esas historias, para que la gente sepa lo que está pasando aquí —dijo—. Si paramos, sólo vamos a contribuir al silencio que se está extendiendo por todo México.

—¿Y entonces qué? ¿Los americanos van a hacer qué, exactamente? ¿Dejar de meterse coca, mota, como si les importara un carajo? —dije—. ¿Presionar a México para que fortalezcan sus cortes, acaben con la corrupción, para que entonces a lo mejor la democracia pueda significar algo? ¿Y de qué democracia estamos hablando, si la gente no tiene un Estado de derecho, si todos quieren que los gobiernos sean pragmáticos? Parece que nada funciona y Estados Unidos de alguna manera se las ha ingeniado para hacerse güey.

—Vamos a mandar 1.4 mil millones de dólares… ¿sí te acuerdas de Mérida? La noticia que tú diste a conocer —replicó—. Por algo se empieza.

—¿Sabes cuánto están mandando a Afganistán? ¡Diez, doce veces eso! Mientras las matanzas no afecten los negocios americanos, mientras México no tenga la bomba, todo va a seguir igual —dije.

Y luego, sarcásticamente, agregué:

—Dime exactamente qué piensas hacer, cómo planeas cambiar la situación, para que pueda seguir tu ejemplo.

—No entiendes —respondió, exasperada.

Traté de cambiar el tono:

—Claro que te entiendo, preciosa. Pero también te necesito.

Ángela aplastó un mosquito. No quiso decir otra palabra. No había nada más que decir.

En ese momento sentí que nos habíamos fallado mutuamente al darnos la libertad de ser nosotros mismos, quizá con demasiada independencia. Habíamos dejado de ser una pareja. México nos había unido. Ahora nos estábamos alejando.

* * *

Para la primavera de 2008, la masacre era tal que, como cualquier católico desesperado, el alcalde de Ciudad Juárez respondió organizando rezos en Semana Santa. Él rezaba en privado en su oficina, en su casa, cuando iba en el coche, rezaba una y otra vez pidiendo que Calderón le mandara más tropas y agentes federales. Juárez estaba a punto de ser rebasada por los cárteles en guerra. Mientras más tropas llegaban, más muerta se veía la ciudad. Una mañana crucé a Juárez para reportar sobre el asesinato de cinco personas en un motel barato cerca del aeropuerto. En la escena del crimen, autoridades y curiosos pisoteaban todo; no había ningún control. No hemos aprendido un carajo, pensé. Hice mis entrevistas rápidamente y me subí al taxi que me esperaba cruzando la calle. Me daba gusto que el taxista no fuera muy platicador. No tenía ganas de hablar. Normalmente acribillo a los taxistas con toda clase de preguntas. Ahora lo único que quería era regresar al otro de lado de la frontera en paz. En eso el taxista rompió el silencio.

—A este paso —dijo— los taxistas deberíamos organizar un *tour* de la muerte para los turistas. ¿Cómo ve? —sus ojos centelleantes me miraron por el retrovisor.

Me encogí de hombros.

—Los podemos recoger en la mera frontera y llevarlos a ver el lugar donde mataron a la primera mujer, y a los miles de hombres y mujeres que han venido después. Ésta es la ciudad de la muerte.

Me encogí de hombros y anoté sus palabras.

Los coches empezaron a bajar la velocidad. Bajé la ventana y vi una pickup en medio de un transitado cruce. Al acercarnos, vi que el parabrisas de la camioneta estaba repleto de balazos. La puerta del lado del conductor estaba abierta y el cuerpo de un hombre colgaba hacia fuera. La policía iba llegando. El taxista me preguntó si me quería parar. Como si nada. Yo sentí que se me revolvía el estómago.

Dije que no.

Llegamos al puente. Le pagué, bajé, metí mi peaje de tres pesos en la ranura y empecé a cruzar el puente Santa Fe. Otra vez pensé en Dante y al principio caminé despacio, Juárez atrás de mí, El Paso al frente. Me puse los audífonos y busqué "Moliendo café" de Café Tacvba, queriendo cambiar de canal de la carnicería que acababa de ver. Los cuerpos se estaban amontonando en Juárez todos los días: 10, 12, 20 diarios. Apenas era abril y ya iban cientos de muertos ese año. De pensarlo, me dieron náuseas. Me detuve a medio puente, en la mera frontera, apoyé la frente contra la fresca valla metálica y vomité.

Dieciocho

Para el otoño de ese año, yo estaba a un mundo de distancia de la frontera y todo el dolor que se cernía sobre ella.

Un viento fresco revolvía en cámara lenta las hojas afuera de la Walter Lippmann House, una señorial casona colonial blanca de tres pisos de Nueva Inglaterra, donde los becarios de la Fundación Nieman de Harvard habían hecho su hogar. Me habían aceptado para el programa de becas en mayo de 2008, y me había mudado a Cambridge en agosto.

Ángela y yo hablábamos todo el tiempo, pero había algo entre nosotros que ya no estaba bien. Una noche me llamó desde la cama, con el teléfono pegado a la oreja.

—No vas a reconocer Juárez —dijo. Podía oír a Zorro roncando, como marrano, al pie de su cama.

—Es difícil estar en la escena de una masacre preguntándote si los asesinos van a regresar, y un minuto después estar otra vez en una calle tranquila de El Paso —dijo.

Ángela tenía los nervios deshechos, estaba distante y cansada. El ingenio, el sentido del humor que tanto me hacían reír habían desaparecido.

Ese día había ido a la escena de un crimen, como casi todos los días.

—Nunca había visto tanta sangre, nunca había estado parada en tanta sangre —dijo—. Hoy tenía sangre en los zapatos. No soporté la idea de lavarla. Los tiré a la basura.

—¿Que hiciste qué? —pregunté, incrédulo. Resguardado en un departamento diminuto a dos cuadras de los edificios de ladrillo rojo de la universidad, otra vez me estaba volviendo estadounidense: relajado, insensible, narcisista. Como recubierto de teflón.

Amenazaba con lluvia la tarde de las elecciones presidenciales de Estados Unidos, el 4 de noviembre de 2008. Esa noche salí de mi departamento y me dirigí a Lippmann House. Llevaba una botella de tequila a la reunión y había dejado otra botella en casa, suponiendo que mi departamento nuevamente sería el lugar para seguir la fiesta. Entrando a Lippmann House, vi a mis amigos de la Nieman con ganas de celebrar: Obama estaba a punto de ganar. Caminé por la sala saludando a amigos como Chris Vognar, que salivaban al ver mi tequila, y me senté cerca de una pantalla de televisión gigante que transmitía en vivo desde Grant Park en Chicago.

Mi teléfono vibró y contesté. Era mi amigo David Suro.

—¿Estás viendo esto? —gritó David por su celular. Me estaba llamando desde su restaurante en Filadelfia.

—Sí, es histórico... una noche increíble —dije, mientras Barack Obama; su esposa, Michelle, y sus hijas, Malia y Sasha, subieron al centro del escenario—. Lo estoy viendo. Ya subió al escenario.

David balbuceó algo que no alcancé a entender.

—Qué país tan chingón, ¿no que no? —agregué—. Ahora sí no lo puedes negar... ¿Se te fueron las palabras? ¡Di algo, cabrón!

—¿No sabes lo que acaba de pasar en la Ciudad de México? —gritó.

—¿Un terremoto? —pregunté, de pronto presa del pánico. Me costaba trabajo entenderle con todo el caos de la celebración.

—¡Una explosión! —gritó.

Quité una silla del paso y saqué mi computadora de la mochila mientras mi mente se llenaba de preocupación por mis amigos y colegas en la Ciudad de México: Samuel, Lonny, Javier. Ángela, por lo menos, estaba en la frontera, lejos de cualquier falla geológica seria. Si era un terremoto, mis colegas estarían trabajando en mi departamento en un sexto piso en la Condesa, una colonia donde los temblores se sienten más porque está sobre terreno blando. Cuando vivía en México, había experimentado pequeños temblores en mi departamento. Uno me había despertado a medianoche. Sabía lo que era estar ahí metido con el edificio meciéndose lo que parecía una eternidad.

Esta tragedia, sin embargo, había caído del cielo.

"Avión de Mouriño se estrella en la Ciudad de México", decía uno de los titulares. Juan Camilo Mouriño, secretario de Gobernación, responsable de la seguridad nacional, era el funcionario de mayor rango en el gabinete de Calderón, su aliado más cercano y probable candidato para sucederlo.

Mouriño venía de San Luis Potosí, donde había ido a firmar un acuerdo de justicia y seguridad con el gobierno estatal justo antes de que los migrantes regresaran a México en la temporada navideña. El pequeño Learjet en el que viajaba estaba a segundos de aterrizar en el aeropuerto de la Ciudad de México cuando se estrelló en el transitado Paseo de la Reforma en hora pico. Las fotos eran espantosas. Pedazos del fuselaje regados por la calle. Las credenciales del gobierno que las víctimas traían puestas estaban desperdigadas, igual que los restos humanos.

El corazón me dio un vuelco. Todos los que iban en ese avión están muertos sin duda, pensé. Y mi amigo Miguel Monterrubio seguro iba a bordo. Los dos hombres eran inseparables. Mi corazón se aceleró mientras buscaba respuestas. Me abalancé sobre la computadora y vi fotos de Monterrubio y Mouriño juntos ese mismo día, unas horas antes, cuando llegaron de la Ciudad de México y bajaron del avión. La foto mostraba a un elegante Mouriño trotando apresurado junto a José Luis Santiago Vasconcelos, el hombre que una vez sospeché me había amenazado. Miguel estaba al fondo, alto y delgado, con sus anteojos de marco metálico bien puestos. Ahora estaba casi completamente calvo, un cambio de la última vez que lo había visto hacía unos meses. Podía verlo con dos teléfonos, uno en cada oreja... típico Miguel. Sentí que un dolor agudo me agarraba desde dentro. Me levanté para irme de la fiesta.

¿Sabotaje? ¿Los cárteles? Tenía que ser.

—Lo siento, chicos —les dije a mis amigos Bob y Nancy Giles, que ya estaban en plena celebración—. Tengo que ir a mi casa a checar algo.

Mientras desandaba mis pasos hacia mi departamento en Trowbridge Street, apuré el paso y le escribí un mensaje de texto a un contacto en Washington, D. C., donde había conocido a Miguel años atrás. Allá cuando él creía en un futuro brillante para México.

¿Miguel iba en ese avión?

Subí en el elevador los cuatro pisos hasta mi departamento, abrí la puerta y dejé por ahí mi mochila con la computadora y la botella de tequila sin abrir.

El resplandor azul de los televisores de los vecinos —todos sintonizados a conductores que daban la noticia de la elección de Obama— irradiaba.

La respuesta en mi celular llegó casi de inmediato: *Me temo que sí*.

Afuera, la celebración estaba saliendo de los bares y las casas a las calles. El presidente electo Obama estaba a la mitad de su discurso de aceptación. Pese a los claxonazos y los vivas en la calle, alcanzaba a oír sus palabras amortiguadas provenientes de la tele de un vecino a través de las paredes delgadas. Me arrastré a mi recámara, me senté en una esquina de la cama, alcancé una almohada y la tiré al piso. Sepulté la cara en las manos y me puse a llorar.

Cuando la nieve empezaba a caer en el noreste, yo iba camino a México a hacer una visita rápida en las vacaciones navideñas para aprovechar una invitación. Tony Garza, embajador de Estados Unidos, me había invitado a su último viaje oficial a Tamaulipas, estado que hace frontera con Texas. Si había un estado que había sucumbido ante el crimen organizado, que representaba al crimen organizado, era Tamaulipas. Otra vez sentí curiosidad, y además, le tenía aprecio a Garza, que había actuado de inmediato con su advertencia a quien amenazara estadounidenses.

El gobernador, Eugenio Hernández, y un grupo de presidentes municipales del estado le iban a hacer una comida de despedida, con todo y cabrito, el platillo típico del estado. Garza y yo volamos juntos a Ciudad Victoria, capital de Tamaulipas, nombrada así en honor del primer presidente de la República, Guadalupe Victoria. El estado y su capital eran sinónimo del clientelismo priista. El gobierno federal podría haber cambiado de manos en el 2000, pero muchos estados individuales seguían firmemente bajo el control priista, convirtiéndose en algunos casos en pequeños feudos de poder. Tamaulipas era un pujante punto de cruce, con puertas a los Estados Unidos y una larga costa con importantes puertos comerciales. Ciudad Victoria seguía siendo principalmente una comunidad agrícola y ganadera, y la gente que nunca salía se mezclaba fácilmente con la que iba y venía a Texas.

Por la frontera de Estados Unidos volaban aviones no tripulados, asomándose a México, junto con helicópteros de Estados Unidos tripulados por pilotos mexicanos. Contratistas estadounidenses estaban entrenando a soldados y agentes mexicanos. Hernández puso el avión para Garza. Obviamente conocía bien al embajador, porque tuvo el detalle de mandar una hielera llena de cervezas, papas, nueces y una botella de tequila. Volamos desde el pequeño aeropuerto de Toluca, cerca de la Ciudad de México, en un bimotor junto con el guardaespaldas de Garza y un asistente personal.

La puerta del avión se abrió y Garza tomó un momento para sonreír a las cámaras que acompañaban al gobernador. Garza disfrutaba ser el centro de atención: palmadas en la espalda, mejillas tocándose —sobre todo con mujeres que encontraban al guapo embajador de Estados Unidos atractivo. Aparte de su encanto personal, el hecho de que estuviera casado con una mujer mexicana muy rica le daba un caché extra—. No sólo era el embajador de Estados Unidos; era de la frontera, uno de ellos. Yo me quedé atrás y traté de congraciarme con los guardias de seguridad. A menudo tenían información interesante.

—¿Cómo están? —pregunté—. Muy agradecido por su servicio.

Me fui con ellos al evento, donde estaban llenas todas las mesas que se habían montado en el gran salón de la residencia del gobernador. El grupo le regaló a Garza la típica cuera tamaulipeca, un chaleco de gamuza con fleco y adornos blancos. Casi todo mundo traía una. Se la puso sobre su camisa de traje, rió y después se la quitó. Vi a los hombres agarrar cuchillo y tenedor y devorar los platos de cabrito guisado, y empinar el codo liberalmente con tequila Chinaco, producido en Tamaulipas.

Sentado en una mesa de presidentes municipales, tenía un público cautivo y lo aproveché. ¿Los narcos están montando gobiernos paralelos en las ciudades que de pronto parecen haber vuelto a la normalidad, donde supuestamente han parado los asesinatos, los secuestros y las extorsiones? ¿La violencia de veras terminó o es sólo que ya no sale en la prensa por las amenazas de los cárteles? Yo quería saber. Los presidentes de nuestra mesa alegremente negaron semejantes reportes. Sí, esos locos, los Zetas, ahora se habían aliado con otra organización criminal, la de los Beltrán Leyva, y de repente se oían rumores de una ruptura con el cártel del Golfo, al que supuestamente tenían que proteger. Pero en general ya se habían alineado y estaban obligados con sus jefes originales.

Según estos funcionarios electos, el estado ya había recuperado cualquier control que hubiera perdido. Yo debería enfocarme en artículos de turismo, como la pesca en el lago Falcón o la cacería de pato con Winchester .30-30, tan popular con los fornidos texanos, tan afectos a sus rifles. Les di la razón.

Los diplomáticos estadounidenses en la comida sonrieron pero dijeron poco. Seguí a uno de ellos al baño de hombres y le hice más preguntas. Me contó de camionetas con hombres armados rondando las ciudades, de reporteros demasiado asustados para seguir escribiendo, de gente de la región —sobre todo de clase media y alta— que lentamente se iba mudando más al norte en Estados Unidos. Algunos cálculos mostraban que más de 200 000 personas habían sido desplazadas por la violencia del narco, entre ellas varios miles de Tamaulipas. La élite de México alguna vez vacacionó en la Isla del Padre; ahora parecían haberse adueñado de ese pueblo playero: la gente que podía pagarlo se fue y muchos compraron casa en Texas. Si Tamaulipas estaba tranquilo, era porque ahora los narcotraficantes controlaban la región.

Fue un brindis tras otro. Lo único que vi esa tarde fue a hombres preocupados no por la violencia que les iba ganando terreno sino porque sus tajadas del dinero fácil de la alianza cártel-gobierno estaban cada vez en mayor riesgo.

El personal del gobernador sacó más comida y bebidas. Garza me miró y me preguntó si había dejado algo en el avión, porque el piloto se iba a ir sin nosotros. Resulta que el piloto tenía otra chamba y el gobernador le dijo que no nos esperara. ¿Cómo vamos a regresar a la Ciudad de México?, pensé. Garza no parecía muy preocupado. En México aprendes a fluir; casi siempre sale algo.

Después de dos horas más de celebrar y echar tequilas, nos subieron a una camioneta y llegamos a un diminuto aeropuerto donde nos esperaba un reluciente jet privado con los motores rugiendo. El gobernador se sentó adelante de mí, Garza a mi derecha. Un hombre de negocios de la Ciudad de México dueño de una plataforma petrolera en Tampico se sentó junto al gobernador. Dijo poco después de que Garza me presentó como un amigo que además es periodista: "o sea, aguas, cabrón, en clave". Nadie platicaba mucho, sólo se oía el rugido ensordecedor de las turbinas.

Primero el bimotor del gobernador, ahora el jet privado de este acaudalado hombre de negocios. Estábamos en un estado esencialmente en manos del narco. Garza lo manejaba todo con gracia. Lidiaba con sus contrapartes no con confianza pero sí con una sonrisa. Siempre atento a cualquier pista. ¿Qué más podía hacer?, me preguntó después. Se veía relajado, dando sorbos a su tequila, todo parte de representar el papel del cortés embajador de Estados Unidos. En ese momento supe que nunca podría ser diplomático. De pronto se me salió preguntarle al gobernador, un hombre sospechoso —como tantos líderes políticos— de haber obtenido ganancias económicas ilícitas:

—¿Y entonces, los Zetas controlan su estado?

El gobernador me miró, carraspeó y respondió cuidadosamente.

—Han sido un problema los matones, pero los estamos enfrentando con éxito —dijo en español—. El gobierno federal se ha mostrado receptivo con nuestras preocupaciones y estamos muy contentos de que el presidente esté tratando de restablecer el orden.

Todo mundo se puso nervioso cuando saqué una libreta para anotar sus palabras. El gobernador miró por la ventana y aplicó un cambio de juego. Empezó a hablar de los tesoros del estado, de los ríos y las cascadas que adornaban la campiña.

—El estado es mucho más grande que los Zetas —dijo—. Espero que los texanos sepan que aquí estarán seguros.

Le pregunté si era cierto que su esposa había sido detenida por los Zetas —algo que me habían contado sus propios guardaespaldas y choferes momentos antes—. Le habían recordado ahí mismo, según me contaron, quiénes eran los verdaderos jefes en el estado. No era su marido, el gobernador, ni tampoco el gobierno federal, sino los Zetas.

—Esa historia es falsa —dijo el gobernador y luego volteó a ver a Garza buscando ayuda. Garza me volteó a ver, lanzándole miradas a mi libreta. Yo me relajé y la guardé. Supuestamente todo era extraoficial, pero me había ganado la curiosidad. Había tantas cosas que quería saber: ¿Vasconcelos era corrupto o una víctima rodeada de criminales? Algo más inmediato: ¿qué o quién había derribado el avión que mató a Vasconcelos y Miguel? Aún no podía creer que Miguel se hubiera ido. Extrañaba nuestras bromas, y su insistencia en que México iba por buen camino. Me hacía falta volver a escuchar eso. Miré mi caballito de tequila, casi vacío.

Me acordé de la vez que Miguel, Ángela y yo estábamos cenando en un restaurante, y con los mariachis de fondo alzó su copa para brindar por el México que él creía inminente —y no el que, decía, los reporteros previsiblemente pintábamos siempre con el mismo pincel—. Me animó a que cantara la vieja canción sobre un amor sin esperanzas por el que vale la pena esperar otros 100 años.

Me tallé los ojos.

Garza me miró muy serio y me sirvió más tequila.

Él tenía un dicho que en ese momento parecía apropiado: "No lo olvides: la mejor manera de sobrevivir en México es ser a prueba de balas e invisible, y el tequila tiene cierta manera de hacerte sentir así. Y recuerda: las orejas no son de adorno. Ya sabes todo lo que vas a decir, pero no todo lo que puedes escuchar".

Me hundí en mi asiento y me acabé el tequila de un trago.

La luna estaba llena. El avión inició su lento descenso hacia el aeropuerto de Toluca. Vi la sombra de los volcanes, las luces de la Ciudad de México parpadeando más adelante —esas luces que siguen eternamente— y pensé en lo que Miguel estaría pensando esos últimos momentos mientras su avión caía del cielo.

Más adelante, Garza y otros importantes funcionarios de Estados Unidos reportaron que estaban convencidos de que el choque del Learjet, que mató a Miguel, Mouriño, Vasconcelos y las otras 11 personas a bordo, había sido un accidente causado por un error del piloto: nada más, ninguna conspiración. Una investigación conjunta de expertos mexicanos y estadounidenses mostró que una estela de turbulencia, dejada por un Boeing 767 de Mexicana que iba adelante del Learjet, había causado que los pilotos perdieran el control.

Pero Garza no decía mucho sobre Vasconcelos, más allá de que se molestó con su personal cuando se dio cuenta de lo fácil que habían entrado funcionarios de la Procuraduría a la embajada sin ser escoltados. También le enojaba lo que llamaba la ingenuidad de su propio equipo cuando luego se sorprendían de que la gente de Vasconcelos hubiera compartido la inteligencia recabada en esas juntas, en la embajada de Estados Unidos, con los cárteles.

Un documento de la DEA emitido posteriormente acusaba a Vasconcelos de haber aceptado sobornos de un poderoso cártel que en ese momento se sospechaba era el que había matado a esos hombres en el video sobre el que habíamos reportado, el que nos había obligado a irnos de México. Los funcionarios no quisieron decir cuánto dinero había recibido Vasconcelos, pero al menos uno de los otros dos funcionarios mexicanos de alto rango en las corporaciones policiales mencionados en el reporte de la DEA, de menor jerarquía que Vasconcelos, presuntamente se estaba embolsando 450 000 dólares al mes.

Un importante funcionario de Estados Unidos dijo que estaba "profundamente decepcionado de José Luis. Pero no me gusta hablar de los muertos".

Garza me dijo:

—Mira, ya lo habíamos oído, y otros también. Pero esto es como el póquer. Juegas con la mano que te tocó y haces lo que puedes. Pero nunca te confías y apuestas el rancho.

Vasconcelos también tenía sus defensores, incluyendo a Larry Holifield, que encabezaba la oficina de la DEA en la Ciudad de México y quien tras su retiro supuestamente rentó una casa que Vasconcelos tenía en Miami. Holifield conocía a Vasconcelos desde los años 1990, cuando Vasconcelos era fiscal.

—Primero lo honramos y luego lo destrozamos. Me parece muy retorcido —dijo, y cuando lo presioné para que me dijera si su amistad con Vasconcelos representaba un conflicto de intereses, Holifield no lo quiso discutir, ni tampoco las versiones de que había rentado la casa del que fuera su amigo—. No voy a responder ninguna de sus preguntas. Pero le agradezco la llamada.

Muchos mexicanos metieron el avionazo al mismo expediente de los otros misterios sin resolver: el asesinato de Luis Donaldo Colosio, las decenas de miles de personas muertas hasta entonces en la guerra del narco, las fosas clandestinas que se descubrían periódicamente por todo México.

Los mexicanos sabían que no se podía confiar en el gobierno ni en sus "investigaciones", llevadas a cabo por instituciones débiles.

El gobierno de Estados Unidos evidentemente pensaba lo mismo. Los funcionarios estadounidenses dependían cada vez de informantes mexicanos. *La Paisana* estaba muy solicitada por funcionarios de Estados Unidos que aún no podían confiar en sus contrapartes oficiales y dependían más de informantes como ella.

Fui a visitar a *la Paisana*. Nos vimos en un lujoso restaurante en Texas, donde nos sentamos a desayunar junto a una pareja estadounidense con un bebé en su carriola. *La Paisana* estaba vestida con ropa de diseñador, que había comprado en su último viaje a Europa, donde había estado trabajando encubierta para seguir la cocaína enviada por los colombianos a través del último cártel mexicano en que se había infiltrado. Traía lentes oscuros de Dolce & Gabbana, joyería y un peinado nuevo, cortesía de un estilista en París.

—Mi debilidad no son los hombres —alardeó—, sino la ropa de diseñador, el chocolate y la buena comida. Es la única ventaja de mi trabajo.

Estaba más curiosa que nunca, tratando de sacar información, incluyendo la identidad de mis fuentes.

—La información es la nueva industria —me decía—. Cuéntame algo que no sepa.

—Yo no sé nada —le respondía.

—Hoy en día todo mundo quiere ser informante —dijo—. Lo único que esta guerra ha logrado es crear una nueva generación de soplones que afirman tener la mejor información.

Del lado de Estados Unidos, estaba fingiendo venderle armas a un cártel, parte de un plan para ayudar a rastrear cómo y dónde se usaban las armas y qué criminales las usaban, una operación que pretendía desmantelar toda la red de tráfico de armas del cártel. La administración Bush echó para atrás las restricciones de la era Clinton a la venta de armas de alto poder como ametralladoras AR-15 y calibre .50. Ahora, México estaba inundado de estas poderosas armas. Y los mafiosos querían más.

La treta de *la Paisana* consistía en atraer a los compradores de armas de los cárteles al lado de Estados Unidos de la frontera, cortesía de las visas temporales que ella misma les conseguía como parte de la operación encubierta de Estados Unidos. Ella les decía a los hombres y mujeres del cártel que había obtenido las visas a través de contactos corruptos en las agencias de inmigración de Estados Unidos. Una vez en Estados Unidos, los compradores manejarían las armas mientras *la Paisana* les enseñaba la diferencia entre las AK-47, las AR-14 y los misiles Stinger. La idea era más adelante arrestar a estos compradores de bajo rango y recabar inteligencia que ayudara a armar casos contra los capos, que desde hacía tanto evadían la ley.

—¿Cómo le haces? —pregunté—. ¿Cómo convences a estos tipos de ir contigo y te sales con la tuya?

—Soy una actriz —dijo, y así nada más entró en personaje, soltando una sarta de leperadas en español, mientras la joven pareja de al lado parecía desconcertada—. Les digo: "A ver, cabrón, ¿quieres las pinches armas o qué chingados quieres?, porque no tengo tiempo de andar pendejeando. ¿Me entiendes, cabrón?"

—¿Y si los agarran en Estados Unidos, no sospechan de ti los capos de los cárteles? —pregunté.

—A la verga —dijo—. Tú sigues actuando como la dueña del congal. ¡Tú mandas! Tú perteneces, cabrón. Les digo: "Mira, cabrón, a mí no me eches la culpa si mandaste unos pinches idiotas. Yo hice mi chamba y los conecté con el funcionario gringo transa. Ya si esos güeyes la cagaron, no es mi pedo. Vete a la chingada, cabrón".

Yo estaba apabullado, casi lamentaba habérselo preguntado. Se dio cuenta del escándalo que estaba haciendo cuando vio que la pareja esperaba ansiosamente cambiarse de mesa. Dijo:

—Soy tan buena en esta madre que hasta se me olvida dónde estoy. Cuando entro en mi papel, agárrate, cabrón. Soy una pinche perra que no le aguanta mamadas a nadie. Fácil podría ser estrella de telenovela.

—¿Y las armas que acaban en México? —pregunté—. ¿Qué pasa?

—Si matan gente… bueno, son mexicanos —dijo, con una sacudida de cabeza que decía: "¿De veras crees que a alguien le importa un carajo? No te hagas pendejo como tus paisanos aquí".

La idea de que el gobierno de Estados Unidos estuviera vendiendo armas intencionalmente a los cárteles me daba asco. ¿Cómo iban a rastrear dónde acabarían las armas? ¿O quién acabaría muerto?

Le pregunté por qué lo hacía, por qué ayudaba a los americanos. Desde luego que no era por el dinero, dijo.

Aún quería desesperadamente esa *Green card*.

Diecinueve

La muerte alcanzó a mi familia un caluroso día de julio, justo al día siguiente de que yo regresara a México definitivamente. Fue mi tío Delfino. Murió de un ataque al corazón cuando bajaba de uno de esos destartalados camiones blancos con las palabras "Dios está contigo" pintadas con rojo brillante en la defensa delantera. Estaba a unos metros de su casa en una colonia popular de Juárez. Los habitantes estaban tan acostumbrados a los cuerpos tirados en el suelo, que cuando cayó, agarrándose el pecho, algunos creyeron que estaba borracho o que le habían dado un balazo. Se quedaron viendo mientras jadeaba pidiendo ayuda. Uno de los espectadores era un primo, que por fin se dio cuenta de que ése que estaba pataleando en el suelo y luchando por tomar su último aliento era el tío Delfino. Corrió hasta él, pero era demasiado tarde.

A la edad de 84 años, el tío Delfino había muerto. Yo acababa de aterrizar en la Ciudad de México, después de casi un año en Boston, cuando recibí la noticia. Corrí a mi departamento, desempaqué mis maletas y volví a empacar. A la mañana siguiente me hallaba en otro vuelo, a Ciudad Juárez. Quería estar con el hombre que había ayudado a enterrar mi ombligo, el hombre que yo veía como un segundo padre en Durango cuando mi papá estaba trabajando en California. Me había dicho que nunca olvidara el español y que estuviera orgulloso del glorioso y místico pasado de México. La historia no nos había tratado bien a los mexicanos, decía, pero de alguna manera saldríamos adelante.

El tío Delfino nunca quiso nada de Estados Unidos: un país, decía, que primero le robó a México la mitad de su territorio, y después explotaba a su gente como cocineros y campesinos antes de botarlos a la calle cuando les daba la xenofobia o la economía se les venía abajo. Por eso es tan poderoso Estados Unidos, decía: los gringos prosperan gracias a la mano de obra barata. Ni madres: él no iba a seguir a sus hermanos y hermanas para el otro lado. Allá ellos si querían trabajar bajo el rayo del sol, sometidos a los caprichos de los patrones gringos. Que un minuto te adoran, te cubren de alabanzas, y al otro día te echan a la migra.

El tío Delfino se iba a quedar en su México. Les iba a enseñar a todos lo equivocados que estaban. Había sido presidente municipal de nuestro pueblo y había cuidado el rancho de mi padre. Luego se fue a vivir a Ciudad Juárez. Sí, me decía, la vida en México está difícil, pero seguía viviendo en territorio mexicano, y eso significaba algo. A veces, cuando iba a Juárez, me detenía frente al pequeño local donde trabajaba de sastre, como lo había hecho mi abuela, encorvado sobre un altero de ropa. Siempre se fijaba en mi ropa. Decía que necesitaba un sastre. No, tío, lo necesito a usted. No nos abandone nomás porque nos fuimos a los Estados Unidos de América.

Para entonces ya tenía sus propios hijos. Los crió en Juárez, aunque algunos se fueron a Estados Unidos en cuanto tuvieron edad.

Julio y agosto de 2009 fueron de los meses de guerra más sangrientos en Ciudad Juárez desde la Revolución. Parecía que la mitad de la gente se estaba muriendo y la otra mitad se estaba aferrando desesperadamente a la vida. Con una guerra entre dos cárteles rivales y sus respectivas fuerzas gubernamentales, las morgues de la ciudad estaban a reventar. Había tantos cadáveres a la espera de ser enterrados, que las carrozas empezaron a llevar cuerpos a El Paso.

Sin previo aviso, el de la funeraria llegó a la puerta de mi prima Teresa con mi tío en un ataúd de metal.

—Tenemos a su papá —le informó, y luego metió rodando el féretro de aluminio café claro, que dejó en el patio de atrás, donde le pegaban los rayos del sol de agosto—. No tenemos lugar en el depósito. Lo siento.

Mi prima Teresa —Tere, para nosotros— me lo contó cuando entré a su diminuta sala, acompañado de mi papá, mi mamá y mi hermano Juan. Tres días, me contó Tere, llevaba esperando a que llegara la familia de California, Texas y Colorado, mientras mi tío yacía en su ataúd afuera, achicharrándose al sol. Los vecinos le habían prestado dos ventiladores para refrescar el espacio para los seres amados que venían a darle el último adiós a su padre. Los ventiladores revolvían el aire caliente del porche de atrás, pero el calor era implacable. No había podido hacer más, dijo apenada. Mi madre la abrazó.

Me acerqué al féretro, cerré los ojos y los abrí lentamente. Llevaba años sin ver a mi tío y me impactó lo maquillado que estaba su rostro curtido. El bigote bien recortado. Su pelo con entradas perfectamente peinado. Su diminuto cuerpo —medía apenas un metro cincuenta— enfundado en un traje negro y camisa blanca. Vi a un gusano mordisqueándole el cuello. Ni siquiera lloré, sólo maldije a Juárez en silencio.

¿Tío, éste era el México en el que tanto creías?

La pregunta flotaba en el aire como de horno.

Me quedé ahí parado y traté de llorar. Pero no podía. Estaba embotado.

Con toda la familia presente, esperamos para llevar a mi tío a su última morada. Era martes. La carroza fúnebre llegó y Juan me ayudó a cargar el ataúd. No pesaba mucho. Lo colocamos cuidadosamente en la parte de atrás de una larga guayín. Cerré las cortinas para que el sol no le diera al ataúd directamente y luego me di cuenta de lo ridículo que era eso. Me subí a mi vieja Toyota 4-Runner negra y seguí la carroza a la iglesia, que estaba a unas cuadras sobre la misma calle. Yo iba manejando, Juan venía en el asiento de al lado y mis papás atrás. Todo el camino a la iglesia íbamos nerviosos, y con razón. Los retenes se materializaban de la nada en Juárez, sobre todo en ese barrio, conforme la lucha entre los cárteles se iba desplazando hacia el sureste de la ciudad.

De pronto el tráfico se frenó. Levanté la vista y vi a soldados apuntándonos con sus armas Heckler & Koch. La caravana paró, rechinando llantas. Los soldados pululaban afuera de una tiendita que anunciaba tarjetas de teléfono y Coca-Colas heladas. La tienda estaba frente a la iglesia donde iba a ser la misa de mi tío. Estábamos a una cuadra. A mi izquierda podía ver tres hombres en el suelo, uno extrañamente torcido en la banqueta entre charcos de sangre. Los soldados pasaban apurados junto a la carroza y la procesión de dolientes; bajaban de sus camiones y se dispersaban en formación, el dedo siempre en el gatillo, quitando y poniendo los seguros. Parecía que había pistoleros en la zona.

Esperamos minutos que parecieron horas, todos en fila, expuestos a la conmoción frente a nosotros. De pronto un hombre arrojó su arma al suelo. Un soldado le dio un culatazo en la cabeza. Traté de tomar fotos con mi celular, pero uno de los soldados me hizo una seña de que parara.

Los soldados finalmente nos indicaron que pasáramos. Por un segundo se nos olvidó por qué estábamos allí. Todos avanzamos. No había nada más que hacer.

En una iglesia grande y ornamentada con vitrales y un mar de bancas vacías, los 50 más o menos que éramos nos reunimos para oír al padre rezarle el último rosario a mi tío. Habló de redención y perdón. La ceremonia se sintió apresurada; el padre tenía más funerales esa tarde. No pudimos esperarnos a la bendición final. Tuvimos que salir aprisa de la iglesia, cargando al tío Delfino. El chofer de la carroza colgó su celular y se acercó a ayudarnos. Cuando caminaba de regreso a mi coche, volteé a ver si los soldados seguían en la tiendita de enfrente. Ahí seguían. Los clientes los ignoraban y llegaban como si nada, a comprar tortillas y refrescos.

Esto era Ciudad Juárez.

Seguimos la carroza al cementerio, como a cinco kilómetros. Maquiladoras extranjeras, la mayoría de compañías de Estados Unidos, ocupaban la tierra que alguna vez fue algodonales. Éstas eran las mismas fábricas en las que por años trabajaron mis primos y sus hijos, hasta que la recesión global devastó la zona, o se llevaron los trabajos a China. Ahora lo que estaba en expansión era el cementerio, con los enterradores preparando nuevas tumbas.

Por el retrovisor vi de pronto que se levantaba el polvo y que la serpiente de vehículos se orillaba a la derecha. Otra vez vi fusiles apuntados hacia nosotros, camiones acercándose por atrás. Me orillé, al igual que la carroza que iba adelante. Los mismos soldados que hacía rato nos habían apuntado con sus armas, estaban obligando a todo mundo a salir del camino asfaltado a la tierra. Nos pasaron. Tenían la mirada vacía, como si fuera un día cualquiera. Se dirigían hacia otra balacera cerca del cementerio, que había cobrado la vida de una mujer y su bebé. Vi el rastro de polvo dejado por los camiones, con la caja atiborrada de soldados, asándose con sus cascos y equipo pesado.

En el cementerio, el chofer de la carroza se me acercó. Por lo menos una docena de personas habían sido asesinadas ese día. Las morgues estaban sacando cuerpos a toda velocidad. Más cuerpos esperaban sus servicios en ese mismo instante, dijo. Tendría que irse pronto.

Le dije que por favor fuera paciente y apagara su celular los próximos minutos. Teníamos que despedirnos del tío Delfino como debe ser. Dijo que comprendía, pero luego empezó a mecerse impacientemente.

Unos minutos después, me le acerqué y le dije que se podía ir. Los enterradores me habían asegurado que ellos se quedarían a ayudarnos a depositar el ataúd en la tierra. El conductor parecía apenado. Le dije que lo entendía. Trató de darme su tarjeta. Yo titubeé.

Tenemos el mejor servicio de la ciudad, dijo. Y agregó: nunca se sabe.

Tomé su tarjeta de mala gana y le di las gracias.

Él se subió a la carroza negra con gris y salió disparado del cementerio. El negocio estaba en auge.

Nos quedamos viendo mientras más carrozas llegaban para los múltiples funerales de esa tarde, seguidos por filas de dolientes. A lo mejor, pensé, mi madre tenía razón cuando llegamos hace tantos años de Durango. Ella describió a Juárez como un basurero de la humanidad: los mayores soñadores, los más ambiciosos y más vulnerables, todos atraídos por una promesa, todos de otro lado, un mosaico fracturado de México incapaz de construir cualquier clase de comunidad. En esta ciudad todos éramos desechables.

Mientras el cuerpo de mi tío era depositado en la tierra, le susurré a mi mamá que lamentaba no haber pasado más tiempo con él, no haberle hecho más preguntas, como dónde exactamente estaba enterrado mi ombligo. Nina, mi abuela materna, había muerto hacía años y estaba enterrada en San Luis de Cordero. Al igual que mi tío, había regresado a México, y murió sola en una temporada navideña, con la mayoría de sus hijos, hijas y nietos viviendo cómodamente en Estados Unidos. Me preguntaba de mi tío Delfino y Nina —los dos que se habían ocupado de enterrar mi ombligo y de recordarme su significado a lo largo de los años—, cómo habrían vivido sus últimos días. Habían cumplido su promesa de volver, pero nosotros no: los que ahora estábamos parados con la cabeza inclinada, estábamos contando los minutos para podernos largar y dejar atrás la locura que nos rodeaba.

Le insistí a mi madre. ¿El tío Delfino era el último que lo sabía? Porque entonces, yo probablemente ya no lo sabría nunca.

—Shh —dijo mi mamá, un tanto molesta—. Eso ahorita no importa. No es el momento.

Además, tenía cosas más importantes de que preocuparse, dijo.

—Nos avisaron que unas personas en Durango quieren comprar el rancho de tu papá. Aparte de tu tío, nadie sabe quiénes son estos señores. Podrían ser narcotraficantes, gente del *Chapo*... vaya uno a saber. Es que ya no se sabe.

Vi a mi padre acongojado, la mano de mi madre tomándolo del brazo, y sentí su dolor. La pérdida del tío Delfino, su hermano mayor, naturalmente era dolorosa, pero las circunstancias —la locura en una ciudad que alguna vez fue nuestra casa— dolían otro tanto. La gente había confundido a su hermano con un criminal y no había hecho nada por salvarlo; nadie podía encontrar un momento de quietud y dignidad para tener un entierro como debe ser. Mi papá estaba tratando de contener las lágrimas que rápidamente se secó. Me acerqué a él, le di un abrazo.

—'Ta cabrón —dijo.

También sabía que en ese momento lo que mi padre más quería en el mundo era irse de Ciudad Juárez y volver a cruzar al refugio y seguridad de Estados Unidos.

—Ya nos vamos, ¿no? —dijo.

Veinte

Siete meses después del funeral de mi tío, a media mañana de un martes gris, el 2 de febrero de 2010, Ángela, su camarógrafo Hugo Pérez y yo íbamos camino a Villas de Salvárcar, una colonia popular donde más de una docena de jóvenes acababan de ser masacrados hacía apenas tres días. La zona está en lo que comúnmente se conoce como la "nueva" Ciudad Juárez: metida en la periferia oriental de la ciudad, es la parte que se supone que es más próspera que la vieja.

Esta "nueva Juárez" está al final de la avenida Las Torres, un enorme megabulevar con hileras de casas cortadas con el mismo molde y de torres eléctricas achaparradas. Supuestamente iba a estar bien planeada, con las viviendas, zonas comerciales e industriales todas juntas de manera ordenada. En una ciudad de obreros, este trazado permitiría a los trabajadores desplazarse fácilmente de sus casas al trabajo y a los comercios. Era una mejora con respecto a las partes más viejas de la ciudad, donde la gente tenía que tomar varios camiones para llegar a trabajar a los viejos parques industriales y no tenía prácticamente ningún acceso a tiendas de abarrotes o farmacias cerca de sus casas. Estas colonias nuevas, integradas, eran como pueblos industriales: estaban construidas en torno a una sola maquila o un solo parque industrial. La compañía tenía un suministro de empleados cautivos con poco tiempo para hacer nada más que trabajar; los empleados y sus hijos estaban aislados de las oportunidades. Villas de Salvárcar también era hogar de "minicasas", hileras de coloridas casas adosadas que parecían de muñecas tanto por su color como por su tamaño. Para muchos, estas casitas modestas ponían a su alcance el sueño de tener casa propia. Eran una mejoría con respecto a las aldeas de paracaidistas que yo había cubierto cuando era reportero estudiante.

Había flamantes edificios, centros comerciales y un nuevo hospital público, todos construidos antes y después de que la violencia se desquiciara, lo que significaba que la violencia no obstaculizaba mucho el crecimiento económico. Salvo una desaceleración económica mundial, o los salarios más bajos en China, había poco que lo obstaculizara. Ahora había hasta unos 15 000 miembros de pandillas de ambos lados de la frontera, rondando las calles de Juárez. La oferta de refuerzos parecía infinita; el alto desempleo y las oportunidades limitadas habían creado una nueva categoría de jóvenes, y un nuevo concepto: los *ninis*, los jóvenes que *ni* estudian *ni* trabajan. Gente sin futuro. En un país de 112 millones, se decía que había más de ocho millones de jóvenes que eran candidatos ideales para los cárteles. En Ciudad Juárez vivían unos 80 000 ninis.

En medio del creciente desgobierno, todos en Juárez trataban de salir adelante. Ángela y su camarógrafo, Hugo, tenían sus propias reglas. Bajaban las ventanillas de la camioneta azul marino de la compañía hasta cuando hacía frío, hasta cuando estaba lloviendo. Todo mundo en Juárez sabía que los narcos preferían andar en camioneta. Ángela dejaba que su rubio pelo suelto volara por la ventana, para que los narcos y la policía federal pudieran ver claramente que sólo era una mujer estadounidense y no la fueran a confundir con algún sicario. Hugo envolvía con cinta amarilla brillante su cámara y su tripié, para que no los fueran a confundir con un arma calibre .50 en su base.

Un fotógrafo del *Dallas Morning News* y un periodista independiente que estaba haciendo un reportaje para la National Public Radio venían con nosotros, sentados junto a Ángela en el asiento de atrás. Mientras más gente, más seguro.

En el asiento de adelante, yo me venía helando, se me estaban entumiendo las manos. El viento era muy frío: no el frío pintoresco de bufandas y chocolate caliente de Nueva Inglaterra, sino un viento frío que azotaba, arrastrando tiras de basura, colillas de cigarro, periódicos viejos con anuncios y envoltorios de comida por el bulevar Francisco Torres Villarreal. Cada vez que trataba de subir mi ventana, Hugo y Ángela me paraban en corto. En un momento amenazaron, de broma, con bajarme a patadas de la camioneta y obligarme a tomar un taxi.

—Los sicarios luego se equivocan —ordenó Ángela firmemente desde el asiento trasero—. Baja el vidrio.

—Tienes que deshacerte de esta pinche camioneta —refunfuñé—. Si no nos matan los narcos, nos va a matar este viento helado con lluvia.

—Estás muy lejos de Harvard, de los cafecitos, de las grandes ideas —dijo Ángela, molestándome—. Bienvenido a casa.

—¿Sí, de veras? —dije a la defensiva mientras avanzábamos velozmente por las calles lodosas, salpicando agua sucia a las banquetas—. Porque aquí también veo un chingo de Starbucks.

En ese día gris, íbamos al velorio de los jóvenes abatidos. Los cuerpos yacían en ataúdes en las salas de sus casas, una práctica común en México cuando no hay para pagar la funeraria. Aun para los espeluznantes estándares de Juárez, la masacre de Villas de Salvárcar era difícil de digerir. El baño de sangre se sentía como un parteaguas en México: 16 jóvenes, en su mayoría estudiantes, abatidos por sicarios que habían irrumpido en una fiesta de cumpleaños. Llevaban fusiles de asalto semiautomáticos contrabandeados de Estados Unidos. El presidente Calderón, de gira por Japón, había reaccionado prematuramente y declarado que la masacre probablemente era el resultado de una lucha territorial entre miembros de bandas rivales. Palabras que se volverían en su contra cuando se descubrió que las víctimas no estaban reunidas en un bar ni una clínica de rehabilitación, sino que eran muchachos buenos celebrando una fiesta de cumpleaños en una casa particular donde sus papás los pudieran cuidar.

Algunos padres de familia en Juárez les prohibían a sus hijos salir de casa después del anochecer. Sólo hablaban con gente de confianza. Las reuniones sociales grandes eran mal vistas, incluyendo las bodas, fiestas de 15 años y cumpleaños. La mayoría de estas víctimas eran adolescentes, de entre 13 y 19 años; todos hombres, excepto por una muchacha adolescente. Eran alumnos destacados, atletas, chicos que crecieron juntos y que los fines de semana hacían deporte.

En nuestra primera visita a su casa, apenas horas después de ocurrida la masacre, habíamos visto las manchas de sangre en las paredes, las huellas de tenis estampadas en sangre seca. La sangre que aún no había sido trapeada, había escurrido hasta la calle en riachuelos y se había emplastado en las llantas de los coches estacionados, incluyendo nuestra camioneta.

La lluvia arreció cuando nos acercamos a Villas de Salvárcar. Miré a Ángela por el espejo y sacudí la cabeza como diciendo: "Tienes que irte de aquí, por tu propio bien" —lo mismo que ella me había repetido hacía años, convenciéndome de que me fuera de México—. Empecé a tocar el punto otra vez, pero ella no quería saber nada.

—Yo también te quiero —dijo, su forma de callarme. Ángela y yo estábamos tratando de salvar lo que quedaba de nuestra relación.

Hugo, que era alto y flaco, traía la cabeza rapada, y me preocupaba que fácilmente pudiera parecer el *look* de uno de esos sicarios cuyos rostros a menudo adornaban las primeras planas de los periódicos.

—Aprieta el botón y sube los pinches vidrios —apremié a Hugo.

Nomás se encogió de hombros, trabó la quijada y dejó las ventanas abiertas.

Por mi ventana del lado del pasajero, podía ver a la gente que iba a la iglesia o camino a la tienda, todos cuidándose las espaldas, sabiendo que, en cualquier segundo, la violencia podía estallar.

En ese momento todo lo que yo quería era acabar mi trabajo y largarme.

—¿Cuánto por matarnos? —pregunté.

Ángela respondió desde atrás:

—Cualquier cosa desde 300 pesos hasta, no sé, 3 000, 5 000 pesos, dependiendo del blanco —dijo. O sea, entre 30 dólares y unos cuantos cientos—. ¿A ti? Unos 3 000 pesos, o hasta menos —bromeó y me guiñó un ojo. El humor en la frontera se había vuelto macabro—. Y si se equivocan de blanco... pues ni modo. Los muertos no pueden regresar a decir: "Oye, la regaste, no era yo".

Yo no sabía qué decir, así que dejé el tema por la paz y me quedé viendo la conmoción, el luto que nos rodeaba.

Hugo estacionó la camioneta a la vuelta de la calle Villa del Portal, donde había ocurrido la masacre, y donde se llevaban a cabo la mayoría de los velorios en pequeñas casas de tabique de concreto. Dignatarios mexicanos, incluyendo al gobernador de Chihuahua, andaban por ahí, dando el pésame a padres de familia que los sospechaban de estar confabulados con la misma gente que había asesinado a sus hijos. Esperamos afuera, en la banqueta dispareja, a Dudley, mi colega de Houston, y aparte a un grupo de académicos del Centro Woodrow Wilson, que habían venido para evaluar la situación de seguridad en Ciudad Juárez. Los cinco llegaron, apretujados en un taxi, y bajaron lentamente.

De pronto todas las miradas estaban puestas en nosotros. Los vecinos pensaron que éramos funcionarios de la embajada de Estados Unidos. Uno tras otro se nos acercaron, aterrados de lo que había pasado, de lo que iba a ser de ellos, y rogaron pidiendo asilo. Y si no asilo, entonces que el FBI investigara. Y si no el FBI, entonces que la Organización de las Naciones Unidas mandara un equipo de cascos azules a protegerlos. Ya no querían saber nada de las autoridades de Juárez ni de México. Lo que querían era huir y salvar a sus hijos, encontrar un lugar seguro como ya lo habían encontrado, del otro lado de la frontera, los juarenses ricos.

Una mujer joven se nos acercó, su rostro lleno de desesperación. Me detuvo y me explicó que su hermano más chico había presenciado la masacre por la ranura de la puerta del clóset donde se escondió. Su hermano mayor le había ordenado que se metiera cuando los sicarios irrumpieron en la casa. Ese hermano mayor ahora estaba en el hospital con heridas en varias partes del cuerpo.

—Por favor ayúdenos —dijo—. Ya no podemos vivir aquí.

—Yo sólo soy un periodista —dije. Me sentí como un fraude. Ella no creía que no pudiéramos ayudar. Volvió a pedírmelo, esta vez con lágrimas en los ojos. Me sentí inútil, incapaz de aliviar su dolor.

La lluvia estaba arreciando otra vez.

Entré a una de las casas. Estaban velando al hijo de un hombre llamado José Luis. Junto al ataúd del joven había otro cuerpo, su primo.

El sofá estaba forrado de plástico; en las paredes, viejas fotos de familia descoloridas, entre ellas la de un niño sonriente —el que ahora estaba en el féretro—. El piso era de loseta blanca. Las cortinas parecían sábanas. No había alfombra, no había un *love seat* acolchonado, ni mesita de centro, ni pantalla plana. En el centro, dos féretros de aluminio, con las tapas puestas, y unas ventanitas para asomarse a ver el rostro de los difuntos. Como mi tío Delfino. Los ataúdes ocupaban casi toda la habitación.

En las repisas y los muebles había arreglos florales y coronas ocupando el poco espacio que quedaba. Los claveles baratos y el follaje apestaban a funeraria, y en silencio deseaba poderme tapar la nariz. La abuela de los muchachos, pequeña pero de huesos robustos, estaba toda de negro. Lloraba fuerte, lamentándose primero sobre el ataúd de un nieto, luego del otro, pegada al vidrio que le impedía tocar sus rostros:

—¡Despierta! ¡No me dejes sola, Güicho!

José Luis, el padre de Güicho, era camionero. El día anterior me había contado que su hijo era un alumno sobresaliente de la Universidad Autónoma de Ciudad Juárez, una de las ocho universidades de la ciudad. También se llamaba José Luis, pero le decían Güicho. Padre e hijo habían estado hablando de expandir el negocio familiar de camiones para aprovechar el comercio entre México y Estados Unidos. A lo mejor algún día el joven Güicho tendría una agencia aduanal. Juntos habían soñado con ganarse la vida en Juárez, no para hacerse ricos, nada extravagante, sólo trabajar duro para poder llevar una vida tranquila y digna. Los dos creían en construir su propio sueño mexicano. Ahora el hijo yacía en un ataúd, víctima de 14 miembros de una banda que traían mal la dirección, que les dio un ex policía estatal. Afuera de casa de José Luis había un letrero que decía: "Campeones de Doble A" —de la liga juvenil de beisbol—. Doble A también eran las iniciales de Artistas Asesinos, la banda rival de La Línea.

Las carrozas subían lentamente por la calle.

La lluvia no amainaba. Me guardé la libreta en el bolsillo trasero para que quedara protegida bajo mi rompevientos rojo. Ángela se había llevado el paraguas para ayudar a proteger la cámara. Dudley también corrió a cubrirse de la lluvia. Se veía desconsolado.

José Luis salió de su casa amarillo claro; afuera había un letrero dirigido al presidente Calderón que decía: "¿Qué quiere que hagamos? ¿Que armemos a nuestros hijos? Justicia". Él encabezaba la procesión, llevaba en alto el ataúd de su hijo con un hermano, amigos, primos. José Luis aún no llegaba a los 40, pero se veía 20 años mayor. Más temprano me había contado que sentía que no podía llorar, ni quería: tenía que mantenerse fuerte para los demás. Estaba tan ido que no se había tomado el tiempo de ponerse pantalones y camisa de vestir para el funeral de su propio hijo. Andaba de jeans con una chamarra de cuero negra con el cuello parado. La lluvia volvió a arreciar. José Luis se percató de mi mirada. Él y los otros deslizaron el ataúd a la parte de atrás de la carroza. Otra carroza esperaba pacientemente al primo de Güicho. José Luis volteó otra vez a verme y palmoteó el bolsillo de su chamarra, como buscando algo que creía haber perdido.

De pronto venía caminando hacia mí.

Parecía que ahora sí estaba llorando, pero a lo mejor era la lluvia.

—¿Usted tiene hijos? —preguntó. Sus ojos estaban bien abiertos, buscando los míos.

Ángela y yo alguna vez hablamos de tener hijos, pero cuando supimos que no podíamos, dejamos el tema en paz. Ahora este hombre —un desconocido, en realidad— me lo estaba preguntando. Me seguía mirando bajo la lluvia torrencial.

—No —le dije—, pero yo también perdí a alguien hace muchos años.

De su bolsillo sacó una fotografía de padre e hijo, Güicho y él, tomada después de un partido de beisbol. Los dos sostenían un trofeo juntos. Campeones de la Doble A, decía.

—Tenga —dijo—. Para usted. Guárdela. Yo crié a un buen muchacho. Mírelo. No lo olvide.

—No lo olvidaré —le aseguré y estiré mi brazo alrededor de sus hombros en un abrazo contenido.

Él bajó la cabeza y se dio la vuelta. Lo vi subirse a su coche. Sentí que algo faltaba, que algo quedaba por decir.

Rápidamente me acerqué a él. Ya había puesto la llave en la marcha y había apagado el radio. Otra vez le dije torpemente lo mucho que sentía su pérdida. Le di mi tarjeta, le pedí que se mantuviera en contacto. También me dio su teléfono. Le pregunté qué quería que los lectores en Estados Unidos y México entendieran de la muerte sin sentido de su hijo, de la muerte de tanta gente joven en esa misma cuadra. Hizo una pausa y volteó a verme. Ahora podía ver las lágrimas corriendo por sus mejillas, ya sin el disfraz de la lluvia.

—Quiero que sientan mi dolor —dijo, y agregó algo que no entendí.

—¿Resignación? —pregunté.

Él afirmó con la cabeza, luego se detuvo y la sacudió: no.

—Reconciliación —dijo, mientras encendía el motor y empezaba a sollozar—. Eso es todo.

Después de ese día, seguí regresando a Villas de Salvárcar, atraído por la decisión de las familias de quedarse cuando se hubieran podido ir a Estados Unidos. Eligieron la esperanza contra viento y marea. Me atraía el hecho de que yo también quería creer. Siempre preguntaba por José Luis, pero nunca estaba en casa.

Un año después, llamé a su puerta y su esposa, Maricruz, abrió. Me dijo que su marido andaba en la carretera, su escape. Así lidiaba él con su dolor, dijo. Yo anuncié que había venido a devolverles la foto que José Luis me había dado. La foto del padre y el hijo, Güicho. No me parecía correcto quedarme con ella. La había enmarcado.

—Pensé que les gustaría —dije. La miró y sonrió cortésmente.

—Yo perdí a mi hijo, y ninguna fotografía de él, con o sin marco, lo va a reemplazar jamás. Pero le agradezco la gentileza —dijo, apurando a su otro hijo hacia la puerta. Iban a su práctica de beisbol.

Pasé la tarde con Adrián Cadena, padre de otra víctima de la masacre, un chico llamado Rodrigo. Quería enseñarme la nueva cancha de futbol, parte de un complejo deportivo que las familias le habían cabildeado al gobierno mexicano, que había destinado más de 390 millones de dólares para seguridad y desarrollo social por toda la ciudad.

Era la manera de Calderón de redimirse.

Pero el resentimiento contra el presidente persistía. Una mamá había desafiado al equipo de seguridad del presidente y se había parado frente a él ante un pequeño grupo de dignatarios para decirle que no era bienvenido en su ciudad, menos después de decir que sus dos hijos asesinados eran pandilleros. El dolor seguía vivo, pero la colonia iba para arriba.

Caminamos por el pasto artificial. Adrián se arrodillaba periódicamente a recoger clavos grandes que había tirados. Aunque habían pensado en irse de Juárez y hasta en separarse porque el dolor era demasiado, Adrián y su esposa jamás se atreverían a dejar atrás a su hijo, ahora enterrado en un cementerio cerca del aeropuerto, donde el suelo se movía sutilmente con cada despegue y aterrizaje. El éxodo crecía día con día.

En vez de irse, Adrián y su esposa, Guadalupe Dávila, habían regresado a la escena del crimen y habían enfrentado su dolor. En las tardes, cuando salía de su trabajo de mecánico, Adrián iba a las dos colonias donde su esposa y él habían empezado proyectos distintos, con ayuda de recursos federales y donativos, para mantener a los jóvenes alejados de las pandillas, la drogadicción y las garras de los cárteles. Convirtieron otra casa que tenía Guadalupe en una oficina para rescatar a jóvenes y brindar terapia a quienes habían perdido a alguien. Su mensaje era simple: estamos aquí para invitar a tu hijo o hija a que venga a practicar deporte, aprender sobre prevención de drogas y apartarse de las pandillas. Nos lo puedes encargar a nosotros, o al Chapo y La Línea, decían. Los chicos empezaron a llegar por montones. Estaban formando una comunidad, aunque hacerlo hubiera tenido la más cruel inspiración, me explicó Adrián mientras seguimos caminando por la cancha de futbol, con un viento fresco en la cara esa tarde de invierno.

—Antes, me importaba un comino todo el que no era de mi familia —dijo Adrián—. Ahora esa familia se ha ampliado.

Luego hizo una pausa, puso las manos en la cintura y se le hizo un nudo en la garganta. Con la mano derecha se quitó una lágrima. Batalló para encontrar su voz.

—Vive —me aseguró Adrián—. Siempre siento la presencia de Rodrigo.

Nos detuvimos. Él se arrodilló y vio otro clavo. Lo recogió, se secó una lágrima insistente y se puso de pie.

—¿Por qué haces todo esto? —pregunté—. Si es algo tan doloroso para ti.

—Estamos construyendo una comunidad con la sangre de nuestros hijos —dijo.

A la distancia, las montañas de El Paso se cernían como sombras.

—Cada vez que me pregunto si nos hemos convertido en un país de salvajes —dijo Adrián—, donde matamos nomás por matar, decapitamos gente, la colgamos de los puentes, acabamos con los sueños de los jóvenes y envejecemos prematuramente, miro esas montañas.

Cabeceó hacia El Paso, la primera y más grande ciudad construida sobre el río, en los años 1600, en el corredor montañoso que se llamaba Paso del Norte, y la primera ciudad de Estados Unidos, en 1913, en prohibir la mariguana. La gente de El Paso, como la mayoría de las comunidades fronterizas, era una sociedad conservadora, y relacionaba la mota con crimen. La prohibición también les había dado a los texanos blancos una herramienta para controlar el río Bravo.

Pese a la amenaza de México, El Paso era la ciudad más segura de su tamaño en Estados Unidos. Las comunidades de inmigrantes mexicanos, y en general las que llegaron después, representaban la "cultura del esfuerzo": gente trabajadora que se ganaba el pan de cada día, que no se metía en problemas y trataba de progresar, si no por ellos, entonces por la siguiente generación, sus hijos.

Además, la ciudad estaba hormigueando con la presencia creciente de las fuerzas del orden: policía local, estatal y federal, más los del

Servicio de Inmigración y Control de Aduanas (ICE), el FBI, la DEA, la patrulla fronteriza y los de Inteligencia de El Paso, por no hablar de una de las bases militares más grandes del país. Muchos de los nuevos agentes vivían del lado oeste, en lo que todos empezaron a llamar "Fed Hill" (Loma de los Federales), parcialmente visible desde allí.

—¿Qué ves? —le pregunté a Adrián, anotando sus palabras.

—Nuestro futuro —dijo—. Veo leyes que funcionan. Veo gente, la mayoría de origen mexicano, viviendo en paz.

—¿Te gustaría vivir allá?

—Es muy hermoso. La gente tiene su trabajo y tiene sus derechos. Pero sentiría que estoy traicionando a mi hijo. Tenemos que asegurarnos de que algo bueno salga de esta tragedia.

Adrián me llevó en su coche a la línea divisoria, nos fuimos por Tecnológico, una avenida llena de camiones de carga y pasajeros camino al norte.

—¿Qué pasará cuando se acaben los recursos federales? —le pregunté a Adrián—. ¿Cuando llegue el siguiente gobierno y desaparezca la culpa?

—Ya hemos pensado en eso —respondió—. Cientos de voluntarios saldrán a las calles a pedir donativos. Vamos a poner a prueba qué tan dispuesta está la sociedad realmente a cambiar al país. Yo no voy a parar... eso es seguro.

De camino, nos topamos con el convoy del presidente, el gobernante de México escondido en alguna parte de una hilera de camionetas que se dirigía velozmente a la siguiente junta con líderes empresariales, escoltada por soldados y policías federales. Adrián apenas si volteó.

Veintiuno

Una linda y soleada mañana después de la temporada de lluvias de verano en 2011, salí al balcón de mi departamento en la Ciudad de México. Nubes blancas se elevaban sobre un edificio en construcción en el Paseo de la Reforma: un bonito telón de fondo después de las nubes grises que se habían apoderado del horizonte todas las tardes desde hacía meses. Otras cuatro construcciones altas habían surgido a cuadras de la Torre Mayor. Una era la Estela de Luz, un monumento para conmemorar el bicentenario de la Independencia. Un grupo de manifestantes se había presentado en la gran inauguración para protestar por las decenas de miles de muertos en la guerra contra las drogas, llamando a la estructura con forma de galleta napolitana un monumento a la corrupción y a la muerte. Otra torre se estaba edificando más cerca de mi casa en la avenida Insurgentes. Parecía que la Ciudad de México estaba en constante reconstrucción.

Después de una brutal recesión y el incremento de salarios en China, la economía estaba volviendo a crecer lentamente y creando más empleos que nunca; sin embargo, el número de mexicanos que vivían en la pobreza había aumentado en más de cuatro millones. Las filas de la clase media se habían engrosado, pregonaban los académicos y el presidente. Pero en las regiones violentas, la gente ni lo notaba. Los ricos se seguían yendo a Estados Unidos.

La economía de México —como el poder político— seguía estando altamente concentrada, dominada por monopolios y oligarquías. No era muy distinto de cuando la Corona española y la Iglesia católica controlaban gran parte de la nación. El país seguía teniendo un poderoso y corrupto sindicato de maestros, una sola compañía petrolera paraestatal, dos televisoras dominantes (aunque en realidad sólo una importaba), una compañía eléctrica nacional, una cementera, una panificadora dominante, un fabricante principal de masa para tortillas y —por supuesto— una compañía de teléfonos dominante. Carlos Slim, a menudo clasificado como el hombre más rico del mundo, entonces con una fortuna calculada en unos 70 000 millones de dólares, controlaba no sólo la industria telefónica, sino también una cadena de restaurantes, centros comerciales, construcción y tantas cosas más, y quería participar en las concesiones televisivas y las nuevas carreteras de cuota. Como la mayoría de los mexicanos, yo tenía un celular de su compañía —una de las más caras del mundo—, compraba revistas en su tienda departamental y comía en los restaurantes de su cadena Sanborns, compraba en sus centros comerciales y le pagaba cuotas en las autopistas.

Tomé el elevador al vestíbulo de mi edificio, donde Samuel esperaba con mi coche. Salimos rápidamente al Paseo de la Reforma. Samuel andaba de malas, como solía ser el caso cuando no tenía mucho trabajo y estaba preocupado por dinero. Me daba cuenta por su manera de manejar: como si estuviera huyendo de la escena del crimen. Venía moviéndole al estéreo, cambiando canciones del último CD mezclado que yo le había regalado.

Yo quería oír el *Huapango* de Moncayo, obra inspirada en la música tradicional mexicana que yo asocio con el dolor y la alegría de ser mexicano. La pieza se va avivando lentamente; luego las trompetas resuenan y te hacen sentir como el Ángel de la Independencia encaramado en su glorieta en el Paseo de la Reforma, con las alas abiertas al cielo. Pero no molesté a Samuel. Mejor me fijé en la calle.

Le advertí —una vez más— que no corriera. Nomás sonrió, como si 17 años en México no me hubieran enseñado nada. Aquí a nadie le dan una multa. Todos negociamos una salida.

Hizo una mueca y finalmente dejó "Si ese tiempo pudiera volver", de Emmanuel, y le subió al volumen para no oírme o encontrar un consuelo. Como la mayoría de los mexicanos, usaba la cortesía como una manera de evitar conflictos. Estoy seguro de que quería mentarme la madre.

Él me preguntó qué sabía yo de batallar en México: yo, con mi departamento en la Condesa, cerca de todos esos nuevos y lujosos restaurantes —Milos, Rojo Bistrot, Vucciria— y cafeterías.

—México es muy distinto de la Condesa, Alfredo —dijo—. Tienes suerte.

Le bajé a la música y le hice ver a Samuel que a sus 30 años en realidad no podía recordar una crisis del peso, algo que otras generaciones enfrentaban cada seis años. Daba por sentados los vehículos nuevos en las calles, los edificios modernos, las autopistas, las obras viales como el puente de los Poetas que estaban construyendo en la ciudad. La competencia de los supermercados significaba alimentos básicos más baratos para su familia. En 1994 eras muy pequeño, dije. Allí, México de veras tocó fondo. En realidad tampoco podía recordar cómo había gobernado México el PRI: la dictadura perfecta, como la describiera alguna vez el novelista Mario Vargas Llosa, aunque algunos se ofendieron con el término pues el PRI era, más que nada, un espejo perfecto de nosotros mismos. Aun si regresaba el PRI, como muchos pronosticaban y querían —entre ellos Samuel—, éste ya no era el mismo México, le dije. Sí, había partes del país donde los reporteros eran atacados —más de 60 periodistas habían sido asesinados en 12 años—. Pero la libertad de expresión y la rendición de cuentas estaban más fuertes de lo que yo recordara jamás. México estaba avanzando, dije: quizá no tan rápido como debiera, pero estaba avanzando. Ahora los mexicanos tenían alternativas políticas. Una Suprema Corte, un Instituto Federal Electoral y un Congreso más independiente. La tecnología estaba ayudando a transformar a la sociedad civil. Menos mexicanos que nunca se estaban yendo a trabajar ilegalmente a Estados Unidos. Claro, la economía de Estados Unidos tampoco estaba muy sana y no englutía a tantos como antes, pero se estaban generando más empleos en México. Caray, hasta un artículo del *New York Times* había declarado que los mexicanos estaban hallando el "sueño mexicano" en México. Quería que Samuel no se dejara, que hiciera a un lado la cortesía y mostrara su enojo: que revelara a ese nuevo mexicano que llevamos dentro.

Samuel dijo:

—Estás bromeando, ¿verdad? ¿Tú sabes lo que es la clase media en México? —preguntó con sarcasmo—. Como 10 dólares al día. O sea, Alfredo, Julia y yo somos clase media —refiriéndose a la señora que periódicamente limpiaba mi departamento y batallaba a diario para ganarse el pan—. Es insultante.

Unos meses después, tuve una amarga dosis de realidad.

—Alfredo, tenemos un problemita —Samuel me llamó por teléfono temprano una mañana en que las jacarandas estaban en flor. Se suponía que iba a pasar por mí hacía media hora.

—¿Estás bien? ¿Está bien mi coche? —pregunté.

—Sí, el coche está bien —dijo—. Pero hay un problemita.

—¿Sí? —dije, perplejo—. Desembucha.

—Tu carro está confiscado y me tienen detenido —dijo.

—¿Problemita? ¡Problemota! ¿Qué pasó?

—Dos policías en motocicleta me detuvieron porque la verificación de tu coche es pirata. Los del verificentro le pusieron una calcomanía falsa y la cosa está grave —dijo—. Necesito que vengas inmediatamente o me van a meter a la cárcel.

—¿Qué quieres que haga?

—Trae cinco —dijo, lo que ingenuamente supuse que serían 500 pesos para la mordida, unos 40 dólares. Me dio la dirección de donde lo tenían detenido, una comandancia de policía cerca del aeropuerto.

Tomé un taxi. Traía 600 pesos en la bolsa, pero no tenía la menor intención de pagar. Entré a la comandancia, con mi pasaporte de Estados Unidos en la mano, pero Samuel estaba afuera, a unos metros, parado platicando con dos patrulleros como si fueran viejos amigos. Los oficiales me saludaron cortésmente y me contaron la gravedad de la infracción: había que pagar una multa de por lo menos 6 000 pesos o eran de cuatro a cinco años de cárcel.

—Oficial, estoy de acuerdo en que es una cuestión muy seria, pero espero que me crea cuando le digo que nos engañaron —dije.

—Sí, pero él de todas formas puede ir a dar a la cárcel —respondió el oficial, tanteando a Samuel, que se veía francamente espantado, consciente de que en México uno es culpable hasta que se demuestre lo contrario.

Continué:

—Pues eso depende del juez, ¿no, oficial?

—Mire, ¿para qué complicamos las cosas? —dijo el oficial—. Si lo remitimos, a nosotros nos dan una compensación de 6 000 pesos, nomás por presentarnos a declarar, 3 000 a cada uno.

—¿Qué? Es una locura.

—Son compensaciones que nos dan por hacer nuestro trabajo —dijo—. Si lo remitimos, el juez va a saber que no nos dejamos convencer por nada más.

—Pues entonces ni hablar, oficial, yo no tengo tanto dinero —dije.

—¿Cuánto tiene? —preguntó.

—Seiscientos pesos, oficial —dije.

Los dos oficiales sonrieron ampliamente y se echaron a reír al mismo tiempo antes de agarrar a Samuel del brazo.

—Nos vemos en el juicio —dijo el oficial. Samuel se veía horrorizado—. No sabemos cuánto vaya a durar el proceso de detención. A lo mejor pasan años antes de que lo vuelva a ver. Despídase de su amigo.

A Samuel se le empañaron los ojos.

—¿Me da un momento a solas con él, oficial? —pregunté.

—Bueno, pero rapidito porque tenemos trabajo y ya perdimos mucho tiempo. Nosotros hubiéramos querido llegar a un arreglo que fuera benéfico para ambas partes, pero parece que no se va a poder —dijo el oficial.

—¿Qué querías decir con "cinco"? —le pregunté a Samuel en cuanto estuvimos a solas.

—Cinco mil pesos —dijo. Eran más de 400 dólares.

—Pero es absurdo. ¿Lo dicen en serio?

—La verdad no quiero averiguarlo, pero estoy seguro de que ellos sí —respondió Samuel—. Tienes que ayudarme.

—¿Qué rayos pasó? —pregunté.

—Los del verificentro están coludidos con los policías —dijo—. Todos sacan su tajada, y el que se chinga es uno.

Estaba perdido. Si me hubiera pasado a mí, podía llamar a la embajada de Estados Unidos para pedir protección. Pero Samuel no. Como en la mayor parte de América Latina, México no tiene sistema de jurados. Los juicios orales ante un juez apenas acababan de empezar en un par de estados, y se esperaba que se extendieran en 2016, como parte de la muy anticipada reforma judicial. Aun así, cerca de 96% de todos los procesos penales eran administrativos, y 80% de los procesados ni siquiera se presentaba ante un juez, como documenta el interesante largometraje *Presunto culpable*.

¿Qué les iba yo a decir a los hijos de Samuel si su papá no llegaba a casa esa noche? ¿Que estaba en la cárcel porque yo había querido dejar claro un punto? Él se estaba enfrentando a la corrupción de México con cero recursos, aparte de los que yo pudiera brindarle.

Le dije a Samuel que se tranquilizara. Yo me haría cargo. Cambié mi tono de indignado a humilde.

—Le repito: sólo tengo 600 pesos —dije—. Le voy a hablar a mi abogado a ver si él me puede prestar más, y a ver si nos podemos arreglar.

—No hay ningún problema —dijo el oficial—. Usted llame, con calma.

Miré a Samuel y murmuré fuerte para que todos oyeran:

—No puedo creer que vivamos en un país donde los narcos que masacran gente andan libres mientras que alguien puede ir a parar cinco años a la cárcel porque lo engañaron.

Samuel nomás me miraba, suplicante. Saqué mi celular y fingí hacer una llamada. Lo que en realidad estaba haciendo era encender la cámara para grabar ese momento para la posteridad.

—Sí, Paco; mira, tengo un problemita —dije, usando el nombre de un amigo abogado—. Necesito 6 000 pesos ahorita mismo. ¿Ah, no? ¿Y eso? Ah, ya veo. O sea que ya me chingué. Bueno, deja ver qué puedo hacer aquí, a ver si me pueden echar la mano, si hay tantita flexibilidad. Gracias por tu tiempo.

Miré al joven oficial, que parecía decepcionado.

—Puedo juntar 3 500 —dije—. Nada más.

—Cinco mil —respondió. Eso quería decir que había cierta flexibilidad.

Agarré el teléfono y fingí que volvía a llamar a Paco.

—Necesito por lo menos 4 500 o mi amigo va a dar a la cárcel —dije—. Ajá. Ah. ¡Órale! Maravilloso. Sí, me ayudarías mucho. Paco, eres el mejor amigo del mundo. Muchas gracias.

"Cuatro mil que pone él, 500 que pongo yo, y me quedo con 100 para comprar huevo y tortillas y a lo mejor agua. ¿Cómo ven? —pregunté—. Si no, de aquí a la audiencia pueden pasar semanas, si no es que meses."

Los dos oficiales aceptaron de inmediato.

—Trato hecho.

—Pero no traigo el efectivo —dije—. Tendría que ir a un banco a sacar.

—No hay bronca —dijo el oficial—. Hay un banco aquí a unas cuadras. Lo llevamos.

—Perfecto —dije, fingiendo amabilidad—. Los seguimos en mi coche. Qué amable, oficial.

Manejamos varias cuadras, guiados por dos policías corruptos en motocicleta, hasta que vimos el letrero de Banamex. Uno de los policías saludó cabeceando al policía bancario de afuera.

El guardia cabeceó y me sonrió cuando entré. No me formé en las cajas; saqué mi tarjeta de débito. Tecleé la cantidad del retiro: 4 000 pesos. Se oyó el ruido de los billetes. Enrollé el dinero en un fajo, agregué los 500 pesos y me cercioré de que la cámara de mi celular siguiera encendida. Regresé con los dos oficiales, estacionados como a una cuadra, junto a Samuel, dentro de mi coche. Se veía derrotado. Yo traía listo el fajo y se lo di al oficial.

—Ya estamos —dije—. ¿No lo quiere contar para revisar que esté todo?

—No hace falta —dijo él.

—No, claro que no —respondí.

El oficial agarró el fajo de pesos y los dos sonreímos.

—¿Con quién tengo el gusto?

—Oficial Martínez —dijo uno.

—Oficial Ortiz —dijo el otro. Miré los gafetes en sus uniformes azules y confirmé que eran sus nombres. El descaro.

Estaba abriendo la puerta del coche cuando el oficial Ortiz me tocó en el hombro. Pensé que se había dado cuenta de que había grabado su crimen de principio a fin. Pero no; el oficial me recordó cortésmente:

—La próxima vez, tenga cuidado dónde lo lleva a verificar. Aquí, en muchos lados están poniendo los engomados falsos. Hay mucho ratero.

—Le agradezco la atención —dije.

Arrancamos y nos fuimos. Ni Samuel ni yo dijimos nada los primeros minutos, mientras yo revisaba la calidad del video de mi celular. La imagen se movía mucho, pero el sonido, las caras y los nombres estaban claros. Samuel me desanimó de subirlo a YouTube.

—Mira, la tecnología es una manera de obligar al gobierno a rendir cuentas —dije—. Si pones esto en YouTube, denuncias la corrupción y fortaleces a la sociedad civil. Esto es mejor que una limpia —cerré un puño y busqué el suyo. Sus dos manos se quedaron pegadas al volante.

—Yo voy a pagar las consecuencias de ese video —dijo, contrayéndose—. Tienen los datos de dónde vivo. Me van a encontrar, o a mi familia. Olvídalo, Alfredo. Yo prefiero ya que ahí muera y seguir adelante. Por favor.

No insistí.

Acabó una canción del mismo CD mezclado que llevábamos meses oyendo y Samuel le bajó el volumen. Su frustración estalló. Me confesó que hacía poco, un conocido lo había ido a ver para ofrecerle trabajo manejando coches cargados de drogas de Los Ángeles a Chicago, Dallas y Nueva York. Ellos lo metían ilegalmente a Estados Unidos, y luego seguiría haciendo lo mismo que ahora: manejando.

Los periódicos de Estados Unidos seguían perdiendo dinero, y lo que alguna vez había sido una chamba fija y honrada —ser chofer de corresponsales extranjeros, ayudar con la logística y las entrevistas o con la mensajería de la oficina—, ahora era sólo un trabajo ocasional. Le subí el volumen al *Huapango* de Moncayo, pero ahora me sonaba superficial.

—Samuel, piénsalo bien: un error te puede costar la vida y la de tu familia —dije—. Esos cabrones no conocen la palabra perdón —dije, repitiendo las palabras de mi padre.

—Tienes razón —dijo—. Ya lo pensé, y por eso estoy emputado. No lo puedo hacer, por mis hijas y porque no me gusta llevarme los problemas a la cama. ¿Pero sí ves lo fácil que puede ser ganar dinero, por qué le entra tanta gente al negocio? Aquí no tiene fin la pobreza, ni el mercado ilegal, informal. Esto es México. *Todos* son corruptos. Los policías, los de la bancaria, los del verificentro, sus supervisores: todos están metidos. El sistema completo está podrido.

—¿Todos están metidos? —pregunté—. ¿Tú también participaste?

—¿Qué? No —me miró fijamente—. Sí me crees, ¿verdad?

Como muchos mexicanos, Samuel se hubiera podido ir a Estados Unidos. Se quedó no porque creyera en el futuro, sino porque creía en su familia. Lo único que era precioso en su vida, dijo, eran sus dos hijas, que lo habían ayudado a sanar las heridas de su propia infancia difícil. Él iba a ser el padre que nunca tuvo.

—Éste es un gran país, generoso, Alfredo. Cada seis años los políticos le parten la madre a la patria, y quién sabe cómo, México se vuelve a levantar y nos sigue dando.

No es que México sea generoso, pensé; es que los mexicanos tienen corazón. Samuel estaba hablando de sí mismo.

—Sí me crees, ¿verdad? —volvió a preguntar.

Si México me había enseñado algo, era a creer, aun contra viento y marea —a veces contra mis propios instintos—, a tener fe, la clase de fe que mi madre pasó tanto tiempo tratando de enseñarme, la fe que ahuyenta al mal. La fe era lo único que podías tener en un país con un pasado glorioso y un sistema decrépito. Ya me estaba poniendo como mi mamá.

—Te creo —sentí suficiente convicción al decir las palabras.

Veintidós

Ángela, Hugo y yo manejamos los 940 kilómetros de Laredo a El Paso, en el oeste de Texas, bordeando la línea fronteriza de los estados de Coahuila y Chihuahua. Hora tras hora de solitario desierto, excepto por las camionetas de la patrulla fronteriza que iban y venían por la Highway 90. Desde 1990, el tamaño de la patrulla fronteriza de Estados Unidos se había quintuplicado. Pasando Del Rio las empecé a contar, pero perdí la cuenta de las camionetas verdes después de ver más de una docena en menos de 160 kilómetros.

Más al oeste de Texas, en El Paso, las relucientes camionetas verdes con blanco de la patrulla fronteriza iban a vuelta de rueda por la barda que nos divide a "nosotros" de "ellos", parte del último incremento federal a la seguridad. Como si una valla de cinco metros que se está oxidando, que se extiende 1 000 kilómetros —parte del paquete de 2 800 millones de dólares que la gente de la región llamó "el muro fronterizo"—, pudiera absolver a los estadounidenses de su ansia de drogas o de su deseo de tener mano de obra barata para mantener bajos los precios de frutas, verduras y servicios. Como si las láminas de acero y los aviones no tripulados pudieran cerrarle las puertas al desmadre que los estadounidenses ayudaron a crear. Nos unía la sangre, y nada —ni siquiera el muro— podía deshacer eso.

Las montañas rocosas del espectacular Big Bend se alzaban no lejos de la sinuosa carretera de dos carriles, la frontera en algún lugar a nuestra izquierda. Los vientos arreciaron, disipando el calor de verano, señal de que se acercaba el otoño. Los vastos cielos azules se expandieron; aparecieron nubes en el horizonte.

Grandes extensiones de terreno agreste, ranchos áridos y cerros separaban a pueblos con nombres como Zorro y Guadalupe. Era difícil saber dónde acababa México y empezaba Estados Unidos. Es uno de mis lugares favoritos de ambos países.

La frontera, escribió una vez Carlos Fuentes, es una "cicatriz". Nosotros somos la herida.

Volví a mirar a Ángela. Los años de mutua ausencia me dolían. Traté de tomar su mano pero cuanto antes me recordó la presencia de Hugo en el asiento de atrás. Había una indiferencia en ella que me hacía querer abrazarla fuerte. Pero a Ángela no le gustaban las demostraciones de afecto frente a los colegas. Siempre se me olvidaba esa regla. Sólo le sonreí, y me devolvió la sonrisa.

Empecé a contarle sobre un inquietante encuentro reciente con el investigador de Estados Unidos. No le sorprendió nada.

—Sé que te cae bien, pero a fin de cuentas sólo está haciendo su trabajo, y tú el tuyo —dijo Ángela—. Ya no puedes confiar en nadie. Yo eso lo aprendí de niña. Es hora de que tú también lo aprendas.

—Te equivocas, preciosa —dije, y toqué su mano—. Yo confío en ti. Aún nos tenemos uno al otro.

Al acercarnos al pueblo de Marfa, lugar de moda entre la gente de Hollywood y neoyorquinos con tiempo y dinero, nos encontramos con cielos enormes y una cortina de lluvia. Las gotas de lluvia en el desierto ayudarían a aliviar una larga sequía en el oeste de Texas. Yo no acababa de saber si estábamos entrando a la tormenta o la estábamos correteando.

Nos detuvimos en Marfa y buscamos el Padres, una ex funeraria que era uno de los pocos bares abiertos en la tarde. La música de la rocola, canciones viejas de Javier Solís que mi madre alguna vez cantó, y el tazón de *chili* picoso hicieron que valiera la pena la parada.

Hugo salió a hacer unas llamadas. Ángela y yo nos quedamos solos. Llevábamos años de andarnos con rodeos, en realidad desde aquella tarde en que ella se marchó furiosa, en el Parque México en la Condesa. Sentí que mi corazón se aceleraba, esperando que quisiera volver. Estaba más hermosa que nunca, sus mejillas tan tersas como el día que la conocí en el Freddy's hacía 20 años. Ángela seguía impulsándome, a pesar de nuestras imperfecciones. Ángela representaba todo lo que amaba de mi país, aunque yo soñara, más que ella en esos días, con vivir en México.

Rompió el silencio preguntándome a qué horas pensaba que llegaríamos a El Paso, si la lluvia nos seguiría o si ya habría pasado la tormenta.

—¿Qué importa? —respondí.

Ángela me miró y agarró más fuerte mi mano.

—Ya deberíamos arreglar nuestros pedos —se rió. Yo estuve de acuerdo.

Se oía que afuera estaban cayendo rayos. Busqué *quarters* en mi bolsillo para ponerle canciones.

En algún lugar de México, lejos de la frontera —tengo prohibido ser más específico—, finalmente me volví a reunir con el investigador de Estados Unidos. Yo quería cerrar el tema finalmente y obtener una respuesta a la pregunta que me agobiaba: ¿quién había amenazado mi vida?

El investigador me llamó de la nada y salí corriendo a verlo. Para mi sorpresa, yo me seguía cuidando la espalda, me seguía quedando despierto hasta muy noche, tratando de encontrarle sentido a la insensatez. Él seguía persiguiendo al temido líder de los Zetas, ahora conocido simplemente como *el Cuarenta*. Lo buscaban en Estados Unidos en relación con un doble homicidio en 2006 en Texas, y por cargos de conspiración para procesar y distribuir cocaína en Estados Unidos. Los Zetas se habían separado del cártel del Golfo y se habían aliado con la organización de los Beltrán Leyva. En apenas dos años se habían extendido a regiones clave desde Tamaulipas hasta Nuevo León, Coahuila y Zacatecas. Ahora eran considerados la segunda organización criminal más poderosa, después del cártel de Sinaloa. La violencia se seguía extendiendo.

—Pareces obsesionado con el Cuarenta —le dije al investigador de Estados Unidos.

—Y tú también deberías estarlo —respondió—. Todos deberíamos estarlo.

Estábamos tomando lo que me pareció toda la botella de tequila. Pero ni así hablaba. Parecía deprimido, y yo también lo estaba.

Oficialmente, el gobierno de México decía que iban 47 000 muertos en la guerra contra los cárteles, pero había dejado de contar en el otoño de 2011. Otros cálculos de la época situaban el número de víctimas cerca de las 80 000. Tanta gente estaba muriendo, dijo el investigador, que ya nadie llevaba la cuenta. A veces, los miembros de los cárteles recogían a los muertos y los enterraban en fosas clandestinas para mantenerlo todo en secreto entre ellos y los funcionarios corruptos. Éramos una nación traumada, compartíamos el dolor en ambos lados de la frontera.

Del lado de Estados Unidos, los agentes también estaban siendo reclutados por los cárteles, atraídos con dinero o hasta con favores sexuales. Docenas de agentes federales —hasta unos 170 en sólo cuatro años, incluyendo agentes de la patrulla fronteriza, DEA, FBI e ICE— habían caído en la tentación.

Mientras tanto, el gobierno mexicano tenía escuadrones de la muerte trabajando tiempo completo para dar con *el Chapo* Guzmán y *el Cuarenta*. La DEA y otras agencias de seguridad de Estados Unidos les pasaban a militares mexicanos información de inteligencia sobre los movimientos de los principales capos. Esa información con demasiada frecuencia les llegaba a funcionarios mexicanos que también eran simpatizantes de uno u otro cártel. Había tantos funcionarios en las nóminas de los cárteles que cada vez era menos una guerra entre narcos y más una guerra dentro del propio gobierno.

—Se tardan demasiado en reaccionar —dijo el investigador—. La corrupción está cabrona. Está tan profundamente arraigada en la política del gobierno y la economía que lo que hacemos no siempre tiene sentido. No importa si tienes al líder del cártel ahorita, aquí, arrinconado. No importa.

Ese verano de 2012, el investigador estaba aún más frustrado por la incapacidad de los mexicanos de capturar o matar al *Cuarenta*, o a su secuaz Heriberto Lazcano, *Z-3*, que era de los desertores originales de las fuerzas especiales; el ejército lo había agarrado dos veces en Puebla, y las dos veces lo había sobornado para que lo soltara. El investigador se echó otro tequila. (Unas semanas después, Lazcano murió en un enfrentamiento con elementos de la marina en el estado de Coahuila.)

—A México le gusta demasiado el dinero fácil —dijo—. No verás ningún cambio significativo aquí en los próximos 10, 20 años. Ojalá Calderón hubiera limpiado un poco la casa antes de arrancarse con esto, pero no hay que echarle la culpa a él. Imagínate cómo estaría México si todos se siguieran haciendo pendejos.

Pensé en lo que muchos mexicanos hubieran respondido a esa pregunta: sí, se vería menos democrático, pero sería más pacífico. A veces parecía que la gente estaba tan frustrada por tanta violencia que hubiera preferido el orden, incluso el orden fétido, que sus nuevas libertades. Pensé en todos los bancos en Estados Unidos y Europa repletos de dinero ilícito. Pensé en Calderón, el hombre que había crecido odiando al PRI, incluso prometiendo ante la tumba de su padre que algún día él los iba a quitar del poder. Él había ido a acampar afuera de Palacio Nacional, a protestar al Zócalo, a exigir un cambio. Ahora parecía a punto de devolverles el poder a sus viejos rivales. Su legado, por el momento, empañado por una barbarie que eclipsaba sus muchos otros logros: 140 universidades públicas, kilómetros de proyectos de infraestructura, incluyendo 3 000 clínicas nuevas o renovadas, mayores servicios de salud, mejores estándares ambientales y la creación de 2.2 millones de nuevos empleos. Pero lo único que la gente recordaba era el derramamiento de sangre. Algunos decían que la muerte lo seguía como una sombra. Hubo grupos de derechos humanos que juraron que algún día Calderón enfrentaría cargos criminales ante una corte internacional.

El investigador ya traía los ojos vidriosos y me imagino que yo también. Me contó algo que yo siempre había sospechado pero nunca confirmado. Treviño Morales —*el Cuarenta*— le había puesto precio a su cabeza. Dormía con una escopeta cargada junto a la cama, del lado de Estados Unidos de la frontera. ¿Del lado mexicano? Bueno, no me lo podía decir, pues las leyes mexicanas prohibían a los agentes de Estados Unidos andar armados. Sospechaba que *el Cuarenta* iba a mandar sicarios a su casa a despacharlo. Quería creer que ningún cártel se iba a exponer a la furia del gobierno de Estados Unidos, pero también sabía que algunos de estos tipos podían acabar tan embriagados de drogas y poder, que podían olvidar de qué lado de la frontera estaban y hacer una idiotez. Y él estaría muerto.

Luego confirmó lo que yo llevaba tanto tiempo indagando: que *el Cuarenta* también había estado detrás de la amenaza contra mí. Si *el Cuarenta* no lograba atacarlo a él, se iría sobre mí para mandarle un mensaje.

—Puta madre —dije.

El Cuarenta tenía amigos y familiares en Dallas, y algunos habían leído los artículos que mis colegas y yo escribimos sobre los Zetas. El investigador de Estados Unidos dijo que al *Cuarenta* le encantaba Dallas, su vida ostentosa. Todavía en 2005, *el Cuarenta* cruzaba el río Bravo ilegalmente cerca de un puerto fluvial llamado San Ignacio, muy cerca de Nuevo Laredo hacia el sur, para ir a Dallas a visitar a esos amigos y familiares, que ahora estaban lavando millones de dólares ilícitos del *Cuarenta* a través de las carreras de caballos. Hasta lo habían visto en un bar de *striptease*. El investigador de Estados Unidos dijo que mis artículos algo habían tenido que ver con la decisión del *Cuarenta* de dejar de ir a Dallas. La cobertura, sobre todo lo del pacto de paz, le intrigaba, y suponía que las pistas para el artículo venían del investigador. Odiaba a los soplones y quería saber exactamente quién le estaba filtrando información al investigador para cortarle los güevos y metérselos en el hocico. Para mutilarlo. El investigador se había pasado los últimos ocho años tratando de encontrar al Cuarenta primero. Todos los reportes de sus informantes —en ese momento yo le conté cuatro celulares, para hablar con sus soplones de cada uno de los principales cárteles— decían que el Cuarenta andaba huyendo, metido debajo de las piedras.

Por la cabeza del Cuarenta ya se ofrecía una recompensa de cinco millones de dólares por parte del gobierno de Estados Unidos, y otra de dos millones del gobierno mexicano, y sus propios rivales de los cárteles también lo estaban cazando. Lo protegían unos 200 sicarios, además de policías y funcionarios corruptos que ayudaron a formar un círculo de 15 niveles de seguridad alrededor de él, difícil para cualquiera de penetrar, sobre todo para un gobierno cuya inteligencia a menudo estaba comprometida. Solía viajar en ambulancias o en aviones volando bajo. Treviño Morales desconfiaba de todos —excepto de su hermano Omar, *Z-42*— y dormía en su coche, donde traía cientos de miles de dólares para sobornar a cualquier autoridad que se acercara demasiado. Era adicto a la mariguana y antisocial, y le gustaba vivir en el monte; algunos le decían *el Chacal*, porque era una criatura nocturna y muy difícil de encontrar en el bosque.

Ya no era jardinero ni deshollinador. Era un loco. Su otro apodo —*Muerte*— lo decía todo. Le valió el respeto que por tanto tiempo le fue negado. Su discurso motivacional consistía en una frase: si no matas a alguien todos los días, no estás haciendo tu trabajo."

Era profundamente leal a su familia, en especial a su madre, que los había criado sola a él y sus hermanos cuando su padre los abandonó. Le enfureció tanto que los de aduanas de Estados Unidos en Laredo hostigaran a su madre, que en octubre de 2010 mandó arrojar unas granadas cerca del consulado de Estados Unidos en Monterrey, dijo el investigador.

Los Zetas bajo el mando del Cuarenta se habían convertido en un culto satánico, ofreciéndole al diablo la sangre y el corazón de sus víctimas a cambio de que los protegiera. Como parte de un ritual, *el Cuarenta* le sacaba el corazón a la víctima —mientras seguía con vida— y le daba una mordida. Creía que eso lo volvería invencible, me contaba el investigador.

El investigador de Estados Unidos había visto tanta inhumanidad que siempre que iba a la Ciudad de México se daba una vuelta por la Basílica de Guadalupe a rezarle a la virgen y pedirle paz y fortaleza. No rezaba solo; había madres agradecidas por toda la frontera que se juntaban a rezar por él en agradecimiento por haberlas ayudado a encontrar a sus hijos, vivos o muertos. Los domingos iba a confesarse.

—¿Por qué te alegras con la noticia del asesinato de un gran capo? —le preguntó un padre.

—Porque ese capo —respondió él— era lo más parecido al diablo.

Es un hombre decente, pensé, pero en ese momento no sabía si agradecerle su honestidad o sentirme traicionado.

—Así que todo este tiempo, todos los pitazos que me diste, todos los artículos, ¿en realidad era tu vocero? ¿Tu forma de comunicarte con *el Cuarenta*? —pregunté—. ¿Igual que los cárteles, que usan a reporteros mexicanos para sacar sus mensajes? ¿Qué pedo?

Miró su caballito de tequila, luego levantó la vista para enfrentar mi mirada iracunda.

—Sí —dijo—. Te usé, igual que tú me usaste a mí. Te hablaba para pasarte los pitazos, pero lo hacía porque sabía que te importaba. Que para ti era más que un pinche artículo.

—¿Y por eso me hablaste para advertirme? —pregunté.

—Te quise advertir no como funcionario del gobierno de Estados Unidos, sino como amigo —dijo—. No quería que te pasara nada.

—¡Puta, gracias, güey! —le escupí.

El tequila me estaba envalentonando.

—*El Cuarenta* tiene demasiadas cosas de que preocuparse ahorita para pensar en ti y en mí —dijo—. Dudo hasta que se acuerde.

Los últimos cinco años de huir me pasaron por la mente y ahora las piezas encajaban. Miré al investigador de Estados Unidos. Parecía menos arrogante que cuando lo conocí. Aún creía en el bien y el mal, pero también entendía que había matices de bien y matices de mal dentro de todos. Había perdido por lo menos a 15 amigos, "hijos valientes de México, que murieron porque sabían demasiado o porque trataron de hacer lo correcto".

Como el jefe de policía Omar Pimentel, con quien Ángela y yo habíamos mantenido contacto después de hacer un artículo sobre por qué alguien aceptaría el puesto cuando el último jefe había sido asesinado horas después de entrar en funciones. Un día, Pimentel renunció de repente y me dijo que era por motivos personales. Después desapareció. Fue secuestrado y torturado, y se le da por muerto. Los Zetas encontraron el teléfono que el investigador de Estados Unidos le había dado.

—¿Quién habla? —preguntó uno de los secuestradores de Pimentel cuando marcó el número. El investigador de Estados Unidos dijo su nombre.

—*Fuck you*, puto —dijo el mafioso, y colgó.

Su aparente muerte nunca ha sido confirmada.

Cuanto más se enfrentaba el gobierno mexicano a los cárteles, más brutal la represalia de los criminales. Se necesita cierta clase de sabiduría para entender que el cambio tiene su propio ritmo y está sujeto a su propio tiempo y circunstancia, pensé.

—Tenemos que seguir presionando, pero también hemos aprendido que hay límites, que tenemos que ser flexibles —dijo—. México nos ha enseñado, a mí, a ser más prudentes, más pacientes. El diablo no duerme —había descubierto que su contraparte en México le había vendido todo el expediente al *Cuarenta*.

—¿No estás cansado de esto? —le pregunté, pero en realidad me lo estaba preguntando a mí mismo.

—Me he hecho viejo en México, y he descubierto que nunca es el momento preciso a menos que México crea que lo es —dijo.

—¿El momento preciso de qué? —pregunté—. ¿De volverse un país más como Estados Unidos?

—Oye, yo creo que todos estamos de acuerdo, todos sabemos que México podría estar mejor. Crear más oportunidades, más igualdad, más rendición de cuentas, más justicia. ¿Me entiendes? Dile como quieras. Me da igual.

—¿Entonces por qué sigues aquí?

—En Estados Unidos la gente se muere ya sea de alguna enfermedad, un ataque al corazón, cáncer, una madre de ésas, o en un accidente de tráfico. Aquí te puedes morir de un momento a otro, y saberlo te hace querer vivir más plenamente —dijo—. Todos los días te recuerdan tu mortalidad. Además, me gustan los sonidos de este país, el olor, los contrastes, los colores, la música, la sensación de crudeza. La vida. Pero a ti no te lo tengo que decir.

—En serio, ¿por qué estás aquí? —le insistí—. ¿Por qué sigues regresando?

—Por la misma razón que tú —dijo—. Es personal, ¿no?

Veintitrés

Mi madre rezaba por el perdón de México. Íbamos rápido por el estado norteño de Chihuahua al amanecer, camino a nuestro pueblo en Durango. La canción "Eso y más" de Joan Sebastian, dedicada a su hijo asesinado, sonaba fuerte en las bocinas. Teníamos prisa por llegar antes de que oscureciera. Eran nueve horas en coche desde El Paso.

El Departamento de Estado de Estados Unidos había emitido varias alertas de viaje para la mayoría de los estados de México, incluyendo una advertencia muy tajante de no tomar la carretera por la que íbamos. El lugar donde se juntan los tres estados de Coahuila, Chihuahua y Durango se había convertido en la línea divisoria entre los cárteles en guerra. Mi madre se quería ir en autobús, sola. Estaba decidida a visitar la tumba de Lupita, dijo, aunque eso significara romper la promesa que nos había hecho a sus hijos de que ni ella ni mi padre irían a México. Tenía que ir, y finalmente aceptó que yo la acompañara. Quedamos en ir juntos, pero sólo después de que yo acepté ir con una curandera a que me hiciera una limpia. Cuando mi papá vio que ella hablaba en serio, renuentemente aceptó venir él también.

—¿Están locos? —preguntó mi padre, pero no esperó una respuesta. Ya la sabía.

—Vamos a estar bien —le aseguró mi madre mientras él se alejaba caminando—. A veces la percepción del miedo es peor que la realidad.

Samuel y yo nos alternamos manejando. Yo lo había invitado para ir más protegidos. En la carretera, dos convoyes de hombres fuertemente armados en camionetas sin placas nos pasaron volando, en sentido contrario. Samuel me tocó el brazo y señaló los vehículos. Me sentí ridículo de no haber tomado el autobús, que ahora parecía ligeramente más seguro. Si un convoy se quiere meter con nosotros, pensé, estamos fritos. Nos escoltarían a un lugar aislado —no lejos de donde nacimos—, para darnos de balazos y enterrarnos. ¿O qué tal si querían reclutar a Samuel de sicario y para probarlo hacían que nos matara? Miré nerviosamente el retrovisor de mi lado para ver si las camionetas habían dado vuelta en U y nos perseguían. Pero no. Lo que vi fue una patrulla de la Federal de Caminos con la sirena prendida, orillándonos. Samuel le había pisado después de ver los convoyes, y de veras íbamos rápido.

Samuel se bajó del coche y resolvió la situación de la única manera que sabía: sobornando a los policías, diciéndoles que sólo estaba llevando a una pareja mayor y su hijo a un cementerio. Nos dejaron seguir adelante. Les dio 500 pesos para los dos, unos 20 dólares para cada uno.

Luego pasó otro convoy de pistoleros, y un minuto después, otra patrulla de la Federal nos siguió y nos detuvo. Esta vez, asqueado, me bajé del coche y le dije a Samuel que yo me hacía cargo. Les dije a los policías que estaba llevando a mis padres por México como parte de un experimento para ver qué tan seguro es el país para los migrantes que quieren volver a casa. Las experiencias eran para un artículo del *Dallas Morning News*. Les dije que estábamos en comunicación constante con mis editores y funcionarios de la embajada de Estados Unidos para garantizar nuestra seguridad. ¿Así que cuál exactamente era el problema?

Ningún problema, dijo el oficial.

Estaban allí para asegurarse de que nosotros estuviéramos bien, me indicó. Sí bájenle a la velocidad, dijo. Y otra cosa: traten de no pararse en ningún lado hasta salir del estado.

—¿Quién va en esos convoyes? —pregunté—. ¿Agentes federales mexicanos o americanos…? ¿Zetas?

Nomás sonrió.

Le di la mano.

Regresé al coche y les aseguré a mis padres que no había problema.

Los policías andaban de halcones de los cárteles.

—¿Todo bien? —preguntó mi padre.

—Exceso de velocidad —dije—. No se preocupe.

—No corran —nos reprendió mi padre desde el asiento de atrás.

No habíamos podido enterrar al tío Delfino en paz, y ahora ni siquiera podíamos visitar la tumba de mi hermana.

—¿Qué le pasa a México? —preguntó mi papá.

No respondí de inmediato. Las cosas sólo van a mejorar, dije, mirando a Samuel. Hizo una mueca.

—¿Estás seguro? —preguntó.

—Desde luego —respondí. Con el pie le hice una seña de que le pisara. Eso hizo.

Mi madre apenas se percató de los convoyes, de la conmoción afuera o la conversación con mi padre. Estaba demasiado inmersa en su Biblia, con un rosario en las manos, rezando por que llegáramos a la tumba de Lupita antes del atardecer. Leyó un pasaje sobre la sombra de San Pedro, que una curandera le había recomendado para estos momentos difíciles en México. "Que la luz del Espíritu Santo nos proteja con su velo sagrado. Si tienen ojos que no nos vean; si tienen lenguas que no las muevan." Yo debatía si habrían sido las plegarias incesantes de mi madre o mi arrugado pasaporte azul de Estados Unidos lo que me había mantenido con vida.

A la entrada de San Luis de Cordero, vimos la casa de mi abuela Rosa, que se estaba viniendo abajo. El patio estaba cubierto de ocotillos enormes, hierbas, bolsas de basura blancas, botellas de cerveza vacías arrojadas desde el bar de al lado y envoltorios de velas arrojados desde la iglesia del otro lado, que enterraban nuestros ombligos más y más en la tierra. La casa era una sombra de lo que había sido. Cuando traté de abrir la puerta, sellada con un candado, partes del techo de adobe me empezaron a caer encima. Mi madre bajó la cabeza y murmuró lo triste que era ver esto así. Samuel nos esperó, sentado en una banca en la que se sentaba mi padre cuando soñaba con irse a trabajar a Estados Unidos. En el coche, pasamos por una placa que honraba a los hombres y mujeres que habían ido al norte siguiendo el llamado Camino Real que conecta el norte y el sur. Manejé hacia el cementerio.

Caminamos sin rumbo hasta que encontramos la tumba de mi hermana, al pie de la de mis abuelos. Muchas otras tumbas se veían abandonadas. Con una cubeta de agua, lavamos la lápida de mi hermana y la cubrimos de frescos claveles rojos y blancos. También le pusimos un osito que compramos en El Paso, que cantaba "Build Me Up, Buttercup", de The Foundations; mis papás no entendían la letra, pero les gustaba la tonada. Mi madre derramó lágrimas, y mi padre, típicamente, se volteó para otro lado, aunque pude ver que se le humedecían los ojos. Abracé a mi madre, fuerte, y le dije otra vez cuánto lo sentía, igual que cuando era niño. Me di la vuelta y sequé mis propias lágrimas antes de que mis padres me vieran. Volteé a ver la lápida de Lupita, el mármol gris, y me imaginé que oía repicar las campanas.

Era Sábado de Gloria, el 28 de marzo de 1964, y en el pueblo había feria. Mi mamá me había prometido algo: que el domingo después de misa me iba a llevar a la rueda de la fortuna. La quema de Judas del sábado fue interminable, pero finalmente repicaron las campanas; yo salí disparado a la plaza, bajo el sol brillante. Yo estaba bailando, y mi hermanita Lupita me veía con sus ojazos cafés, una amplia sonrisa, hoyuelos y pestañas largas. Era una pequeña de dos años, tambaleante y naturalmente callada y tímida, pero aplaudía mientras yo giraba en los shorts nuevos que mi abuela me había hecho la noche anterior, especiales para el fin de semana de Pascua.

Llegamos a casa con hambre. Mi mamá se fue a la cocina y nos pidió a mi prima de nueve años, Lupe, y a mí que cuidáramos a Lupita en lo que ella preparaba "chuales", un caldo tradicional de Pascua, de maíz con cilantro, tomate y chile rojo picante. Lupita estaba jugando con sus muñecas. Yo empujaba un cochecito de juguete con Juan y mi primo de seis años, Abel, haciendo ruidos chistosos de motor.

En San Luis de Cordero no había agua corriente. Mi mamá y las vecinas iban a traerla a los pozos. Afuera, mi madre llenaba una tinaja grande de lámina para que hubiera agua para lavarnos las manos, bañarnos o lavar la ropa. Mientras mi primo y yo jugábamos, Lupita decidió que quería bañar a su muñeca.

Oí a mi madre gritarnos que ya estaba la comida.

—Véngase a comer —dijo.

Cuando volteé a buscar a Lupita, no la vi. Luego noté dos zapatos blancos saliendo de un lado de la tinaja y la muñeca flotando arriba. Grité y corrí a ver. Lupita me devolvió la mirada, con los ojos muy abiertos, inertes bajo el agua. Sólo su cara se había sumergido, tenía la boca torcida hacia un lado.

¡Mamá! ¡Lupita no se mueve!

En un instante mi mamá estaba sacando a su bebita del agua. Se dejó caer de rodillas. Abrazó fuerte a Lupita. Un charco se empezó a formar bajo sus rodillas, su delantal escurría. La blusa empapada. Mi madre sollozaba y gritaba a los cielos. El tiempo se detuvo mientras sus gritos atravesaron la quietud de la Pascua. Luego se puso de pie y, con Lupita en brazos, salió corriendo a la calle Juárez. Yo corrí a su lado. Buscó desesperadamente al único doctor del pueblo. No estaba en ningún lado. Se había ido de vacaciones de Semana Santa.

Como si la gente no se enfermara, como si los niños no se murieran en Semana Santa.

Finalmente llegamos a casa de mi abuela Rosa en Comercio, a cuatro cuadras. Ya nos esperaba en la puerta; había oído los gritos de mi madre. Doña Rosa, como todos le decían, también hacía las veces de doctora, costurera, maestra de escuela y asistente de la partera del pueblo, que había traído al mundo a gran parte de la gente, incluido yo. Incluida Lupita.

Cuando llegamos a su casa, el pelo castaño de Lupita seguía escurriendo agua. Mi madre puso a Lupita en los brazos de su abuela, diciéndole *Sálvala* sin pronunciar palabra. Tenga, cúrela. Haz que vuelva a la vida. Haz retroceder el tiempo. Dime que esto es una pesadilla y que en cualquier instante voy a despertar. Pero lo único que hicieron, mi madre y mamá Rosa, fue llorar sobre su diminuto cuerpo, gritando otra vez al cielo en busca de respuestas, rogándole a Dios que intercediera, a todo el santoral que les concediera este favor. Luego mi madre se sentó en una silla y no se movió en mucho tiempo.

—¿Por qué? —lloraba a gritos mi madre—. ¿Por qué? Por favor no te la lleves. ¡Por favor!

Las vi llorando y me salí, me hinqué en el suelo y metí las manos en la tierra, buscando piedras, lo que fuera. Con miedo de hablar.

La rueda de la fortuna, a una cuadra, empezó su lento giro, elevando a los paseantes sobre la plaza donde recién habíamos jugado.

Adentro, los vecinos empezaron a llegar al cuarto oscuro, a preguntar el porqué de los gritos. Cuando se enteraban de la noticia, inclinaban la cabeza, derramaban unas cuantas lágrimas y luego regresaban con claveles blancos de sus pequeños jardines, que florecían a principios de primavera. A lo largo de la tarde, otros trajeron elotes asados, fideos, frijoles. El olor a maíz impregnaba la habitación donde mi madre y mamá Rosa habían tendido presurosamente a Lupita en una mesa, con la cabeza en una almohada.

Al día siguiente, en el velorio de Lupita, un trío tocó "Las golondrinas", la canción de las despedidas. Los vecinos llegaron por montones a decir su último adiós. Yo estaba en medio de todos, de cuatro años, perdido, gritándole a Lupita que despertara. Me acariciaban la cabeza. Algunas personas me abrazaron, me murmuraron cosas al oído que no recuerdo. No me importaba lo que dijeran. Tenía la mirada clavada en Lupita, cuyo rostro de capullo de rosa ahora estaba cubierto de flores. Yo gritaba a todo pulmón; creía que ella de algún modo aún me podía oír y que iba a despertar. La muerte no era para los jóvenes, sino para los viejos, los que acompañábamos al cementerio de vez en cuando al caer la tarde. La muerte no tenía nada que hacer con mi hermanita menor.

Un fotógrafo vino y le tomó unas fotos a Lupita que mi tío Delfino siempre le ocultó a mi madre. En el velorio ella no se movió, su silla plantada al lado de Lupita, que estaba metida en un féretro blanco, con un vestidito dominguero blanco que mi abuela le había confeccionado la noche anterior. Lágrimas de días empañaban el rostro avejentado de mi abuela. Me imaginaba sus lágrimas bordadas en la tela blanca de holanes. Desde luego, mi papá no pudo regresar a tiempo para el funeral de Lupita. Como de costumbre, estaba en California preparando los campos para sembrar algodón, betabel, melón y lechuga, para que los estadounidenses tuvieran comida en la mesa en las siguientes temporadas. Al ser bracero, sólo podía regresar con un permiso por escrito de su patrón. No encontró al patrón a tiempo.

Yo tomé el lugar de mi padre. Agarré fuerte la mano de mi mamá, pidiendo perdón en silencio por no haber estado más pendiente de Lupita, como debía.

En el funeral, mi mamá no estaba, en realidad. Estaba sepultada en su pena, inconsolable. Nunca levantó la vista. Cuando tenía 13 años, había perdido a su padre en un incendio que lo rodeó cuando estaba trabajando en los maizales de San Luis de Cordero; estaba perdido, porque en aquella época no había doctores ni clínica.

Después de la muerte de Lupita, mi madre juró no volver a cantar. Juró que la muerte de Lupita sería nuestro renacimiento.

Recuerdo claramente todo sobre ese día. La primavera, los perros ladrando, los vecinos mirando, la rueda de la fortuna, el pelo mojado de mi hermana... esas imágenes aún me siguen. A veces en los lugares o momentos más extraños, y siempre cuando me voy a ir de México, ya sea por un día, una semana o más, pienso en Lupita. Tal vez mi regreso a México, mi necedad, mi enojo, mi negativa a irme de este país, aun cuando todas las señales indican que debería hacerlo, aun cuando estoy tan cansado y decepcionado, no sean más que un intento de enmendar lo que perdí aquel día. ¿Qué es mi búsqueda de un hogar sino un deseo inútil de resurrección, una renovación de un espíritu herido, un intento sentimental de darle sentido no a una sino a dos vidas, una reconciliación con el pasado?

Sí, pensé; es personal.

Veinticuatro

Miré el paisaje desértico y sus ocotillos agitándose en el viento sobre la planicie bajo las montañas. Me senté junto a mi mamá y mi papá en nuestro jardín junto a la alberca. La mirada de mi madre estaba fija, igual que la mía, en el seco y polvoriento norte de México, y más allá las montañas de Chihuahua color anaranjado quemado. Sus ojos estaban absortos en las casuchas hechas con tarimas de madera del lado de Juárez del río Bravo. En 2012 la familia se reunió a finales del verano en nuestra casa. Conforme mis padres se hacían mayores, ya no les bastaba que nos viéramos sólo en *Thanksgiving* y Navidad.

Mi madre salió a la terraza de arriba a ver las nubes de lluvia que se estaban acumulando. Las nubes venían de detrás de la montaña, señal, me dijo, de que el agua se iba a soltar en cualquier minuto.

—Ojalá que llueva, y que llueva fuerte —dijo—. Mis plantas, sobre todo las rosas y las buganvilias, necesitan un buen remojón.

El cielo estaba oscuro, listo para desatar una tormenta. Mundo estaba preparando tacos de bistec y le gritó a su hijo de 10 años, Cristian, en inglés:

—Cuando empiece a llover, salte de la alberca. Te sales, ¿okey?

Uno por uno, los miembros de mi familia fueron llegando, con el inglés más intacto que el español. Sólo oía español cuando hablaban mi mamá y mi papá. Ahora éramos ocho: Juan, Mario, Frank y yo, nacidos en México; David, que nació apenas cinco semanas después de que llegamos a Estados Unidos, y Mundo, y luego dos hermanas, Mónica y Linda. Casi todos tienen educación universitaria y son profesionistas.

Mi hermana Mónica tiene una maestría en educación, vivía en Pittsburgh y ahora planea trabajar en la UTEP; mi hermana Linda estudió derecho en Cardozo en Nueva York. Ya todos somos estadounidenses. Pero otros vestigios de nuestra mexicanidad —nuestra fe, la sospecha latente de que la muerte o una maldición o "maldad" siempre anda rondando— permanecen ocultos en nuestro interior.

Mis hermanas habían puesto tres mesas afuera para los invitados.

—No te vas a meter a la alberca hasta que nos ayudes, güey —me advirtió Linda.

—Asegúrate de que alguien cuide a Fred, se va a meter a la alberca —agregó Mónica.

Mi padre estaba sentado en la cabecera de una mesa larga. El desierto de Chihuahua y su dolida, fracturada Ciudad Juárez asomaban a nuestra izquierda. Se lo señalé a mi padre, que parecía molesto.

Esperé junto a la alberca a que llegara Ángela, que había prometido seguirme enseñando a nadar. Yo estaba decidido a hacer a un lado mis temores y aprender, por lo menos, a flotar.

Cansado de esperar, me metí al agua donde no estaba muy hondo y aún alcanzaba a pararme, tranquilizado de ver a mi sobrino Cristian, que nada como delfín. Se ofreció a cuidarme, y me lo dijo en serio, con los ojos más abiertos de lo normal, con su mandíbula suave y su pelo de púas. Cerré el puño y lo chocamos dos veces. El agua se rizaba con los vientos suaves del verano. La lluvia se acercaba rápido.

Sentí el peso del agua sumergirme lentamente. Mi cuerpo se fue acostumbrando al frío. Zoé, la banda, se apoderó del sonido y se arrancó con "Nada"; el ritmo pulsaba y rebotaba de las paredes del porche, mis hermanos llevaban el ritmo con los puños en el aire: "Nada que pueda temer, nada que pueda perder…" Traté de mover mis pies en la alberca siguiendo el ritmo, pero me detuve cuando vi la cara de preocupación de Cristian. Me adoraba, y yo a él. Ahora parecía asustado.

—Tío Fred, no hagas eso. No bailes —me dijo en inglés—. Te puedes ahogar.

—No te entiendo nada —le respondí en español, esperando que me contestara en mi lengua materna, esperando que él y todos los demás dejaran de llamarme "Fred". Odiaba ese nombre, y no me parecía apropiado para un hijo de México. Pero su expresión de desconcierto me recordó que ya era demasiado tarde.

—*I don't understand Spanish* —protestó.

—Yo no hablo inglés —le respondí, mi manera de recordarle que tenía que aprender español, mi manera de inculcarle lo que quedaba de mi cultura. Me exasperé por un momento, luego suspiré, y me puse a soplar burbujas en la superficie del agua. Le di una palmada afectuosa en los brazos y le dije que yo iba a estar bien y que no se preocupara. De veras no entendió y simplemente se alejó flotando, su pancita afuera del agua. Sonrió con hoyuelos en las mejillas.

Me salí de la alberca y me senté en el balcón a esperar la lluvia. Anhelaba la lluvia. Finalmente empezó a caer de las nubes, primero suavemente, como cuando estaba en la Ciudad de México, sobre todo ya tarde en la noche en mi departamento en la Condesa, igual que en San Luis de Cordero cuando era niño. Cerré los ojos y estaba de vuelta en Durango, donde tenía toda la libertad del mundo, y corría por la calle hasta que la tierra se hacía lodo y me escurrían ríos por las mejillas.

Ángela finalmente llegó, sonriendo apenada. Se le había hecho tarde pero ya no tenía nada más que hacer en todo el día, me aseguró. Sólo quería pasar el rato aquí con todos. Le ofrecí algo de comer. Me dijo que sí. Bajo el goteo de la lluvia, fui a traerle unos tacos de pollo y una ensalada.

De pronto brilló un rayo y el trueno retumbó más cerca, y de los cielos empezó a caer una lluvia feroz que nos apedreó a todos, obligándonos a salir en desbandada a buscar refugio temporal bajo el techo del patio. La lluvia caía a cántaros y seguía cayendo. "Luna" de Zoé arrancó de pronto —"Silencio"—, y me dejé ir con la letra… y se alzan los mares al compás del volcán.

Fue, en mi opinión, una tarde perfecta. Miré a la distancia. Somos la misma geografía, una sangre, dos países bailando desfasados, dos almas aún en conflicto. Tenía los pies en la tierra de Estados Unidos. México a la vista. No quería estar en ninguna otra parte ni ser nadie más. Por lo menos en ese momento, en mi búsqueda de un hogar, sentí que ya no tenía que escoger.

Miré hacia el río Bravo y traté de encontrar sus sinuosas aguas. Me imaginé a mí mismo flotando en el río, bajo la lluvia, en las corrientes de una agitación compartida, sin tener que escoger un lado o el otro. Si tan sólo supiera nadar, pensé.

Salí al aguacero. La lluvia pegaba fuerte. Cerré los ojos, abrí las manos hacia el cielo y levanté la cabeza.

La lluvia limpia y se lleva todo. Todo menos nuestra fe.

Epílogo

Esta vez no contesté el teléfono. Debí haberlo hecho. En la línea estaba el investigador de Estados Unidos con la información más reciente sobre la organización criminal más brutal de México, el grupo paramilitar conocido como los Zetas. El investigador tenía noticias —la noticia— que habíamos estado anticipando desde hacía casi una década.

Ignoré los zumbidos del teléfono, tratando de no ser grosero, mientras picaba unos pulpos a la parrilla en un restaurante chic de Polanco en la Ciudad de México. Pero después de la quinta llamada consecutiva, cuando ya habíamos acabado de comer, me disculpé y fui al baño, donde saqué mi teléfono y abrí un mensaje de texto. En un instante tenía los ojos desorbitados. La boca abierta. Atónito, olvidé por un momento dónde estaba. Decía simplemente: "Carnal, Z-40 capturado. Confirmado. Háblame".

Miguel Ángel Treviño Morales, alias *el Z-40*, el temido líder de los Zetas, el hombre que le había puesto precio a la cabeza del mismísimo investigador de Estados Unidos y que después amenazó al mensajero —yo—, estaba bajo custodia. Tuve el impulso de correr.

Después de una presurosa despedida a mis compañeros de comida —prometí explicarles después—, tomé un taxi a la Condesa. Cerré la puerta y busqué en mi celular el número del investigador de Estados Unidos. Como siempre, nuestras conversaciones eran breves y en clave, sobre todo cuando él sabía que yo estaba en México. Pero apenas podía contener su júbilo.

—Carnal, la pesadilla terminó —dijo.

Yo no estaba convencido.

—¿Cómo lo puedes probar? —le pregunté en inglés, mientras le daba al taxista instrucciones en español.

Demuéstramelo, insistí.

—Lo acabo de hacer —respondió.

Oí el *ping* de un mensaje entrante, con una foto adjunta. El camino a casa estaba tomando una eternidad, igual que descargar la foto. De pronto detesté a Carlos Slim, el magnate telefónico y ahora el segundo hombre más rico del mundo. Su servicio estaba especialmente lento ese día, tan lento como el tráfico de la Ciudad de México, que estaba convirtiendo un recorrido que no debía tomar más de quince minutos en un suplicio de una hora.

Finalmente apareció la imagen: una foto de Treviño Morales detenido, con los cachetes hinchados y golpeados, y una expresión iracunda. Un poco pasado de peso, su cara se veía más llena que en las pocas fotos suyas que yo había visto. Quizá las papitas y demás comida chatarra que se rumoraba se habían convertido en su dieta diaria le habían pasado factura —pensé—, igual que a la mayoría de los mexicanos, recientemente declarados el pueblo más obeso del planeta.

Los ojos muertos del *Z-40* lo decían todo: ésta era la cara de un hombre que había definido la década de violencia de México. Las imágenes grabadas para siempre en nuestras mentes: cuerpos colgados de puentes como piñatas, cabezas rodando junto a brazos y piernas mutilados, partes de cuerpos desperdigadas por las carreteras, botadas como basura, algunas marcadas con la letra Z; las sesiones de tortura grabadas en video —una duraba casi una hora y mostraba a un hombre rogando por su vida mientras un cuchillo le abría la cabeza—, subidas a YouTube. Las fosas clandestinas con los restos de los migrantes que murieron sin realizar su sueño de encontrar una vida mejor al norte de la frontera. O los miles de desaparecidos; mexicanos y estadounidenses atrapados en una tierra de nadie, ni vivos ni muertos, hasta donde sabían sus familias.

¿Treviño Morales bajo custodia? Imposible, pensé.

—Tienes que sacar la primicia —me imploró el investigador de Estados Unidos—. Si no, se va a escapar. Lleva horas bajo custodia y no ha habido ninguna confirmación pública.

—¿Tienes miedo de que se escape? —pregunté.

—No sé, no lo creo, pero no me quiero arriesgar.

—Déjame hacer un par de llamadas —dije.

Les marqué a otras dos autoridades, fuentes confiables tanto en México como en Estados Unidos, tratando de corroborarlo. La confirmación llegó antes de lo que esperaba. Sí, sí, dijeron los dos. Lo capturaron a altas horas de la madrugada en alguna parte entre su natal Nuevo Laredo y el colindante estado de Coahuila. Ambas fuentes se la habían pasado actualizando los portales en línea de los principales diarios de México, tratando de entender por qué la noticia aún no se daba a conocer. ¿La iba a sacar yo? Eso espero, dije.

Quería oír algo del gobierno mexicano. Dos llamadas. Nada. Carajo.

Volví a llamar al investigador de Estados Unidos. Repasamos los hechos minuciosamente: qué sabía con toda certeza, qué sabía de primera mano y qué le había sido comunicado por alguien dentro del gobierno de México, seguramente alguien que quería asegurarse de que esta vez *el Z-40* no se escapara. Después me enteraría de que estos temores no eran infundados: ya antes había evitado ser capturado por medio de sobornos. Esta vez —dijo el investigador— Treviño Morales había sido atrapado con dos cómplices, un guardaespaldas y su tesorero, y con montones de dinero, por lo menos dos millones de dólares, armas de alto poder y municiones. Inverosímil —repliqué—. ¿A poco el hombre por el que el gobierno de Estados Unidos ofrece una recompensa de cinco millones de dólares, y el de México otros dos millones, no tiene para pagar más protección? ¿No que lo cuidaban como 200 sicarios, además de policías y funcionarios corruptos? ¿Qué pasó?, presioné al investigador.

Me contó todo lo que pudo. Recibió la primera llamada antes de mediodía. Esperó mayor confirmación. Luego me empezó a llamar a mí, después de las 2 p.m. ¿Por qué no contestaba? Mascullé algunas groserías contra mí mismo.

El investigador me explicó por qué esta vez era diferente. Al parecer, Treviño Morales había estado "negociando" con funcionarios del gobierno de Tamaulipas un trato que le permitiera operar tranquilo mientras el gobierno se hacía de la vista gorda. O a lo mejor eso le hicieron creer. En otras palabras, bajó la guardia.

Recordé que una semana antes había escrito reportajes sobre las elecciones en Nuevo Laredo y me había preguntado cómo reaccionaría *el Z-40* si ganaba el partido de oposición en el estado, el PAN. Le pregunté a una fuente si consideraba que asesinarían al candidato panista. En ese momento, la fuente dijo que *el Z-40* ya había llamado a los dos candidatos, al del PRI y al del PAN, y les había exigido dos cosas: una, que quería una elección limpia, para evitar la atención no deseada de los medios; dos, que quien ganara se tenía que reunir con el verdadero gobernante de Nuevo Laredo. Él.

Antes de las 4 a.m. del 15 de julio, un lunes, *el Z-40* iba con dos hombres más en una camioneta roja por las afueras de Nuevo Laredo. Un helicóptero Blackhawk bajó del cielo e interceptó a la solitaria pickup en un camino desierto. El hombre que algunos apodaban *el Chacal* —porque era una criatura nocturna y difícil de atrapar— resultó ser un cobarde, agregó el investigador de Estados Unidos con sarcasmo. Se entregó sin que se disparara un solo tiro.

El taxista se disculpó por el tráfico espantoso. Yo sólo asentí. Había estado haciendo todas mis llamadas del reportaje desde el taxi, pues no había tiempo de esperar a llegar a mi casa. Llamé a mis editores en

Dallas. Después de un titubeo inicial —lo que siempre sucede cuando se trata de fuentes anónimas—, estaban ansiosos por saber lo que tenía. Siguiendo el procedimiento estándar, me pidieron los nombres de mis fuentes, aunque no se fueran a publicar. Se los di.

La presión de potencialmente arruinar mi carrera me volvió a pegar. ¿Qué tal si me equivoco?, pensé. Pero el investigador de Estados Unidos no podía estar equivocado sobre esto. No, sobre esto no. Hasta la voz le sonaba diferente, segura, confiada, mientras se ponía poético sobre lo que esto significaba para tantas familias en ambos lados de la frontera. Familias que querían cerrar ciclos. Hubiera podido seguir hablando horas, pensé. Prácticamente le tuve que colgar el teléfono.

La edición estaba a punto de cerrar. Escribí la noticia en dos párrafos en mi Blackberry. Sentí nervios. Llamé al investigador de Estados Unidos una vez más.

—Lo vamos a publicar —dije, lo cual en realidad no era una declaración, sino más bien una última pregunta desesperada. ¿Tenía alguna duda de la noticia? ¿La más mínima?

—¿Segurísimo? —pregunté.

—Sólo hay un problema, carnal —bromeó—. ¿Dónde chingados andas? Hay que echarnos un tequila, carnal. Éste no es momento para beber solos.

No le contesté nada. De alguna manera, yo nunca lo había visto como algo personal entre *el Z-40* y yo, a diferencia del investigador. Para mí siempre se había tratado de la noticia. Sólo eso. Claro, la amenaza me había inquietado, me había obligado a enfrentar mis miedos, me había tenido huyendo demasiado tiempo, pero yo nunca dejé de ser un reportero. Para mí, más que cualquier otra cosa, se trataba de la curiosidad, de preguntas sin responder. ¿Por qué alguien habría de recurrir a semejante salvajismo sólo por poder y dinero? ¿Quién era realmente *el Z-40*? ¿De veras era el monstruo que nos habían hecho creer? ¿Quién estaba detrás de él? ¿Quién lo respaldaba en el gobierno? Porque ningún narco podía ser tan poderoso sin complicidad desde dentro. Su captura no resolvió mis preguntas, y ahora no había tiempo de reflexionar sobre ellas.

Colgué el teléfono y vi las palabras que había tecleado, hice una pausa y le di enviar. El investigador tenía razón. Me hacía falta un trago.

Le pagué al taxista, que se veía tan exhausto como yo me sentía. Entré al edificio, tomé el elevador hasta mi departamento y esperé la respuesta de mis editores. Luz verde. Minutos después, la noticia salió en el sitio red del *Dallas Morning News*.

Después me enteraría de más detalles sobre lo que llevó a la captura de Treviño Morales. Había llegado a sentirse muy cómodo en su natal Nuevo Laredo, dentro de la ciudad y en los caminos de terracería que llevaban a sus escondites favoritos en el desierto, pasando la ciudad fronteriza en crecimiento. Había adoptado una rutina, recorriendo esos caminos para ir y venir de la ciudad, sobre todo desde que su esposa dio a luz en un hospital del otro lado de la frontera, en Laredo. Entraba discretamente a Nuevo Laredo y allí se veían, dijo el investigador.

Tomaba estos riesgos a pesar de haber tenido un roce cercano con la Marina de México. Con ayuda de inteligencia de Estados Unidos recabada por tierra y por aire, los elementos de la Marina por poco lo habían agarrado en Piedras Negras, Coahuila, hacía dos semanas, lo que en esencia lo había obligado a permanecer en la zona de Nuevo Laredo. Pero éste era su traspatio. Creía tenerlo todo bajo control.

Sin embargo, la Marina le seguía el rastro y estaba cada vez más cerca. Esta vez, con nuevos datos que serían clave: un cómplice cercano al *Z-40* había sido capturado hacía unos días en la Ciudad de México, y la información en un celular que traía resultó crucial para responder el acertijo del paradero del *Z-40*. Ya lo tenían. Esa noche de mediados de julio la operación estaba en marcha. Era cuestión de horas.

Los elementos de la Marina estaban decididos a atraparlo. Costara lo que costara. Treviño Morales había matado a demasiados de sus camaradas. Para ellos también era personal, como para el investigador de Estados Unidos. Tan personal —me enteré— que después de la captura, algunos elementos de la Marina le comunicaron la noticia a sus contrapartes en Estados Unidos antes de notificarlo a su propia Secretaría de Gobernación.

Más tarde esa noche, saqué un caballito de tequila, me serví un trago y abrí mi laptop para buscar música. Pero lo que vi fue que las redes sociales habían estallado.

Un tweet que llegó a las 11:33 me sacudió. Se me hizo un nudo en la garganta: "Esta noche movilizaste a México".

Afuera, podía oler la lluvia; de repente caía una llovizna. Salí a mi balcón y contemplé la Torre Mayor. ¿Mi trabajo tenía algún sentido? La pregunta que me hago constantemente, la que aún no sé cómo responder.

Traté de mirar más allá de las luces de la ciudad, pero no podía ver la lluvia por las lágrimas.

Antes de desplomarme hablé una vez más con el investigador. Sonaba sorprendido de que yo no estuviera empacando, que no me estuviera preparando para irme del país. Ese artículo —dijo— puede haber acabado con cualquier negociación posible entre el gobierno y el *Z-40*. En alguna parte hay alguien que está muy encabronado.

Treviño Morales puede estar en la cárcel, pero tiene a cientos de personas trabajando para él, incluyendo a su hermano Omar, que posiblemente sea el más loco de todos, dijo. ¿Qué no había visto el video del *Z-40* caminando junto a los soldados de la Marina? No iba ni esposado y caminaba de lo más tranquilo, paseando por los corredores.

—La bruja está tras las rejas —dijo—. Pero la bruja no ha muerto.

Y volvemos a empezar, pensé. Más allá de los ventanales de mi cuarto, las luces de la ciudad pinchaban la oscuridad. Era medianoche en México… aún faltaban horas para el amanecer.

Agradecimientos

Producir un libro que abarca más de cincuenta años de mi vida y la de mi país no sería posible sin incurrir en muchas deudas. Fue idea de Scott Moyer que yo escribiera este libro y le agradezco mucho la oportunidad. Virginia Smith de Penguin Press me guió paciente y brillantemente a través del proceso, mi primero como autor. Gracias a la Wylie Agency.

Siempre admiraré el talento de mi maestra de escritura, Lauren Courcy Villagrán, quien me enseñó la diferencia entre ser un reportero y un escritor al ayudarme a hallar mi propia voz.

Este libro no existiría de no haber contado con el apoyo de mucha gente que desinteresadamente aportó su tiempo y sus conocimientos. El historiador John Womack de Harvard leyó el manuscrito cuidadosamente e hizo muchas sugerencias importantes. Hope Reese me enseñó disciplina: para escribir un libro no existe eso de *mañana*; June Carolyn Erlick me guió por las primeras etapas de la escritura, y siempre me pedía ver más, ¡ya! Benjamin Alire Sáenz trajo a un crítico literario para que enriqueciera lo que llamó mi estilo periodístico seco y aburrido. Shannon K. O'Neil leyó todo el manuscrito en un fin de semana, hizo observaciones profundas y me ayudó a hacer las paces.

Cynthia Prida constantemente cuestionó mis ideas de lo que México es y puede ser.

Un agradecimiento especial a Javier Garza Ramos de *El Siglo de Torreón*.

Este libro no hubiera sido posible sin el generoso apoyo del *Dallas Morning News*, en especial de Bob Mong, George Rodrigue, Tim Connolly y Alfredo Carbajal; Andrew Seele, Eric Olson y la bibliotecaria Janet Spikes del Instituto de México del Centro Woodrow Wilson de Washington, D. C.; Merilee Grindle, Kathy Eckroad y Edwin Ortiz del Centro David Rockefeller para Estudios Latinoamericanos (DRCLAS) de la Universidad de Harvard, así como la bibliotecaria de Harvard, Lynn Shirey. Gracias a la doctora Diana Natalicio de mi *alma mater*, la Universidad de Texas en El Paso, y al El Paso Community College.

También quiero agradecer a Lowell House en la Universidad de Harvard por darme un techo, una cama, un escritorio y una ventana con vista al otoño. En especial gracias a Diana Eck y Elizabeth (Beth) Terry por su hospitalidad.

Al Club de los Secretos: cuatro aspirantes a escritores que nos pusimos el reto de escribir un libro. Lo hicimos. Gracias a Karin Grundberg, Graciela Mochkofsky y Gabriel Pasquini. La idea nació en la clase de Constance Hale, quien entusiastamente ayudó a darle forma al concepto.

Las siguientes personas ofrecieron no sólo su amistad sino también retroalimentación y apoyo:

Jorge Domínguez, Dora Beszterczey, Louie Marie Gilot, Kalpana Jain, Paola Ibarra, Julie Reynolds, Chris Vognar, Alejandra Xanic, Sergio Silva-Castaneda, Anika Grubbs, Patricia Villarreal, Daniela Baptista, Billy Calzada, James Martínez, María Barrón, Irma y Víctor Salas, Pete Duarte, Cecilia Balli, Zaira y Joe Crisafulli, Verónica Martini, Lourdes Cárdenas, Marysa Navarro, Lois Fiore, Mónica Almeida, Andrea Pitzer, Thorne Anderson, Kael Alford, María Sacchetti, Laura Vargas, Camino Kavanagh, Bob y Nancy Giles, doctor Guillermo "Jesús" Velasco, Vicki Icard y Michael Lapadot, *Miguelito*. Toda la generación 2009 de Niemann en Harvard, la mejor del mundo, el grupo de Tepoztlán, el Desayuno-Foro de Freddy's, y desde luego, Los Camineros.

También les agradezco a mis primas y primos, tíos y tías por ayudarme a recordar cosas que hubiera querido olvidar y por revivir momentos que aún me llegan al corazón.

A mis hermanos, hermanas, sobrinas y sobrinos —mi familia—, que espero que algún día puedan perdonar mi ausencia en sus vidas en lo que trataba de tejer nuestra historia con la de nuestros dos países. Gracias en especial a mi hermana más chica, Linda, que me ayudó a sanar con la risa y me reveló el secreto de la vida: flotar.

Y finalmente, gracias, Ángela preciosa, por seguir siendo la luz más brillante y la esperanza más grande en medio de la oscuridad de nuestro amado México.

Fuentes

Este libro está basado en mi experiencia personal y en mis reportajes para el *Dallas Morning News*, el *El Paso Herald-Post* y el *Wall Street Journal*, entre 1986 y 2012. El material está respaldado por cientos de libretas que he guardado diligentemente a lo largo de mi carrera. Siempre que ha sido posible, he tratado de corroborar mis notas y recuerdos con la gente que estuvo presente. Cuando no fue posible, recurrí a mi memoria.

Tengo una deuda enorme con el *Dallas Morning News* por su apoyo y su compromiso con lo que pasa en México. También estoy en deuda con los académicos cuya obra he consultado. En algunos casos, he tomado material del trabajo de mis notables colegas en México, tanto mexicanos como estadounidenses, específicamente de Dudley Althaus, Ginger Thompson, José de Córdova, David Luhnow, Ioan Grillo, William Booth, Susana Seijas, Anne-Marie O'Connor, Keith Dannemiller, Elisabeth Malkin, Eduardo García, Anita Snow, Adam Thomson, Dominic Bracco, Tracy Wilkinson, Randy Archibald, Alma Guillermo Prieto, Julián Aguilar, William Finnegan y colegas de la Associated Press; Alfredo Quijano, Sandra Rodríguez, Víctor Hugo Michel, Marcela Turati, Javier Garza Ramos, Octavio Rivera, Diego Osorno, Patricia Dávila, José Carreño Figueras, J. Jesús Esquivel, Francisco Gómez, Jorge Carrasco Araizaga, Carmen Aristegui, Ignacio Alvarado, Jorge Zepeda Patterson, Lydia Cacho y el personal del *Reforma, El Universal* y *Proceso*.

He recurrido a la asistencia y apreciaciones de funcionarios de Estados Unidos y México, en especial de John Feeley, Joseph M. Arabit, Daniel W. Fisk, Rafael Fernández de Castro, Arturo Sarukhán, Gustavo Mohar, Alejandro Hope, Carlos González Gutiérrez, Jacob Prado, Phil Jordan y muchos otros que desean mantenerse anónimos.

He omitido nombres a petición de algunas fuentes por cuestiones de seguridad. Estas fuentes anónimas ya han sido verificadas por el *Dallas Morning News*. Con la ayuda de éstas y otras fuentes pude corroborar la exactitud de varios pasajes del libro.

Para los antecedentes, consulté *Zapata and the Mexican Revolution [Zapata y la Revolución mexicana]*, de John Womack (Knopf, 1969), y *The Life and Times of Mexico*, de Earl Shorris (Norton, 2006). También leí *Rain of Gold [Lluvia de oro]*, de Victor Villaseñor (Delta, 1991), y *Carry Me Like Water*, de Benjamin Alire Sáenz (Hyperion, 1995).

Para los detalles de la transición democrática en México, recurrí a *La transición en México*, de Sergio Aguayo Quezada (El Colegio de México, 2000), y *Opening Mexico: The Making of a Democracy [El despertar de México: episodios de una búsqueda de la democracia]*, de Julia Preston y Samuel Dillon (Farrar, Straus and Giroux, 2004).

Para un contexto histórico más rico de la guerra del narco en México y material utilizado en el capítulo tres, corroboré mis reportajes con las obras de Howard Campbell, profesor de antropología en la Universidad de Texas en El Paso y autor de *Drug War Zone* (University of Texas Press, 2009), así como *Cárteles protegidos: droga y sangre en México* (Ediciones Gato Azul, 2003); *El cártel de Sinaloa,* de Diego Enrique Osorno (Grijalbo Mondadori, 2009); *El Narco: Inside Mexico's Criminal Insurgency [El narco: en el corazón de la insurgencia criminal mexicana]*, de Ioan Grillo (Bloomsbury, 2011), y la ponencia para discutir políticas públicas "Drug Trafficking in Mexico: A First General Assessment", de Luis Astorga, de la UNAM.

Para tener más antecedentes sobre el movimiento de César Chávez para los capítulos nueve y once, leí *The Fight in the Fields: César Chávez and the Farmworkers Movement,* de Susan Ferriss y Ricardo Sandoval (Paradigm Productions, 1997); *Why David Sometimes Wins: Leadership, Organization, and Strategy in the California Farm Worker*

Movement, de Marshall Ganz (Oxford University Press, 2009), y *Al Norte: Agricultural Workers in the Great Lakes Region 1917-1970*, de Dennis Nodin Valdés (University of Texas Press, 1991).

Para información sobre los braceros, sobre todo para los capítulos seis y once, consulté *El "caso" de los braceros: sombría historia de una injusticia*, de Carlos A. Madrazo, y lo que fue un reporte confidencial de julio de 1945: "Some Problems of the Mexican War Workers at Present Employed in the United States" ["Algunos problemas de los trabajadores de guerra mexicanos empleados actualmente en Estados Unidos"], *Mexican War Workers in the United States*, Division of Labor and Social Information, 5 de febrero de 1951.

Para información adicional sobre los braceros, empleé los datos históricos proporcionados por el Archivo Historia del Bracero de la Universidad de Texas en El Paso.

Me conmovió la exposición de 2010 del Instituto Smithsonian, *Bittersweet Harvest: The Bracero Program, 1942-1964* ["Cosecha agridulce: el Programa Bracero, 1942-1964"].

Tomé material de una serie de ensayos académicos sobre seguridad del Centro Internacional para Académicos Woodrow Wilson, el Instituto de México y el Instituto Transfronterizo de la Universidad de San Diego. Los ensayos trataban el lavado de dinero, las organizaciones de narcotraficantes en Centroamérica, la Iniciativa Mérida, la reforma policial y perfiles de diversas organizaciones de narcotraficantes. También del Centro Wilson: *The United States and Mexico: More Than Neighbors*, de Andrew Selee, Christopher Wilson y Katie Putnam, septiembre de 2010, y para la información sobre Vicente Fox en el capítulo once, *Mexico in Transition*, editado por Andrew Selee, mayo de 2000.

También me apoyé en el excelente análisis de Patrick Radden Keefe, escritor de planta de *The New Yorker* y becario de The Century Foundation. Es autor del artículo publicado en la revista de *The New York Times* el 15 de junio de 2012, "How a Mexican Cartel Can Make Its Billion" ["Cómo puede ganar sus mil millones un cártel mexicano"].

Aparte, leí con gran interés *Between a Rock and a Hard Place: The United States, Mexico and the Agony of National Security* de Donald E. Schulz, Instituto de Estudios Estratégicos, U. S. Army War College, octubre de 1997, y *Drug War Politics: The Price of Denial,* de Eva Bertram, Morris Blachman, Kenneth Sharpe y Peter Andreas (Berkeley, University of California Press, 1996).

Para cifras y datos históricos, recurrí a las cifras proporcionadas por el Instituto Transfronterizo de la Universidad de San Diego. También me apoyé en el conteo diario de gente asesinada en Juárez que llevó Molly Molloy, bibliotecaria de la Universidad Estatal de Nuevo México.

Leí con gran interés la tesis doctoral para la Universidad de Harvard de Viridiana Ríos Contreras, *How Government Structure Encourages Criminal Violence: The Causes of Mexico's Drug War* ["Cómo la estructura gubernamental fomenta la violencia criminal: las causas de la guerra de drogas en México"].

Para antecedentes de El Paso como centro de narcotráfico y de la historia de la ciudad durante la Revolución, principalmente para los capítulos tres y quince, consulté *Drug War Zone*, de Howard Campbell, y *Ringside Seat to a Revolution: An Underground Cultural History of El Paso and Juarez, 1893-1923*, de David Dorado Romo (Cinco Puntos Press, 2005).

Índice onomástico

TAMBIÉN DE VINTAGE ESPAÑOL

AMANDO A PABLO, ODIANDO A ESCOBAR

de Virginia Vallejo

En julio de 2006 un avión de la DEA sacó a Virginia Vallejo de Colombia. Su vida estaba en peligro por haberse convertido en el testigo clave de los dos procesos criminales más importantes de la segunda mitad del siglo veinte en su país: el asesinato de un candidato presidencial y la toma del Palacio de Justicia, donde fallecieron alrededor de cien personas, entre magistrados, guerrilleros y civiles. Veintiocho años antes, Virginia Vallejo era presentadora de televisión en Colombia y modelo que aparecía en las portadas de las principales revistas. Conoció en 1982 a Pablo Escobar, un misterioso político de treinta y tres años que en realidad manejaba los hilos de un mundo de riqueza inigualable en que gran parte del incesante flujo de dinero procedente del tráfico de cocaína se canalizaba a proyectos de caridad y a las campañas de candidatos presidenciales de su elección. Este libro es una apasionada historia de amor convertida en crónica del horror y la vergüenza, y describe la evolución de una de las mentes criminales más siniestras de nuestro tiempo: su capacidad de infundir terror y generar corrupción, los vínculos entre sus negocios ilícitos y varios jefes de Estado, los asesinatos de candidatos presidenciales y la guerra en que sumió a todo un país. *Amando a Pablo, odiando a Escobar* es también la única visión íntima posible del legendario barón del narcotráfico, plena de glamour y espíritu de supervivencia, y no exenta de humor. Virginia Vallejo narra esta historia descarnada como nadie más podía haberlo hecho.

Crimen/Memorias

NARCOMEX

Historia e historias de una guerra

de Ricardo Ravelo

En esta incisiva y apasionante investigación periodística, Ricardo Ravelo, el mayor experto en temas de narcotráfico, nos presenta todos los ángulos esenciales para entender la guerra más sangrienta que ha vivido México en el último siglo: las rutas de la droga, el lavado de dinero, las complicidades oficiales, el cambio de bando de las fuerzas armadas, la impunidad, la vida de los capos, sus abogados y sus oscuros negocios. *Narcomex* se articula en dos ejes: en el primero se exponen los antecedentes y la historia del conflicto por el que atraviesa el país desde que la guerra contra el crimen organizado fue declarada. En el segundo, Ravelo narra las historias de sus protagonistas: los capos, las fuerzas del Estado, los abogados y otros actores de la sociedad civil, enlazados en esta vorágine interminable. El autor relata episodios tan significativos como la fuga del *Chapo* Guzmán; la caída del gobernador Mario Villanueva, condenado a prisión por tráfico de drogas; el surgimiento de *Los Zetas*; la vida y muerte de Raquenel, "la abogada de acero"; el ascenso y caída de Osiel Cárdenas; o el caso de don Alejo Garza, un hombre inquebrantable que murió a sangre y fuego defendiendo su patrimonio. En suma, *Narcomex* presenta el panorama más amplio y completo sobre el salvaje fenómeno que ha llevado a México a una de las peores crisis de su historia.

Actualidad/México